傣泰民族的历史与文化多样性研究

THE HISTORY AND CULTURAL DIVERSITY STUDIES
ON DAI-TAI ETHNIC GROUPS

郑晓云 ◎ 著

中国社会科学出版社

图书在版编目(CIP)数据

傣泰民族的历史与文化多样性研究 / 郑晓云著. —北京：中国社会科学出版社，2019.6
ISBN 978-7-5203-4183-7

Ⅰ. ①傣… Ⅱ. ①郑… Ⅲ. ①傣族-民族历史-研究-中国②傣族-民族文化-研究-中国③傣族-民族历史-研究-东南亚④傣族-民族文化-研究-东南亚 Ⅳ. ①K285.3②K330.8

中国版本图书馆 CIP 数据核字(2019)第 048019 号

出 版 人	赵剑英
责任编辑	任　明
责任校对	周　昊
责任印制	李寡寡

出　　版	中国社会科学出版社
社　　址	北京鼓楼西大街甲 158 号
邮　　编	100720
网　　址	http://www.csspw.cn
发 行 部	010-84083685
门 市 部	010-84029450
经　　销	新华书店及其他书店

印刷装订	北京君升印刷有限公司
版　　次	2019 年 6 月第 1 版
印　　次	2019 年 6 月第 1 次印刷

开　　本	710×1000　1/16
印　　张	15.5
插　　页	2
字　　数	256 千字
定　　价	85.00 元

凡购买中国社会科学出版社图书，如有质量问题请与本社营销中心联系调换
电话：010-84083683
版权所有　侵权必究

Summary

DAI-TAI CULTURAL DIVERSITY IN THE GLOBALIZATIOHN: ITS HISTORY, CURRENT SITUATION AND PROSPECTS

The Dai-Tai[①]is a larger and common origination based ethnic group living in Yunnan province of China and in Vietnam, Laos, Myanmar, Thailand and India. The issue of the root of the Dai-Tai group has been debated for more than a hundred years. Among many questions about its root, the relation between the Dai-Tai and the Yue people (越人) was a crucial one. Many people believed that the Yue people of ancient China were the ancestors of today's Dai-Tai people, and through ages of development, the Yue people become today's Dai-Tai people. After more than fifty research trips to Thailand, Myanmar, Vietnam and Laos, I found that the Dai-Tai people were not originated from the Yue people, and there was not a Yue ethnic group even existed in history of China. The Dai-Tai people's history is so old that it is impossible to trace it back beyond the Han Dynasty due to correct documentation is not available today. But its history since the Han dynasty is getting clearly. The root of the Dai-Tai people was located in the central part of Yunnan Province. My theory has aroused concerns of Thai scholars.[②] This book shall talk about the root of the Dai-Tai people, the migration of the Dai-Tai people from Yunnan to Southeast Asia and South Asia, and the formation of the Dai-Tai Cultural Zone, the cultural diversity of Dai-Tai

---

① In this research project, the meaning of the Dai-Tai ethnic group is the peoples has common root of ethnic origination and has the ethnic linkage with the Dai people in Yunnan of China, it is different with the idea Tai-Kadai.

② *Thai Roots*. An interview to professor Zheng Xiaoyun, BANGKOK POST, February 9th 2002.

and its change under the background of the globalization.

I. New Probes into the Root of the Dai-Tai Ethnic Group

I negate the viewpoint that the Yue people were an ancient ethnic group and at the same time I negate the viewpoint that the Yue people were the ancestors of the Dai-Tai people. After the negation, we may take a look at the mystery of the root of the Dai-Tai people from a completely new viewpoint and can give a new explanation to this issue.

Where did the Dai-Tai ethnic group come from?

Due to lack of historical evidence, we cannot possibly trace theDai-Tai people beyond the Han Dynasty of China. But the historical records indicated that the ancestors of the Dai-Tai people inhabited in Yunnan during the Han Dynasty. If we don't know anything for sure about the root of the Dai-Tai people before the Han Dynasty, we can give a fairly detailed description of its history after that time. Therefore, I say that the Han Dynasty was the most important period for studying the root of the Dai-Tai people, for that the history since then was clear: The root of today's Dai-Tai people was in Yunnan.

The Dian kingdom (滇国) was the homeland of the ancient Dai-Tai people. The principal parts of the people of the Dian kingdom were the ancestors of today's Dai-Tai people.

During the Han Dynasty, there was a kingdom called Dian. The Chapter of *Southwest aboriginals* in the famous *Historical Records*[①] has one of the earliest words about the Dian kingdom: "There were more than a dozen aboriginal kingdoms in the Southwest, and Yelang was the largest one. To the west of the Yelang, Dian was the largest kingdom, which had tens of thousands of people." In the second year of Yuanfeng Reign of the Han Dynasty, the Han army conquered the Lake Dianchi area, the homeland of the Dian people, and the king of Dian surrendered to the emperor of Han. Han Dynasty established the Yizhou Prefecture at the area. The center of Dian kingdom was located in today's Jincheng (晋城). The flat land around Jincheng near Lake Dianchi was the center of the Dian civilization. At neighboring places like Shizaishan and Lijias-

---

① a famous historical book written by Si Ma Qian in Han dynasty.

han, many Han tombs were found and many Han bronze wares were unearthed. The recorded history of the Dai-Tai people should have been started from this time and this area. It has been widely accepted that there existed a kingdom named Dian. But which ethnic groups lived in the Dian kingdom? What was the relationship between the ethnic groups in Dian Kingdom and the Dai-Tai people?

Firstly, let's study about the meaning of the word "Dian". There were two popular interpretations: One was that it meant the back flow of the water of Lake Dianchi, and the other was that it meant high mountains. [1] Both interpretations tried to explain the meaning from its geographical characteristics. Some scholars tried to explain by consulting dictionaries. They were all wrong.

The fact is, when Mr. Si Ma Qian was composing his famous *Historical Records*, he noted down the names by their sound. For many places and tribes, there were no proper names at that time. So the place names and tribe names in *Historical Records* were all sound representations. Therefore it was not reliable to interpret the meaning of "Dian" by its geographical characteristics, nor was it reliable to interpret its meaning by the surface meaning of the word.

In *Historical Records*, Mr. Si Ma Qian noted clearly that "Dian" was the name of a tribe instead of being a place name. Of course, we can arrive at the conclusion that "Dian" was also the territory of the kingdom. But Dian, in the first place, was the name of a tribe, which was the name of an ethnic group. Therefore, Dian was the dominant ethnic group in the Dian Kingdom and Dian accounted a large percentage of population in the kingdom.

Many scholars have studied about the ethnic group of Dian. One of the conclusions was that the principal parts of Dian people were a branch of Yue people, and they were the ancestors of Dai - Tai people. (Zhang zengqi, 1997, and Huang Yilu, 2001) Although there was not any record saying that the main populations of the Dian Kingdom were Yue people. But many archaeological discoveries indicated that there were many similarities between the culture of Dian and that Dai-Tai. And the discoveries were also supported by the

---

[1] Wang Xianqian: *Notes To The Book Of Han*.

historical traditions of the Dai-Tai people. Therefore, we are safe to say that the Dian people were directly linked to the Dai-Tai people.

The cultural relics of Dian Kingdom unearthed at Shizaishan and Lijiashan tombs showed us a general picture of the Dian culture, and provided us with direct evidence to tell who the Dian people were. A lot of bronze wares were unearthed: farming tools, daily utensils, drums, and shell boxes. Carved on these wares were images of animals, buildings, religious activities, wars and family life. Through the carvings and the sculptures, we can imagine the life of the Dian people.[①] Many unearthed articles gave hints about today's Dai-Tai group: the stilted house, bronze drum, tattoo, and rice cultivation. There was a most striking piece of evidence: the worship of peacock, which ruled that the Dian people were the ancestors of the Dai-Tai people. Peacock is highly respected among the Dai. For the Dai, it is the symbol of kindness, beauty and bravery. Many legendary heroes were the incarnation of peacock. Peacock has an important status in the Dai culture. Peacocks were carved in the bronze wares unearthed, and many tools shaped like peacocks. It should be pointed out that serpent was popularly worshiped by the Hundred-Yue of the Southeast China. This could also tell us that the ancestors of the Dai-Tai people were originated from the Hundred-Yue. The peacock culture of Dian was one of direct evidences for the link between Dian people and Dai-Tai people.

Another evidence for the link between Dian and Dai-Tai is rice cultivation. 95% of territory of Yunnan is mountainous. The Lake Dianchi area is the largest watershed in Yunnan and it has been ideal for rice cultivation. Archeological studies indicated that the principal crop in the Lake Dianchi area is rice.[②] It was also proven that rice cultivation in Yunnan dated back to as early as the Neolithic period. Yunnan is one of the earliest places of rice cultivation.[③] The Dai people are one of the earliest ethnic groups that know how to cul-

---

① Zhang Zengqi: *The Dian Kingdom And The Dian Culture*.
② Zhang Zengqi: *The Dian Kingdom And The Dian Culture*, p. 60.
③ Li Kunsheng: *Yunnan's Place In The Study of The Root Of Rice Cultivation*.

tivate rice and have the longest history of rice cultivation. ① Rice is the staple for Dai people. The migration of the Dai has been unexceptionally along the rivers, for it is easier to grow rice near a river. There are two ways of rice farming in Yunnan: dry land farming and paddy field farming. Some ethnic groups in Yunnan grow rice in dry land. However, their history of paddy field farming is no longer than a thousand years. For example, Hani and Yi People living in the Honghe River Watershed grow paddy rice, but we can be sure that they learnt it from other people and it was most likely from the Dai-Tai People. Their history of paddy-field farming was shorter than that of the Dai-Tai People. The paddy rice farming of Dian People was another evidence for its link to the Dai-Tai People.

The Dai story of Kunming is also an important evidence of Dai's existence in Central Yunnan. In the Dai language, Kunming is called *Mengxie*, which means, "Lost territory". *Meng* is a special Dai concept which means "state, city, feoffed land". According to Dai's historical literatures and Dai's legendary stories, in the remote years, the Dai People lived in Lake Dianchi (*noongxie*) area. They were defeated in a war and were forced to give up their homeland and migrate to today's Xishuang Banna and Dehong. That's why Kunming is called the "lost territory" in the Dai language.

We must also discuss about the relationships between Dian and Dian-Yue. In my opinion, Dian is today's Dai. Because when Mr. Si Ma Qian noted the name of the Dian Tribe, he used a Chinese word. We cannot tell how accurate he was at recording the sound with his Chinese words. As for the Dai-Tai, Dai is the oldest way they called themselves. The pronunciations of Dian and Dai are quite close. This makes us more doubtful about Si Ma Qian's accuracy. This is also why the meaning of the word "Dian" cannot possibly be interpreted reasonably, when it was used as the name of an ancient ethnic group. For an ethnic group, many changes might have taken place in their long history. But what is more likely to be memorized is their name. This has been proved by history. As

---

① Editors: *Short History of The Dai*, and also Gao Lishi: *Traditional Irrigation And Environmental Protection In Xishuang Banna*.

the main ethnic group of the Dian Kingdom, the Dai-Tai People naturally handed down their own name. Therefore, it is reliable to say that Dian is Dai.

The relationship between Dian and Dai is also indicated by the information carried in the term of Dian-Yue. *Historical Records* recorded that "the Kunming tribes were uncivilized. They were thieves and robbers, and they killed our messengers for no reason. It was said that a thousand *li*[①] west of these tribes, there was a kingdom called Dian-Yue, where people traveled by riding elephants." The Dian-Yue Kingdom in this quotation was widely accepted as being located at today's Baoshan and Dehong of Yunnan. This is true to the geographical distribution of the Dai-Tai. This piece is the earliest record of Dai in Chinese historical literatures. It is accepted that Dian-Yue People were the ancestors of Dai-Tai People. What is the most significant about this piece is that it provided a pronunciation link between Dian-Yue and Dai-Tai. It also gave out that the Dai-Tai was called Dian in ancient Chinese historical literatures. Here is the point: In the term Dian-Yue, which one referred to people, Dian or Yue? Now it is generally taken that the Yue refers to people, and therefore, Yue was taken as the ancestors of Dai-Tai People. But this is wrong! It does not hold water to conclude only by the surface meaning of the word Dian-Yue that Yue people were the ancestors of Dai-Tai People. Dian-Yue was the area where the early Dai-Tai lived. However, what referred to people was not Yue but Dian. As I have said earlier, Dian is Dai, while Yue was used by ancient Chinese to signify "remote land". Therefore, Dian-Yue meant "Dai-Tai group living at remote places". Furthermore, neither "Elephant Kingdom" nor "Yue" was the name that ethnic group called themselves. It is a name that other ethnic groups referred to this ethnic group. Ancient Chinese called this remote land inhabited with Dai people "Dian-Yue". This solved the puzzle why Kunming area was called "Dian". Since Dian appeared a thousand *li* away, we have more reason to believe that the Dian Kingdom was established by early Dai-Tai People, and the word "Dian" evolved from the word that became today's "Dai".

I have noticed the studies of the linking issue of Thai and Zhuang

---

① a unit of distains measure in Chinese history.

People. In recent years, many achievements have been made in this area. There are many cultural similarities between the two ethnic groups, and the central part of Yunnan in ancient times was also inhabited with the ancestors of Zhuang People. However, neither Thai nor Zhuang People has ever identified themselves as associated with the counterpart. This is also true with the Kemu ethnic group and the Bulang ethnic group, who share similar cultures with Dai-Tai People, but belong to different language family. This is a result of cultural dissemination and cultural assimilation. [1]

The ancestors of Dai-Tai People developed into an ethnic group in Yunnan at the Qin Dynasty or the Han Dynasty. They scattered over the central and southwestern parts of the province. We can confirm that it is one of the native ethnic groups in Yunnan. [2] It started melting with other cultures very early. Lake Dianchi area of Yunnan was the birthplace of Dai – Tai People. The Dian Kingdom was a small state established by Dai-Tai People' ancestor. With the elapse of time, Dai-Tai People grew and migrated southward and southwestward along the rivers of Jinsha, Nujiang, Yuanjiang and Lancang. Down to Tang and Song dynasties, Dai – Tai settled widely over the province. Many places inhabited with other people were also inhabited with Dai-Tai People. Chuxiong Prefecture is an example: many of its place names are linked to Dai-Tai inhabitants, but there are no longer Dai-Tai communities anymore. [3] Dai-Tai People had been migrating southward for many different reasons. There are reliable historical materials to prove that the Thai-Tai People living in Myanmar, Laos, Vietnam, Thailand and India are linked to Dai People in Yunnan. They moved out of Yunnan, [4] and formed a Dai-Tai cultural zone with Yunnan as its root.

2. The Formation of "Dai-Tai Cultural Zone" and Its Characteristics

After Han dynasty, Dai-Tai People moved along Honghe River, Lancang River and Ruili River to Laos, Vietnam, and Myanmar and further downto

---

[1] Zheng Xiaoyun: *Cultural identity And Cultural Changes*, China Social Sciences Press, Beijing, 1991.
[2] Major Erik Seidenfaden: *The Siam Society*, *The Thai peoples*.
[3] Ma Kuangyuan: *On The Culture Of Central Yunnan*.
[4] Nel Adams alias Sao Noanoo: *The Tai Ethnic Migration And Settlement In Myanmar*.

Thailand and India. ①

To settle down in new homelands and grow bigger, the Dai-Tai ancestor had three weapons: rice cultivation, Meng-Ban social system, and cultural duplication. Yunnan was a starting place of rice cultivation, and Dai-Tai was one of the earliest rice-cultivating ethnic groups. Rice cultivation has been Dai-Tai People's traditional way of life. Before the arrival of Dai-Tai ancestor, Southeast Asia was inhabited mainly with Mon-Khmer groups. The Mon-Khmers lived by slash-and-burn agriculture, which could not afford the growth of population and could not support a senior civilization. When Dai – Tai People ancestor came, rice civilization took the place of local civilization, and Dai-Tai ancestor grew and pushed other people out. This was recorded in the history of many Thai communities.

The Meng-Ban social system was also a key driving force for Dai-Tai People to grow. It was a typical political system in ancient Southwest China and Southeast Asia. "Meng" was a feudal administrative level, including towns and villages. "Ban" means a village. Both Meng and Ban were relatively independent as political-economic-military bodies. Meng, with its feoffed administrative head and its full-fledged governmental administration, was a local political power in essence. In Yunnan and Southeast Asia, there are many place names beginning with "Meng". It indicated that they were created by Dai-Tai People. Both Meng and Ban had a god of its own. The god served as a spiritual core of the government and the community. Within a Meng or a Ban, the Meng or the Ban owned land collectively. Every member had the right to farm the land and had an equal chance of survival. Both Meng and Ban assumed specific feudal duties and were responsible for a higher-level ruler. They paid tax; provided soldiers and they even raised elephants and cows, and provided firewood for the superiors. Thus, Meng and Ban organized into a feudal kingdom. This social system was convenient for mobilization for war. It existed in Yunnan till

---

① Zheng Xiaoyun: *The Migration of the Dai-Tai from Yunnan to Southeast Asia and the of "The Dai-Tai Culture Zone"*, form PAPER COLLECTION OF ORIGINATION TAI ETHNIC GROUP AND NANCHAO KINGDOM STUDIES, China Book Press House, BeiJing, 2005.

1950s, and today, it still exists in some Dai-Tai communities in Southeast Asia. A strong point of this social system was that the newcomers could settle down faster and easier. With its established political - social - economic - military system, Dai-Tai People could adapt itself easier to the new environments. With its rice-farming tradition, Dai-Tai population kept growing and growing.

As to its cultural duplication, wherever Dai - Tai People went, they brought their culture to the new place - their religion, their production technology, their social system and their ways of life. As a result, the basic cultural elements of Dai-Tai People were well preserved in every Dai-Tai community. Its mechanism of culture duplication could keep people together during migration, and generate a sense of identity in every member of the community.

Dai-Tai People migrated to today's Southeast Asia and settled down with their culture. Without duplicating their culture, it was almost impossible for them to keep their identity. In fact, cultural duplication is good for the growth of Dai - Tai area. Without the mechanism, it would have been very difficult for them to settle down and to develop.

Because of its cultural duplication, Dai - Tai communities did not only share a common root, but also share basic cultural elements. Therefore, Dai-Tai cultural zone came into being.

The foundation of Dai-Tai Zone is its common cultural elements. There are 8 important ones.

1. Ethnic identity: Today, Dai-Tai People spread widely in Southeast Asia and it consists of many branches. In China alone, there are more than ten branches. However, no matter which branch they belong to, they have the sense of their ethnic identity, and they think they are part of Dai-Tai.

2. Common Territory: The territory of Dai-Tai Cultural Zone took shape by Dai - Tai People dissemination out of its birthplace. Its general area include: Yunnan province, Northern and Northwestern Vietnam, Northern Laos, Northern Myanmar, Northern and Northeastern Thailand.

3. Common Language: The common language of Dai-Tai People belongs to the Han - Tibetan language family. Though it has evolved into many dialects,

they all derived from the common mother language and the fundamentals of them are the same.

4. Common Social System: As I have explained earlier, "Meng-Ban" was the basic social system of Dai-Tai communities, no matter where they are.

5. Common Religion: Dai-Tai People share common religious traits, animism of natural worship. They believe that everything has a spirit and should be respected. In accordance with the Meng-Ban social system, every Meng had a Meng god and every Ban had a Ban god.①This is basically true about the religion of Dai People. Even after most Dai-Tai people have become Buddhists, they still believe in Buddhism and pantheism at the same time.

6. Common Art and Literature: The art and literature of Dai-Tai People came from the same culture. Therefore, it is quite natural that their art and literature are similar or even the same. For example, they are fond of peacock dance and long-drum dance. They also share common folklore.

7. Common Habit: They are fond of stilted house, sour food, shower, tattoo, and dyeing teeth. This is a part of their common culture.

8. Common Economic Basis: The common way of production is rice cultivation for Dai-Tai People. The reason for their migration along the rivers was rice cultivation. Rice cultivation provided the opportunity for population growth. Rice cultivation is also a part of their culture, shaping their way of life.

As a cultural and geographical concept, the Dai-Tai Cultural Zone helps us to understand about the root of Dai-Tai People, their current status, and explains their similarities. The purpose of understanding the concept of Dai-Tai Culture Zone is to protect and develop this old and great culture, and at the same time, to use it as the basis for peaceful development in this area. Since they share a common root, they are more likely understand each other, tolerate each other and cooperate with each other. This is beneficial for the development of this area. This is good for all the peoples living in this area.

3. Characteristics of Contemporary Changes of Dai-Tai ethnic culture

In the backgrounds of globalization today, the Dai-Tai ethnic cultures are

---

① Dai's Spirits Worship, by Zhu Depu, Yunnan' Nationality's Press Huose, Kunming, 1997.

experiencing changes in allthe countries that the people are settled. The general character of such changes is to absorb other cultures on the basis of traditional Dai-Tai ethnic cultures. Therefore, today's Dai-Tai ethnic cultures are entering an era of complex cultures merging traditional ethnic cultures with modern cultures. However, generally speaking, Dai-Tai ethnic cultures are relatively well conserved, no matter how aggressive the social reforms might be.

In China, since 1950s, the Dai People experienced democratic reforms, and entered a new age of synchronous development and construction with the entire country. During this process, Dai People, like other nationalities in China, also experienced the influences of the political movements. During the period of the Great Cultural Revolution, due to influences of "ultra-left" thinking, all religious beliefs of Dai People, including Buddhism and traditional animism worship, were totally prohibited. Dai People's culture was caused to whither, and the Dai People were even forced to wear Han People's costumes, and had the women's hair cut short, and all kinds of Dai People's folk customs were prohibited, etc. This "ultra-left" thinking was directly targeted at the traditional cultures of Dai People, and it directly caused the traditional cultures of Dai People to whither. However, since 1980s, with the restitution of the nationality and religious policies by the state, the traditional cultures of Dai People restored. Once again, the people have freedom to believe in their own religions, and develop their own national cultures. Although the ethnic cultures of Dai People experienced as long as two decades of direct suppression and wreck, instead of being totally changed after decades of political oppression, they still have vigorous vitality, and still restored very soon. In terms of economic system, since 1950s, the Chinese Dai People experienced the switches from traditional feudal land system to the age of cooperatives and people's communes, in which land was publicly owned, collectively used, collectively cultivated, and the farmers got paid by labor credits. Eventually, in early 1980s, the land was contracted to individual farming households. During this process, the economic system underwent fundamental changes, which promoted the relevant cultural changes. In terms of political system, since 1950s, the feudal Meng-Ban System had fundamental changes, which transited from feudal administration system to the state administration system, the same as the other nationalities in China. All these were great changes to the societies of Dai People, and such changes were even accompanied with violent cultural impacts, especially during the ten - year "Great Cultural Revolution." However, with state implementing the policy of protecting and respecting the national cultures, the Dai People's cultures are still basically intact today. Of course, we should also see that in the past few decades, especially since 1980s, with China implemented the reform and open-door policy, the Dai People's Culture, like the cultures of other nationalities, also experienced impacts of external cultures, and being freshly melted with external cultures.

In Vietnam, since the Tai Peoples' areas opened up fairly late, and their communication, telecommunication and cultural transmission and other mass media are rather underdeveloped. Therefore, the Tai societies in Vietnam are relatively enclosed. The enclosed geographic location and societies enabled the traditional cultures of Vietnamese Tai to be well preserved, without much change. However, due to influences of Vietnamese culture, many kinds of Vietnamese cultural elements are also melting into the Vietnamese Thai culture. For example, the young generation speaks the Vietnamese national language, and they are greatly influenced by other nationalities in costumes, residence and ways of life, etc.

In Thailand, since Tai culture is the dominant culture, the status of Thai culture is quite different from those of the other counties. However, similarly, the Thai culture is also changing, and such changes are featured by that the traditional cultures of different branches of Thai People in Thailand are gradually being merged into the overall culture of the nation.

In Lao, the Laotian culture has something in common with the Tai culture. Laos is a Tai -speaking country, and the Laotian traditional cultures, like national holidays, have something in common with the Tai culture. Therefore, the cultural changes of Laotian Tai are also similar to that of Thailand. Due to living together for a long time, all the branches have been cultural melted, making the Tai culture more localized. The melting between these few branches is different from other countries, such as China, which will be narrated later. Simultaneously, with the developments of the nations, with improved access to communication, telecommunication and mass media, as well as openness of the society, the cultures of different Tai branches are also similarly being melted into the integrated national culture.

In Myanmar, on one hand, the Tai People's societies are also relatively enclosed due to geographic locations, enclosed societies, and underdeveloped communication, telecommunications and mass media, and the Tai cultures are relatively intact. On the other hand, Tai societies have unique status in the social environment of Myanmar, especial political significance. In the Tai dominant Shan State, the Tai culture still preserved its independence, which exists in a multi-ethnic nation as an independent ethnic group, and fights for their own political and social rights. Therefore, Thai culture is quite indomitable in Myanmar.

From the above simple summary, we may see that, although Dai-Tai People live in different countries with different political systems and social environments are being influenced by different degrees. In the past few decades, with the social, economic, political and cultural changes all the nations, especially cultural melting brought about by opening up of the societies, the Dai-Tai culture is also influenced by different degrees. The contemporary changes of Dai-Tai ethnic culture have the following characteristics:

Firstly, in the Dai-Tai People's societies of all the nations, the Dai-Tai culture is still in the dominant position. Influences by social, economic and cultural melting, the Dai-Tai ethnic culture has experienced different cultural changes. Such changes are based on Dai-Tai ethnic culture, which is changing by absorbing cultures of other nationalities, but it is not being substituted by other cultures.

Secondly, Dai-Tai People living in different countries are influenced by the cultures of the nations. Today's Dai-Tai People live in different countries, and have become citizens of the countries they live in. Of course, their cultures are greatly influenced by the cultures of these nations. For example, the Chinese Dai People are influenced by the Chinese culture, especially the Han culture. The Tai People in other countries study the languages of their home countries, and receive educations there, surely would be influenced by the cultures of their own countries. Therefore, "nationalization" of contemporary Dai-Tai culture is also a trend. Since the end of 1970s, the political and social environments of most countries that Dai - Tai People spread over gradually stabilized. The states promoted great social, economic, cultural and education developments, and therefore, promoted cultural melting.

Thirdly, since Dai-Tai People live in different countries with different social, economic and cultural development levels, under the contemporary background of globalization, the Dai-Tai national cultures also have different levels of changes. In some countries, there are great changes, such as China and Thailand. However, in some countries, such as Vietnam and Myanmar, since the societies are relatively enclosed, there levels of changes are quite low, and the Dai-Tai cultures are better protected.

Fourthly, Dai-Tai ethnic cultures have different status in different countries. In Laos and Thailand, since Thai culture is the dominant culture, the characteristics of changes to the Dai-Tai cultures in these two countries are different from those of other countries. In the countries where Thai culture is not the mainstream culture, such as China, Vietnam and Myanmar, Tai culture is more likely influenced by the cultures of other ethnic groups. However, since Tai culture is the mainstream culture in Laos and Thailand, there is a special external environment for conserving the language and the other traditional cultures.

Fifthly, there are integrated, diversified characteristics. Dai–Tai People live in different countries with different cultural backgrounds, and they are being influenced by all kinds of different national cultures. However, in all the Dai–Tai People's societies, Thai culture is still the dominant culture, and there is still cultural homogeneity. It is right because Dai–Tai People live in different countries with different cultural backgrounds, Dai–Tai culture kept different characteristics under these backgrounds, even melted and developed toward different directions. New diversity came into being on the basis of the traditional cultural diversity of Dai–Tai People. That is to say, traditional diversities developed due to geographic location, branches and long history of migration, while today's diversities come into being by different national systems, social and cultural backgrounds, and melting with the cultures of other nationalities. After all, Dai–Tai cultures kept distinctive traditions in different countries, and changes are happening on such traditions. This is the reality of Dai–Tai culture today.

4. Prospects of Cultural Diversity of Dai–Tai

1. Significance of Contemporary Dai–Tai Cultural Diversity

Today, Dai–Tai Culture has developed from traditional diversities to new diversities, which is featured by that, on the basis of traditional culture, it melted with different cultures of different nations, and it is influenced by today's global cultures. Under today's background of globalization, there are positive meanings to uphold Dai–Tai Culture and its diversities, which is critical for the survival and development of Dai–Tai People. National culture is accumulated by a nationality during the long history of development, labor and creation. In today's world, the existence and development of a nationality is not only the existence and development by blood, but also cultural existence and development. During the long history of development, Dai–Tai People experienced the process of melting with other nationalities in blood and cultures. It carried history, and it is closely related to people's ways of life, survival and national spirits. Therefore, Dai–Tai Culture is very important for the future development of Dai–Tai People.

Firstly, maintaining Dai–Tai People's culture and its diversity will be good for maintaining the sense of national identity of Dai-Tai People. The sense of national identity is the foundation for existence of a nationality, and maintaining the sense of national identity may help people maintain the sense of belonging to their own nationality and the culture, so as to carry on their own culture. Once the sense of national identity changed, it would result in subjugation of a national culture[1]. Maintaining Dai-Tai People's national culture and its diversity is helpful for maintaining the sense of identity of Dai-Tai People, so that the Dai-Tai People of all the areas, no matter where or what country they live, under cultural background of whatever nation, or whatever political system, they could maintain the basic sense of identity of Dai-Tai People. As a result, they could melt other national cultures on the basis of Dai-Tai ethnic culture, and develop their own national cultures, so that Dai-Tai ethnic culture can permanently exist and be handed down generation after generation, this is also the foundation for Dai-Tai People to survive and develop in different countries and different areas for such a long time. As we have narrated above, the trends and characteristics of changes to Dai-Tai ethnic culture today are to melt with other national cultures on the basis of the native national culture, so as to have new development. This is virtuous model, which is helpful for Dai-Tai ethnic culture to develop toward cultural diversity at different areas. Diversity means that Dai-Tai ethnic culture will be able to take new development opportunities at different locations, countries, cultures and political background, and this is the most significant meaning of cultural diversity in today's world. If under different national cultures and system, Dai-Tai ethnic culture could not melt with the local cultures and system and develop, the survival of such a culture would be contradictory to other national cultures, which is also unfavorable for the development of Dai-Tai ethnic culture. What is great about Dai-Tai ethnic culture lies in that Dai-Tai People grew from small to big, from a single tribe to multiple branches over the past few thousands of years, set roots in different areas and kept growing, even become the mainstream cultures of some nations, and made

---

[1] Cultural Identity and Cultural Changes, by Zheng Xiaoyun, China Social Sciences Publishing House, Beijing, 2001.

great contributions to human civilization. Its greatness lies also in that, in today's different national political systems, national cultural traditions and geographic environments, it can be adaptive and melted with the local societies and cultures, absorb the essences of different local cultures and develop, and manifested magnificent diversities. Therefore, maintaining national culture does not mean that we encourage Dai – Tai People living in different countries and different areas today to strongly maintain their national traditions, and become an advantageous nationality in the area. Instead, we should be aware of the reality of Dai-Tai national culture, and realize the different roles this national culture plays in different areas and different nations, as well as its reality. In the Southeast Asian nations, many ethnic groups crossed the borders and lived in different countries, and Dai-Tai is one of them. In the countries with a Dai-Tai population, no matter which country considers geopolitics, regional economic development, peace, cooperation and development of the frontiers, they could not possibly neglect the reality that Dai-Tai people live across the borders, and they need to fully understand the significance and impacts of such a cross – border ethnic group. For the Dai-Tai People, what we need to encourage is a Dai-Tai culture adapt to and develop in different nations, and this is also the significance of cultural diversity of Dai-Tai People.

Secondly, the illustrious civilizations created by Dai-Tai People were great contributions to human culture and civilization. During the long history of development, Dai-Tai People grew from small to big, and created great civilizations during the course of migrating, living and growing at different areas, and pushed the development of human civilization along with the other national cultures. Today, there are tens of millions of Dai – Tai People living in China, Southeast Asian and South Asian countries. Its civilization has made great contributions to the politics, economy, society and cultures of different nations, and produced extensive influences. Let's take agriculture as an example: During the long history of migrating from Yunnan to Southeast Asia and South Asian countries, the ancestors of Dai-Tai People also disseminated agricultural civilization cored by rice cultivation, and spread rice cultivation to more extensive areas. Rice-cultivation civilization not only fed the Dai-Tai People, but also gave a positive push to the agricultural civilizations of the areas where Dai-Tai People migrated to and settled down, as well as the social developments based on such agricultural civilization. Therefore, in the areas lived with Dai-Tai People, the agricultural civilization disseminated by Dai-Tai People not only played positive roles in their own settlement, survival and development, but also played positive roles in the development of the local civilizations. Once again, let's take the development and dissemination of Dai-Tai Culture as an example. Dai-Tai Culture not only existed, developed and grew amongst the Dai-Tai People, its dissemination also developed a civilized zone based on Dai-Tai Culture. The dissemination of Dai-Tai Culture benefited all the ethnic groups in the cultural circle of Dai-Tai People, and played a positive role in promoting progress of civilization. This has been proven in history.

Thirdly, the existence and diversity of Dai-Tai ethnic culture is the needs for survival of Dai-Tai People. Except in Thailand, Dai People and Tai People are independent nationalities in China, Laos, Vietnam and Myanmar, and individual nationalities protected by constitution in China and Vietnam. National culture is the symbol for existence of a nationality, and respecting national culture is also an important content of equality between nationalities. Therefore, the maintenance and existence of Dai-Tai ethnic culture is meaningful for Dai-Tai People to earn equal social and political treatments in different countries. For example, in China and Vietnam, Dai or Tai People is not the dominant nationality, nor is the Dai or Tai Culture the mainstream culture. However, in both countries, the national cultures are under the protection by law, and respected by the state, and Dai, Tai People have the equal rights to survive and develop along with other nationalities. While making development, Dai, Tai People also must take their own culture as the foundation for development, and as a basic element for earning political equality. Once they lose the national culture, the Dai, Tai national civilization will also be lost, which will be unfavorable for the long-term development of Dai, Tai People, and might even cause a nationality to lose the change of political equality. In such countries as Laos and Thailand, where Tai Culture has an important status, conservation of national is also important for the development of the nations. What is valuable about it is to resist the challenges and impacts of globalization and external cultures on the cultures of the nations. The significance of protecting national culture is actively manifested in the national policies of Thailand and Laos, and the values of the scholars. Today, we are living in an Internet age, an age mass media, cultures and technologies transfer freely, it is particularly important to hand the relationships between globalization and localization.

Fourthly, the existence and diversity of Dai-Tai -Tai culture is the needs for development of Dai-Tai -Tai culture. The existence of Dai-Tai -Tai culture is an important content for the existence of Dai - Tai People as an ethnic group. For the human cultures, cultural diversity means cultural development, and creation based on traditions. Therefore, the fundamental significance of cultural diversity and its fundamental value lies in creativity of the cultures[1]. The same is true to Dai-Tai ethnic culture. Being without diversity means Dai-Tai ethnic culture is simply duplicating traditions in different areas, without new development or creation. Therefore, diversity manifested that Dai - Tai ethnic culture is having new creations and developments in different countries and areas. The fact that Dai-Tai ethnic culture has diversity in different countries today is a manifestation of Dai-Tai ethnic culture earned new opportunities of survival and development during the course of cultural melting with the different local cultures. The reason that Dai-Tai ethnic culture can display extensive diversity is the result of Dai-Tai People adapted to local geographical and social environments and conducted new cultural creations and developments during the long history of migration, settlement, laboring and creation. Today, the reality of such diversity existing in different countries manifested the reality that Dai-Tai ethnic culture is being melted and developed with the different cultures of different countries. Therefore, encouraging diversity of Dai-Tai ethnic culture today

---

[1] World Culture Report 2000: Culture Diversity, Conflict and Pluralism. Edited by Unesco, 2003.

is to encourage Dai-Tai ethnic culture to be able to better melt with the local cultures and earn more development opportunities in different countries, societies and environments. Diversity is the fundamental basis for survival of Dai-Tai ethnic culture and for it to earn new development opportunities. Losing diversity will make Dai-Tai ethnic culture become an enclosed culture, which can hardly get new development. On the other hand, encouraging diversity of Dai-Tai ethnic culture does not negate the foundation of Dai-Tai ethnic culture. During the course of melting with other national cultures, Dai-Tai People should still adhere to their own national culture as the foundation, absorb the essence of other national cultures on this basis, and adapt to the environments of different countries and societies, so as to get new development. If cultural diversity is a total negation to the traditional national culture, and a trend of it being gradually withered away during the course of melting with other national cultures, such diversity will be unfavorable for the development of this nationality. The prospects of such diversity will make Dai-Tai ethnic culture break up, and even die out. This old and great civilization will also die out during this process, which is very unfavorable for Dai-Tai ethnic culture. Under today's backgrounds of globalization, the paces of cultural dissemination and melting are speeding up. If we do not take this point seriously, cultural diversity will become a trend of separation for national cultures, which will lead to a nationality losing its cultural foundation.

Fifthly, diversity of Dai-Tai ethnic culture is good for manifesting the values of Dai-Tai People's existence and development under the backgrounds of globalization. Without cultural diversity, under the background of globalization, different national cultures will be melted and eventually overlapped by other national cultures. Therefore, the diversity of maintaining the national culture, and integrating with other national cultures based on its own culture for developing it, is good for Dai-Tai People to display their cultural values during the course of globalization, so that the national culture could have greater space of development. Simultaneously, so long as the national cultures can be protected and handed down, it will also be able to rise to the global cultural level, and make greater contributions to the culture of mankind. Actually, this has become true today: Many material, spiritual and cultural elements of Dai-Tai People have been spread to many areas in the world, and played a positive role in allowing the local people to enjoy cultural diversity. For example, the catering culture, dancing culture, arts and crafts of Dai-Tai People have set root in many countries. Let's take the catering culture of Dai-Tai People as an example, today, in many countries, from metropolises like Beijing, Shanghai, Tokyo and New York, to medium-sized cities like the Nice city of French, you may enjoy Tai food. The Dai-Tai cultural zone, as a promising destination of tourists, no matter the developed or developing tourist resorts, the Dai-Tai culture is the most important tourism resources. It provides the travelers all over the world with a journey to the civilization of Dai-Tai People, and during this process, the Dai-Tai Culture earned new changes of survival, and displayed new values. Therefore, under the background of globalization, Dai-Tai national culture and its diversity is not only the need for the survival of the ethnic group, but can also be spread during this process. On one hand, it is a contribution to the human civilization, and on the other hand, it earns more space for development. Protecting the national culture and its diversity is exactly an important foundation for manifesting this value.

2. Prospects of Dai-Tai Cultural Diversity

Under the background of globalization, especially that peace has become a reality in the areas where Dai-Tai People live today, the social, economic and cultural exchanges and cooperation are expanding. How will the Dai-Tai national culture develop in future? How shall we understand the prospects of cultural diversity of Dai-Tai People? I believe that the following two aspects are important:

(1) Achieve new development on the basis of preserving the cultural traditions of the nationality. The Dai-Tai ethnic culture is a culture founded on thousands of years of history. Therefore, its future prospects of development will still be based on the national culture, and melted with other national cultures. In addition, since Dai-Tai People spread in China and several Southeast Asian

countries, during the course of their future development, they still will be influenced by different political, social and cultural backgrounds of the nations they live in, and they will be more and more politically, economically and culturally melted with these nations. Under such different cultural and social backgrounds of different nations, Dai-Tai ethnic culture will also manifest more diversity on the basis of their traditional culture. So long as all the relevant nations can respect the existence and values of different national cultures, Dai-Tai ethnic culture will be able to melt in and live harmoniously with different national cultures of different nations, and positively contribute to the advancement of civilization and development in different countries. Due to openness of society and stabilization of international political situations, cultural dissemination is also happening between the Dai-Tai People. The sub-cultures of Dai-Tai ethnic culture will also be more disseminated in the cultural circle of Dai-Tai People, and promote exchanges and developments between each other. There have been new trends about this point in recent years. For example, there have been more cultural exchanges between Chinese Dai People and the Thai People of Thailand. The Chinese Dai People's Culture is influencing the Thai cultures of neighboring countries, and similarly, the Tai or Thai cultures of countries like Thailand are also being disseminated amongst the Chinese Dai People. In the past few years, the religious circles of Yunnan enhanced exchanges with the religious circles of such countries as Myanmar and Thailand. Many Chinese Buddhist monks studied in Thailand, Myanmar and Laos, and the monks of these countries also often come to China to give lectures. Once there are important festivals, the Dai-Tai People of different countries will invite and visit each other, which display a scene of peace. The Dai of Xishuangbanna have many Buddhist ceremonial activities, in which they not only introduced many religious sacrificial articles from Tai People of Thailand and Laos, but also absorbed many factors of Thailand, Laos and even Myanmar in the means of sacrifices and contents of activities, etc. This is the cultural dissemination between different branches of Dai-Tai cultural zone and the Dai-Tai People between different areas. It is understandable that in future developments, there will be more and more frequent inter-influences and melting between Dai-Tai cultures, which is also a general trend. On the other hand, during the course of future development, Dai-Tai culture will also be more and more influenced by globalization. It will also absorb more and more external cultures, so that more cultures of other nationalities will be integrated into Dai-Tai culture. Furthermore, the deep-rooted Dai-Tai culture will also walk toward the world during the course of two-way dissemination, and make more contributions to the global cultures.

(2) Take the ethnic culture as the foundation for peace and development. Dai-Tai People, no matter where they are, China, Southeast Asia, or Assam State of India, they are still one ethnic group with the common ethnic origin, and such ethnic ties cannot be separated by different borders. Different countries provided Dai - Tai People with living space, and also created diversities of different Dai-Tai cultures. In spite of this, it is undeniable that Dai-Tai culture and its origin is a real existence, and such reality will have different impacts on the regional peace and development on the long run. Therefore, profoundly know and understand about such a reality will have very important realistic meanings for the peace, stability and development of this area.

Under such a reality today, what is new thinking? I believe it is to promote regional peace, stability and development on the basis of common cultural traditions of Dai-Tai People, instead of avoiding such a reality of origin, and sever the ties of Dai-Tai People as an ethnic group living in different countries. We should respect such existence, respect the contributions that the great and old Dai-Tai civilization made to the human civilization, and let this civilization manifest its due and greater values during the cultural developments of mankind. Once we have such a new thinking, Dai-Tai ethnic culture, as an old and great civilization, will become an important cultural foundation for the regional peace, cooperation and development, and become a rare asset. Since there are common origins of ethnic culture in the cultural zone of Dai-Tai People, it is good for promoting the social, economic and cultural exchanges between the Dai-Tai settlements in different countries. Promotion of cooperation between different countries based on such exchanges will be good for regional peace and development, so that people could more easily understand each other, exchange between each other, and help each other. On the other hand, we should encourage cultural diversity. While conserving the common national cultures of Dai-Tai People, we should encourage the Dai-Tai People living in all the areas and countries to actively absorb the cultures of their countries of residence, melt with the civilizations of the countries of residence, and achieve new development, so as to manifest more cultural diversity. So long as we based ourselves upon such thinking, Dai-Tai ethnic culture will become a valuable asset for the people in this region to cooperate with each other, and jointly develop, so as to promote peace and development. We should not take the common relationship of the ethnic origination and culture as the factor causing national separation in the countries, or even instability in the borders or the region. Of course, we should object to encouragement of principalities by ethnic cultures.

目　录

第一章　绪论 …………………………………………………… （1）
　第一节　傣泰民族文化研究的背景 ……………………………… （1）
　第二节　傣泰民族文化的共同特征与差异性 …………………… （6）
第二章　傣泰民族迁移的历史与傣泰文化圈的形成 ………… （11）
　第一节　关于傣泰民族的起源问题探索 ………………………… （11）
　　一　"百越"不是一个古代民族 ………………………………… （13）
　　二　关于傣泰民族的起源问题 ………………………………… （19）
　第二节　傣泰民族先民从云南向东南亚的迁徙 ………………… （26）
　　一　泰人先民向缅甸的迁移 …………………………………… （26）
　　二　泰人先民向老挝的迁移 …………………………………… （30）
　　三　泰人先民向越南的迁移 …………………………………… （33）
　　四　泰人先民向泰国的迁移 …………………………………… （37）
　第三节　傣泰文化圈的形成与特征 ……………………………… （41）
　第四节　傣泰文化多样性的形成与现状 ………………………… （45）
　　一　历史迁移对多样性形成的影响 …………………………… （45）
　　二　不同支系的形成是傣泰民族文化多样性存在的
　　　　重要因素 ………………………………………………… （46）
　　三　文化融合对文化多样性的影响 …………………………… （47）
　　四　不同国家文化的影响 ……………………………………… （47）
第三章　中国傣族的文化特征 ………………………………… （50）
　第一节　傣族的心理特征 ………………………………………… （50）

第二节　傣族文化的主要构成 …………………………… (53)
　　　一　水文化 ……………………………………………… (53)
　　　二　宗教文化 …………………………………………… (55)
　　　三　婚姻与家庭 ………………………………………… (59)
　　　四　饮食文化 …………………………………………… (62)
　　　五　节日 ………………………………………………… (65)
　　第三节　支系文化个案：红河流域傣族的文化特征 …… (68)

第四章　东南亚国家泰人的一般文化特征 …………………… (78)
　　第一节　老挝泰人的文化特征 …………………………… (78)
　　第二节　越南泰人的文化特征 …………………………… (86)
　　第三节　缅甸泰人的文化特征 …………………………… (94)
　　第四节　泰国泰人的文化特征 …………………………… (100)

第五章　傣泰民族文化的当代变迁 …………………………… (109)
　　第一节　当代傣泰民族文化变迁的特点 ………………… (109)
　　第二节　20世纪50—90年代中国傣族社会文化的变迁 … (112)
　　　一　几个主要方面的变化 ……………………………… (113)
　　　二　两个变迁的个案：红河流域与西双版纳 ………… (121)
　　第三节　21世纪以来中国傣族社会文化的变化 ………… (141)
　　　一　居住环境与生活方式的变化 ……………………… (141)
　　　二　生计方式的变化 …………………………………… (146)
　　　三　宗教文化的变迁 …………………………………… (148)
　　第四节　东南亚国家泰人文化的变化 …………………… (152)
　　第五节　全球化进程中的文化危机 ……………………… (170)

第六章　傣泰文化多样性的前景 ……………………………… (180)
　　第一节　全球化背景下的傣泰文化多样性 ……………… (180)
　　第二节　当代傣泰文化多样性的意义 …………………… (183)
　　第三节　傣泰民族文化多样性的前景 …………………… (188)
　　第四节　立足共同的民族渊源关系、促进区域的和平发展 …… (193)

附：美国丹佛市傣泐人调查研究 …………………………………（200）
  一 傣泐人移民美国的历史背景 ………………………………（200）
  二 今天的生活状况 ……………………………………………（202）
  三 佛教信仰与民族认同的重构 ………………………………（204）
  四 傣泐人社区社会的构建 ……………………………………（208）
  五 结论 …………………………………………………………（210）
参考文献 ………………………………………………………………（213）
后记 ……………………………………………………………………（215）

Content

English summary ··· (1)
Charpter 1　Introduction ································ (1)
　1. The Background of Research and Process ······················ (1)
　2. Common Characters and Difference of Dai-TaiEthinc Culture ········ (6)
**Charpter 2　The History of Migration and Formation of
　　　　　　Dai-Tai ultural Zone** ································ (11)
　1. a New Exploring on the Origin of Dai-Tai Ethnic Group ············ (11)
　2. Dai-Tai Ancestor migration from Yunnan to Southeast Asia ········ (26)
　3. Formation of Dai-Tai Ethnic Cultural Zone and
　　　Its Characters ································ (41)
　4. Formation of Dai-Tai Cultural Diversity and Its
　　　Current Status ································ (45)
Charpter 3　The Cultural Characters of Dai in China ············· (50)
　1. The Mental Character of Dai ································ (50)
　2. Main Cultural Elements of Dai ································ (53)
　3. Case of the Branch: Cultural Characters of Dai in
　　　Red River Reaches (China) ································ (68)
**Charpter 4　Common Cultural Characters of Tai in
　　　　　　Southeast Asia** ································ (78)
　1. Cultural Characters of Tai in Laos ································ (78)
　2. Cultural Characters of Tai in Vietnam ································ (87)
　3. Cultural Characters of Tai in Myanmar ································ (94)
　4. Cultural Characters of Tai in Thailand ································ (100)

Chapter 5　The Chnages of Dai-Tai Culture onContemporary Age ……………………………………………………………（109）
1. the Charactes of Changes …………………………………（109）
2. theSociocultural Changes of Dai in China From 1950s to 1990s ……………………………………………（112）
3. the Sociocultural Changes of Dai in China after 2000s …………（141）
4. the Changes of Tai Sociocultures in Southeast Asia ……………（152）
5. Cultural Crisis in the Globalization Proces …………………（170）

Chrapter 6　The Prospects of Dai-Tai Cultural Diversity ………（180）
1. Dai-Tai Cultural Diversity in the Background of Globalization ………………………………………………（180）
2. The Value of Dai-Tai Cultural Diversity on Contemporary Age ………………………………………………………（183）
3. The Prospects of Dai-Tai Cultural Diversity ………………（188）
4. Based on the Common Ethnic Origin for the Peace and Development ……………………………………………（193）

Chapter 7　Attachment: A Investigation on Dai-Lue people in Denver, USA ……………………………………………（200）

References ………………………………………………………（213）

Postscript ………………………………………………………（215）

第一章

绪　论

第一节　傣泰民族文化研究的背景

"傣泰民族"是指在中国及分布于东南亚、南亚国家的同民族渊源的傣族与泰人。他们在中国被称为"傣",同时也是国家法定的一个民族,即傣族,而在其他国家基本称"泰"(TAI)。由于这一族体内存在着众多支系,因此傣与泰都是总的族称,在称呼不同的支系时往往还在总称前后加上支系名,如中国的傣泐、越南的红泰、黑泰等。与此同时,在老挝、泰国北部等地的傣泐人,虽然被当地其他族群称为泰人,但是他们今天仍然自称"傣"。

傣泰民族是分布于中国南部及东南亚、南亚的一个较大的族群,除分布于中国的云南省外,主要分布于越南、老挝、缅甸、泰国和印度五个国家。其中越南、老挝、缅甸与中国接壤,傣族在中国属于跨境民族。与此同时,在接壤的老挝、缅甸、泰国,泰人也跨境而居,因此傣泰民族不仅仅是一个分布广泛的民族,也是一个有着共同民族渊源关系但分布在多个国家跨境而居的族群。在傣泰民族居住的区域内,自古就存在着频繁的迁移,时至今日人们仍然保持着频繁的交往。以中国与泰国为例,中泰两国虽然有老挝与缅甸的部分领土相隔,但是中国与泰国的傣泐人数百年来就有频繁迁移并且至今保持着交往的传统,今天在泰国北部居住着大量从中国西双版纳迁移去的傣泐等人。

本项研究所涉及的傣泰民族仅指中国的傣族及与中国傣族有直接民族渊源关系的分布于越南、老挝、缅甸、泰国的泰人,不等同于泰语系民族。按照国际上流行的分类法,泰语系民族即TAI-KADAI族群,包括了壮侗族的诸多民族,在中国包括了壮族、侗族、毛南族等壮侗语族民族,而在泰国则包括了其国内诸多泰语民族，在老挝也包括了操泰语的诸多民族。① 因此本项研究不包括泰语民族中的"KADAI"部分，以中国而言仅指傣族，同时也不包括泰国的"THAI"概念。泰国的 THAI 有其国家民族的含意，而在泰国泰人（TAI）也有 30 种之多。② 因此本项研究所涉及的东南亚泰人在泰国仅指泰国北部与中国的傣族有民族渊源关系的泰人，而在越南、老挝、缅甸也同样只包括在历史上从中国迁徙到这些国家的、与今天中国傣族有民族渊源关系的泰人。

　　分布在不同国家的傣泰民族虽然支系繁多，但是都有着共同的民族渊源关系。这种共同的民族渊源关系不仅形成了傣泰民族共同的文化，也铸就了这一族体共同的心理状态与文化认同。尽管近年来的大量研究已经证明在国际上一度流行的泰人起源于中国北方阿尔泰山一带或中国江浙一带的观点是错误的③，但是泰人在公元 10 世纪以后大量向中国邻近的中南半岛国家及印度迁移，并且对这些国家的文化与民族构成产生了重要的影响也是事实，泰人先民由云南迁移到老挝、缅甸、越南、泰国、印度的一些地区定居都有明确的史实，由此构成了一个存在到今天的傣泰民族文化圈。

　　傣泰民族有着共同的民族渊源关系与共同的文化，但由于长期的迁移，今天傣泰民族分布的地域也不同，加之所处不同国家的政治制度与文化的差异，造成了其民族文化的差异，形成了傣泰文化的多样性。在共同的民族文化中，分布在各地不同支系的傣泰人文化都有自己的不同特点，这种多样性在只有 110 余万人口的中国傣族中就已经有充分的反映：从西双版纳到临沧、德宏及红河流域等主要的傣族居住区，不同支系的傣族人民既保持着傣族共同的文化特征，又形成了不同的支系文化，显现出了文化上的差异，如都保持着水稻种植的传统、染牙、文身、崇拜自然神灵等，但又有不同的支系与地域特点。红河流域的傣族不信仰佛教，也没有受到佛教的影响，在其文化中没有佛教文化因子，但这些地区的傣族在文化上受到汉族的影响较深，其文化中有不少汉族文化的因子，如与汉族相同的春节、中秋节等传统节日；在西双版纳、德宏等地由于受到佛教的影

---

① 关于 TAI-KADAI 的分类参见 Introduction to Tai-Kadai People, By Istitute of Language and Culture For Rural Development, Mahaidol University, Thailand。

② Tai Groups of Thailand, by Joachim Schliesinger, White lotus Press, Thailand, 2001.

③ 参阅陈吕范《泰人起源问题研究》，国际文化出版公司 1990 年版。

响，其文化中有大量佛教文化的因子，佛教文化事实上已经成为其文化的一个组成部分。这种文化差异使傣族文化更加丰富多彩。如果加上东南亚与南亚各国泰人的文化差异，傣泰民族文化呈现出的是一幅五彩缤纷的图景。

傣泰民族文化的多样性是由于长期的历史发展中所形成的支系及迁移定居于不同的地理环境、国家等因素造成的。不同的支系形成了在傣泰民族共同文化上的亚文化，同时在不同的社会与地理环境中傣泰民族人民适应环境也形成了当地的文化，这是傣泰民族文化多样性的一个层面，我们可视为传统的多样性；在当今的环境中傣泰民族文化形成了多样性的另一个更有意义的层面，那就是与所居住国文化相融合、在当代还受到全球化的影响而形成的新的多样性，这种多样性与传统意义上的多样性有巨大的不同，因此傣泰民族文化的多样性可分为传统意义上的多样性与当代意义上的多样性。

傣泰民族文化虽然具有共同的文化基础，但一个民族内部的文化多样性也同样是一种优势，这种多样性使傣泰民族文化更加丰富多彩，失去了文化的多样性将使傣泰民族文化的丰富性受到削弱。在不同的国家中，尽管有不同的主流文化，但傣泰民族同时保存着自己民族文化的基础特征，在此基础上吸收不同的文化并不会与一个国家的主流文化发生冲突，事实上这将使这一民族文化的多样性更加突出。文化的多样性对居住在不同国家的傣泰民族的发展都是十分重要的。它不仅对保持一个民族的认同、保护民族文化有积极的意义，同时也成为显现自己文化价值的一种重要渠道。在中国，傣族人民的文化以其丰富多彩的内涵、独特鲜明的个性而受到广泛的关注与热爱，这不仅增强了傣族人民的民族自信心与自豪感，也使傣族文化成为一种重要的资源，在推动经济与社会的发展，尤其是旅游业的发展中傣族文化产生了重要的作用，在这个过程中傣族文化也获得了新的发展机遇，傣族传统的歌舞、饮食等文化都大显身手，红遍大江南北。因此充分保护傣泰民族文化的多样性，对于不同国家的傣泰民族的繁荣与发展都是十分重要的。

今天的世界正处于全球化的进程中，各民族的文化都在经受着全球化的洗礼。全球化对一个民族的影响不仅在于可能改变其文化传统，使外部的文化融入一个民族的传统文化中，造成一个民族文化的重构，同时也可能为一个民族的文化发展提供机遇，使一个民族由封闭走向开放，使其文化有可能从一个地域走向世界。① 傣泰民族文化目前也正处于全球化的进程中，这不仅是在中国，在东南亚与南亚国家中也一样。但是这一进程是有差异的，不同国家接受全球化的程度的差别决定了傣泰文化受到全球化的影响的程度。在泰国由于国家对外开放的程度较高，泰国文化中受到外来文化的影响也较深；而在中国对外开放始于20世纪80年代，全球化对于傣族文化的较大影响是近几十年来的事。在老挝、缅甸、越南等国由于国家的开放进程与地理环境的封闭，全球化的进程并不快，但是也已处于这一进程中。全球化的进程使傣泰民族文化受到了前所未有的影响，这主要反映在外来文化对傣泰民族文化的冲击上。在这个过程中，傣泰民族文化将面对着大量的外来文化因子的影响，一方面可以吸收外来文化，使自己的文化得到新的充实，并借助全球化的力量使自己的文化更快地走向外部世界；但另一方面也存在着在外部文化的冲击下使民族文化丧失的危险。因此在全球化的进程中，傣泰民族在不同的国家与国际环境中如何应对全球化的冲击，保持自己的文化多样性，同时又能把握全球化带来的机遇，寻求新的发展是21世纪一个共同面临的重要议题。

对傣泰民族文化一体性与多样性研究的意义除了正视傣泰民族及其文化的现实存在外，更重要的是要以此作为一种社会与文化意义上重要的现实基础，推动这一区域内的和平与发展，这才是今天的新思维。在过去由于一些历史原因及政治上的考虑、国内"左"的思想影响等，我们不愿意承认中国的傣族与境外的泰人有历史上的渊源关系，甚至将跨境民族作为一种边境不安定的因素；在学术研究中坚持了对国外学者关于泰人起源学说的批判，对于泰人先民从云南向东南亚迁徙的事实的探索也被列为禁区，无人敢言中国的傣族与国外泰人有民族渊源关系，甚至到了20世纪90年代中期这一话题仍然敏感。记得1986年笔者随云南省社会科学院学术代表团访问泰国时，听到清迈知名人士盖西先生说当地人都是200年前从云南迁徙去的，大家都感到十分新鲜。1996年笔者作为中国唯一的学者应邀前往泰国清迈出席清迈建城700周年庆典时，听到当地一些学者与官员说历史上西双版纳王是大宗主，而泰北王是小宗主等言论，也感到很惊诧。直至1997年中国民族学会第6次会议在西双版纳召开，一些有影响的傣族知识分子还在会上呼吁要面对境内外傣泰同属一个民族的事实，

---

① 参阅郑晓云《论全球化与民族文化》，《民族研究》2001年第1期。

并且愿意以自己的政治信誉为担保。在长期的政治及"极左"的思维影响下，能够还历史以本来面目已不易。可喜的是今于学术探索能够以科学与事实为准绳，我们终于能够还事实以本来面目，今天傣泰民族的现实存在已为学术界所认同，相关学术成果不断涌现。当然，如何看待跨境民族的现实，做好跨境民族工作仍然是值得深入研究的。

对傣泰民族文化进行整体性研究并不在于强化这一民族族体在国际区域内的存在，相反傣泰民族文化在与居住国不同的融合中所发展起来的多样性使傣泰民族文化更具有丰富性与活力。今天傣泰民族所处的国家与国际环境总体上讲是一个和平的环境，同时也是一个发展的环境。区域的战乱在20世纪90年代以后基本已经停息，傣泰民族所居国家目前最大的主题都是发展。傣泰民族同根同源，是一个爱好和平的民族，在今天和平与发展的环境中，这种民族渊源关系与傣泰民族爱好和平的民族精神正好为区域间的和平、合作与发展奠定了良好的基础。利用这种民族渊源关系对推进和平与发展有着巨大的优势。因此傣泰民族的民族渊源关系与傣泰民族的民族文化是这一地区和平、合作与发展的重要资源。利用这种资源，对加强不同国家傣泰民族间的社会、经济与文化交往，谋求共同的发展，谋求和平共处，具有不可替代的优势。

笔者对中国境内傣族的研究起始于1984年。自1984年在西双版纳傣族中进行田野研究，并且选择了大勐龙镇曼飞龙村作为长期的研究点，30余年来每年都要到西双版纳至少做一次调研，同时也开展了对德宏、临沧等州市及红河流域等傣族聚居的地区大量田野调查研究，掌握了中国傣族文化与历史的大量第一手资料，为笔者进行傣泰民族的研究奠定了基础。

笔者的研究生涯与中国的改革开放同步，因此十分幸运的是不仅有机会对中国境内的傣族进行广泛深入的研究，同时也能跨出国门对境外傣泰民族的主要居住区进行实地田野研究及文献资料的搜集，这一优势条件是在过去中国研究傣泰民族的学者中少有的，不仅是中国傣泰民族研究历程上的一个突破，同时也使本项研究的目标得以实现并具有科学价值。如上所述，今天大部分傣泰民族人民都分布于中国境外，中国傣族仅占同渊源傣泰民族的30%左右。不深入研究境外泰人的文化与历史，同样也不能全面理解中国傣族的文化与历史。在过去的30年间，笔者先后数十次前往泰国、越南、老挝、缅甸进行实地调查研究，与各国学者广泛交流，在研究国的图书馆、博物馆等机构查阅并复制有关外文资料200余份，并在当地书店购买到很多相关图书。同时在日本、法国、美国等国的一些图书馆中也搜集到了很多相关资料。这一切，为笔者对傣泰民族的研究奠定了坚实的基础，同时也显示在这本文稿中。

第二节　傣泰民族文化的共同特征与差异性

今天傣泰民族广泛分布在中国与一些东南亚、南亚国家，但不论居住在何地，傣泰民族都有一些共同的文化特征，同时又具有文化的差异性。这对共同特征的认识有着重要有意义。

根据笔者多年在中国及东南亚国家对傣泰民族文化的研究，概括傣泰民族主要的共同文化特征有如下方面。

1. 定居的模式

在历史上傣泰民族曾经频繁迁徙。傣泰民族选择居住的地点是有规律的：历史上的迁徙一般都是顺着大小江河进行的，寻找可以种植水稻、修筑稻田灌溉设施的地点定居。定居的特点是选择河谷地带以及便于灌溉的平地，建设村寨的最佳地点是河谷的山坝结合地带。背靠山，可以放牛，砍伐建房以及生活用的木材、烧柴，从山里猎取及采集一些可食植物；面对平坝，以便于修筑稻田种植水稻。不论分布在何地的傣泰民族人民都以种植水稻为共同的生计基础，水稻的种植成为傣泰民族一个共同的文化特征。傣泰民族喜好食用糯米，糯米是主要的种植品种，同时也种植少量其他品种的稻米。水稻的种植也形成了相关的文化与习俗，如牛耕、农业祭祀、节庆、生活习俗及食用稻米形成的文化等。稻米相关的文化习俗十分丰富，稻米不仅是日常的主食，同时以稻米为主要原料还能制作油炸食物、腌制食物、各种年糕、粽子、米粉等等副食，并且这些食物还被用做不同的场合，如年糕、粽子等是供奉神灵的主要供品，而米粉等则是在过年过节时必须要食用的食物。

2. 居住干栏式住房

各地的傣泰民族人民都居住干栏式楼房，这是傣泰民族的一种标志性建筑。房子建筑一般为二层，下面一层用于堆放杂物，养牛等，上层作为居住的空间。楼房用木头建起住房的框架，过去二楼的围墙大多用竹子编织而成，屋顶用茅草编成草排搭成，房子的二层一般都有一个用来晒衣物、食品以及人们日常活动的阳台。在居住模式上，室内一般隔为两个部分，一个部分是人们日常活动以及烹制食物的场所，一个部分是卧室。在卧室中，人们不使用床，而使用棉垫子席地而睡，睡席一个个并排排在一起，睡席与睡席之间用蚊帐相隔，这种居住模式也被人们认为是傣族共有的一个文化特征。

3. 喜好发酵与酸性食物

各地的傣泰人都喜好食用发酵与酸性食物。典型的食物如泡制竹笋，猪、牛等动物的蹄筋、皮以及发酵的酸鱼，发酵的酸鱼以及酸猪、牛蹄筋、皮等也被广泛认为是傣族的一个共有文化特征。酸性的水果也为人们所喜好，烹制食物的时候加入一些酸性的果类使食物能够发酸。

4. 共同的语言

傣泰民族都有共同的基础语言，即汉藏语系壮侗语族壮傣语支。尽管由于历史迁徙的原因以及傣泰民族在各地的分布，今天各地的傣泰语言有很大的方言差别，但是他们的语言都是共同的，都属于壮傣语支，有共同的语言基础。

5. 勐阪制度

勐阪（"阪"在西双版纳傣语发音"曼"，汉文写为曼）制度是过去中国与东南亚地区傣泰民族较为典型的一种政治与行政组织制度。"勐"是傣语，意思是一个封建行政区域，同时也有城市、城镇，一个封建分封区的意思，"阪"是村寨的意思，是一个有相对独立性的政治、经济、军事以及社会实体。在政治上，勐的行政长官是由封建主所任命的，而阪的行政长官则是由村寨选举。在勐和阪内都有一定决定行政经济、宗教事务的独立权，在勐和阪内也有共同的经济制度，土地公有，村寨以及家庭使用。勐和阪内的每一个成员都有田可耕、有生存的平等机会，同时他们也要承担明确的封建义务，向上级封建主负责缴纳税赋、出兵征战以及承担封建主的各种封建义务等等。在不同的勐和阪之上，形成一个大的封建实体，并最终成为封建王国。勐和阪还有自己的神，对勐和阪的内部起到精神上的凝聚作用。因此这一套政治制度对于傣泰民族先民向不同地区的迁徙以及定居起到了积极的作用，使傣泰民族的先民能够在新的移民地区扎根并且迅速发展壮大。

6. 自然崇拜

傣泰民族的原始宗教是万物有灵的自然崇拜，他们崇拜天地万物的各种神灵，但是最具特点的是社区的神灵。这种社区的神灵有勐神及阪神

(寨神)。勐有勐神，村寨有村寨的神。人们对于勐神每年都要进行祭祀，勐神起到了凝聚一个大的地区，保佑一个地区平安的功能。同时在每个村也有村寨的神灵，村神是村寨共同信仰的中心，在每个村寨都有用石头等建成或种有神树为村神的标志，作为村寨的中心，称为寨心。不论人们出远门还是生老病死、结婚等都要祭祀村寨，同时每年也会有几次对村神的固定的祭祀活动。

7. 无家庭姓氏

傣泰民族中人们没有家庭的姓氏。男女在取名的时候分别以一个字为姓，然后再在后面加上自己的名，从而构成名字，如在西双版纳，男性都以岩（当地读音 Ai，音近"艾"）为姓，女性都以玉为姓（当地读音 Yu，音近"依"）。同时傣泰民族的家庭也没有明显的祖宗观念。大多数傣泰民众都不祭祀家庭神，一般也都没有家庭神灵的牌位，在很多活动中祭祀的往往只是自己去世的父母，而对于祖宗则不进行祭祀，这一切与傣泰民族的社会文化有直接的关系，因为傣泰民族的家庭在整个传统的社会构成中还不是一个社会的基础细胞，社会真正的基础细胞是村社，家庭必须要从属于村社。

8. 文身染齿的习俗

过去傣泰民族都有男子文身，女子染齿的习俗。男子在成年以后就进行文身，文制一些动物以及自然的花纹。女子在成年以后，用一些天然的染料把牙齿染成黑色以作为成年的标志。有的男子文身会将全身脖子以下的部位都纹满，并以此为美。即便不文全身一般也要在臀部、双手以及腿部文上花纹。

9. 在节日里烧放火箭升高以及纸气球

不论过去还是现在，在各种节日里大多数地区的傣泰民族人民都会制作升高（一种在竹筒内填装火药的火箭）以及纸气球，并且把燃放火箭和纸气球作为节日里一项重要的内容。燃放火箭以及纸气球也成为村寨间，一个村子内进行对抗竞赛的重要项目。火箭用竹子做成，在竹筒里填置火药，并在后面绑上一根高高的竹竿作为平衡的工具。纸气球则是用棉纸制成一个大的气球，在气球的下方烧火，通过火产生的热力使气球能够升高，在晚上燃放。人们往往以火箭及气球升高的高度来判断输赢。

10. 象脚鼓舞与孔雀舞

这两种舞蹈的道具形式是傣泰民族最重要的文化特征之一。象脚鼓舞顾名思义就是人们在节日里打的鼓像大象的脚一般，而孔雀舞则是人们装扮成孔雀的模样进行的舞蹈。这两种舞都是重要的节庆活动不可少的内容。由于孔雀舞目前已成为傣泰民族所共同拥有的文化，甚至有唯一性，因此它也成为傣泰民族文化的一个象征。

11. 妇女相对较高的社会地位

在傣泰民族中妇女具有相对较高的社会地位。这表现在妇女在家庭中的经济地位及有权选择自己的婚姻等方面。妇女在家庭里是家庭经济的主要角色，掌管家庭的财物支配，到街上出售产品甚至在中国民主改革以前交税赋等都是妇女的主要职责。传统的傣泰民族家庭中，财产都是按照个人划分归属的，家庭内的每一笔收入不论家庭成员长幼，都按照人头来进行划分。女性在分家、出嫁的时候都可以带走自己的一份财产。在家庭中妇女也可以与男子一样拥有财产分配的平等权利。妇女也可以决定离婚，如果在家庭中受到了不好的待遇，妇女也可以主动提出离婚。

12. 水崇拜与相关习俗

在傣泰民族的创世神话传说中，天地万物都是由水中而来，因此今天傣语中"土地"一词都要在"地"前面加上"水"字共同构成"土地"一词，如果直译可以被译为"水地"。在日常生活中，傣族将水视为神圣的物质，不仅有各种对水进行崇拜的传统习俗以及宗教意识观念，在日常生活中也用水来表达祝福与平安的愿望。傣泰民族一个典型的文化习俗就是偏爱沐浴，人们每天在劳动之后都要到村寨周围的河流边或水井边沐浴，沐浴成为傣族一个重要的生活内容。

以上是傣泰民族一些共同的文化特征。这些特征有的并不是傣泰民族独有的，如种植水稻与干栏式建筑等。但是这些特征却是傣泰民族不论分布在哪里都共同拥有的文化特征。傣泰民族文化有共同性，也包括很多特殊性，造成了傣泰文化在不同地区、不同支系间的差异性。这最典型的就反映在宗教及节日等方面。在宗教方面，大多数的傣泰民族人民都已经接受了南传上座部佛教，今天信仰南传上座部佛教已经成为大多数傣泰民族人民共同的文化特征，同时南传上座部佛教也在傣泰民族中形成了各种文化现象，例如傣泰民族的新年就是佛教的新年，在中国称为"泼水节"，而在东南亚一带称为宋干节，与佛教相关的还有其他如"开门节""关门节"等节日。因为宗教还形成了人们的社会规范、伦理、社会行为等诸多文化现象，这一切与傣泰民族的文化已经密不可分。在信仰佛教的同时，傣泰民族还强烈地保持着本民族传统的自然崇拜。与此同时，今天在很多地区的傣泰民族人民并不信仰佛教，如中国云南省的花腰傣、越南的黑泰、白泰以及老挝的一部分泰人等都不信仰佛教，他们所维持的仍然是万物有灵的自然崇拜，并且保持相关的习俗以及崇拜意识。而在信仰佛教的傣泰民族人民中，他们则两种宗教同时信仰，同时具有平等的地位，同时进行崇拜，两者间较好地在伦理以及宗教活动方面保持平衡，从而形成傣族宗教的一个较大的特点：佛教、原始宗教并行的特点。在节日方面，傣泰民族也有一些不统一的节日，在信仰佛教的傣泰民族人民中，节日受到了佛教文化的影响，基本上是佛教节日，而在不信仰佛教的傣泰民族中则有不同的节日，如在中国、越南等不信仰佛教的傣泰民族中人们的节日主要是受到了中国文化的影响，过春节、中秋节、端午节等。在一些地区傣泰民族文化的差异性的形成是由于受到其他民族文化的影响，如在中国受到中国文化的影响，在老挝受到老族文化的影响，甚至受到当地一些山地民族的影响，在傣泰民族的历史上，孟高棉民族文化对傣泰民族文化就产生过较大的影响。

第二章

傣泰民族迁移的历史与傣泰文化圈的形成

第一节 关于傣泰民族的起源问题探索

傣泰民族的起源问题学术界争论已长达百年，在当代社会及国际关系中也有着广泛的影响，如在泰国目前历史教科书中仍然沿用西方学者关于傣泰民族起源于中国北方或长江中下游的说法，因此这一问题至今仍然是一个没有最终解决的热点问题，值得进行深入的探讨。

关于傣泰民族的起源有多种说法①，其中较有代表性的是泰人起源于阿尔泰山说②、中国南方起源说③、泰国本土④说，等等。其中泰人起源于中国北方，并不断因战争等原因而南迁是最流行的观点。中国学者通过大量的研究对这一观点进行了反驳，但是在反驳西方学者关于泰人起源于中国北方或者南方的观点的同时，很多中国学者的立论中，都认为泰人的祖先是中国古代的越人，是"越族"的后裔，也就是认为中国古代曾经存

---

① 谢远章：《泰族：其历史与文化》，陈健民：《泰族起源探析》，载《泰中学刊》1996 The Tai Race, Elder Brother of the Chinese, by William C. Dodd, White Lotus Co, Lmt, 1996 年号，曼谷。

② 1996 The Tai Race, Elder Brother of the Chinese, by William C. Dodd, White Lotus Co, Lmt, 1996 年号，曼谷。

③ Among the Shans, A. R. Colquhoun, 1885。泰国学者丹隆·拉差奴帕亲王于1924年发表的《暹罗史》讲演中也持此观点，认为泰人起源于中国南方的云南、贵州、广东、广西、四川等地。中国南方起源说中的一个流行观点是泰人起源于南诏。这一观点是由英国人 E.H. 派克于1894年在《南诏》一书中提出来的。他认为南诏是泰人建立的王国，尤其是细奴逻王国是地道的泰人国家，后来南诏泰人在中国人的压迫下南迁到东南亚一带。

④ Thai, Kadai and Indonesian, A New Alignemt, Dr. Paul Benedict, American Anthropologist, 1942.

在一个是泰人祖先并且有着共同的语言、文化的"越族"。著名傣族史专家江应樑先生指出，分布于云南境内的傣族与广西的壮族、贵州的布依、侗、水、仡佬，海南岛的黎族，与境外的掸族、泰族、老族等同属于一个民族语支，"它们的族属渊源自古代的越人"①。黄惠焜先生认为泰人是从越人变化而来的②。泰人来自越人，越人是傣泰民族的祖先，在中国古代存在着一个古老的民族"越族"的观点是中国的流行观点。在目前中国学者谈及傣泰民族的起源问题时，都不加考证地沿用这一结论。

今天关于傣泰民族的祖先起源于中国北方的观点已被越来越多的学者，尤其是泰国学者们所扬弃。泰国当代著名的泰族史学家素密·皮蒂菲特教授（Sumitr Pitiphat）认为泰人祖先起源于中国北方的说法已被越来越多的有关傣泰起源的研究证明是不可靠的。他近年来曾多次到中国有关区域，包括海南岛进行田野研究，认为傣泰民族的祖先起源于中国南方（2001年8月16日素密教授与笔者在泰国法政大学泰学研究所进行座谈时，素密教授介绍了他的观点）③。但是客观而言，在当代泰国仍然没有完全主流的关于泰人起源的观点，也就是说，上述关于傣泰民族远古起源的争论仍然没有最终令人信服的结论。在中外学者的论述中，泰人与越人的关系成为了一个关键的问题，越人是否是一个中国的古代民族，泰人是否是越人的后裔，直接关系到傣泰民族起源的问题，因为越人如果是傣泰民族的祖先，那么泰人自中国北方、南方继而南迁就是有根据的。笔者近年来通过在云南及数十次前往有傣泰民族分布的泰国、缅甸、越南、老挝等东南亚国家的大量研究表明，泰人并不是来自越人，更不是"越族"演变而来的，中国古代并不存在一个"越族"。而傣泰民族的祖先由于历史的久远，我们也许已不可能再准确地探寻到汉代以前的起源地，但汉代以后的历史是可以追溯的，其发源的中心就在滇中一带，笔者的研究已受到了泰国学界的关注。④

---

① 江应樑：《傣族在历史上的地理分布》，《贝叶文化论》，云南人民出版社1990年版。江应《傣族史》（四川人民出版社）中有专节论述。

② 黄惠焜：《从越人到泰人》，云南民族出版社1992年版。

③ 另见素密教授专著 Becoming Thai（《泰族的形成》），泰文版。

④ Thai Roots, an Interview to Professor Zheng Xiao Yun, Bangkok Post, February 9, 2002。Where Did They Come From, Bangkok Post, January 30, 2001. (《泰人之根》，郑晓云教授访谈，《泰国曼谷邮报》2002年2月9日。《他们从哪里来》，《曼谷邮报》2001年1月30日）。

一 "百越"不是一个古代民族

如上所述，傣泰民族的起源问题是一个长期争论不休的问题。其中有关傣泰民族的先民与越的关系就是一个核心问题。国内外不少学者都认为越人是今天傣泰民族的先民，今天的傣泰民族是由古代越人演变而来的，经历了一个由越人到傣泰人的过程。这种观点在国内学术界基本已成了一种学者们都不再深究的定论，引用这一观点的论著以数十种论，在国际上这种观点也十分流行，尤其是在泰国，事实上这一观点成了傣泰民族起源于中国北方或长江中下游的直接依据。西方及泰国学者认为，公元前334年楚国灭越国后导致越国人大量南迁。《史记·越世家》说："越以此散，诸侯子争立，或为王，或为君，滨于江南海上，朝服于楚。"这就是国外持泰人由于战争而被迫南迁论的学者的直接证据。随后，在秦国灭楚之后，为了全国的统一，秦对南方原越地进行了大规模的征伐，自秦始皇二十四年至三十三年，历经九年，先后征服了浙江西部、福建、广东、广西等地，而这些地区在越灭亡以后由于地处边远，自立有王，在此之前也还没有为楚所征服，因此也还保存着大量越国的旧俗，仍为越地。秦始皇的征伐，不仅时间长，战争规模大，并且十分惨烈，往往"伏尸流血数十万"①，引起越国当地人的大量流离与迁移也是必然的，这也被国外学者认为是引起越人即傣泰民族先民再次南迁的根据。尽管中国学者力图反驳泰人起源于中国北方或长江流域的说法，但是由于越人是傣泰民族先民的观点的存在，也难以在此基础上提出有说服力的论点。

笔者对傣泰民族史进行了多年的研究，认为在当代对公元前傣泰民族史的争议已没有太大的意义。原因在于，一是没有确切的资料可以应用，中国古文献对于傣泰民族先民的记载不过数百字，并且还存在其真实性是否可靠的问题，因此中国古籍上的一些相关的点滴记录也不完全可信。《史记·勾践世家》记述越王为北方民族后裔，"越王勾践，其先禹之苗裔，而夏后弟少康之庶子也，封于会稽，以奉守禹之祀，文身断发，披草莱而邑焉"。这一记述是关于越人渊源最具体的记录，而江应樑教授考证这可能是假托。（江应樑，1990年）二是民族融合与分化是自远古以来的经常现象，民族同源，但经过长期的分化融合，已经很难以将每一个民族

---

① 《淮南子浅释》三十八。

准确地与其数百年、甚至数千年前的一个民族对应起来。傣泰民族也是一样，其起源有共同的民族流源，但是在长期的发展融合中分化为不同的支系，至今再分化为壮傣语系的不同民族，将今天傣泰民族的每个民族都溯源到数千年以前，这是不可能的。在壮傣语民族中，一些民族有直接的民族渊源关系，而一些民族并没有明确的渊源关系，只能从语言学的角度来证明其古代族群的归属关系，如同是壮傣语支中的一些民族，但没有明显的体质共性特征，如毛南族与傣族。这种情况的出现可能有多种原因，如毛南族的先祖处于古代泰人的统治之下而吸收泰文化，包括使用泰语的结果，而非民族同源，这种现象在人类历史上并不少见，如今天的布朗族、克木人都完全地使用傣语，接受傣族的文化，但与傣族是族源甚远的不同民族。因此，对西方学者关于泰—卡代民族的归类，笔者认为只能看作为语言学归类，而不能作为种族学归类（关于 Dai-Kadai 族体的分类）。①

那么今天的傣泰民族到底来自什么地方呢？这仍然是有意义的科学命题，并且是有探索的空间的。笔者认为其中非常重要的就是越人与今天傣泰民族的关系问题，这是解开这个千年之结的关键所在。

在中国学者中，最普遍的观点认为今天的傣泰民族是古代越人的后裔，也就是由越人演变而来的，这一观点至今没有人怀疑过。学者们认为古代几条大江流域，如长江、珠江、澜沧江流域的居民都有共同的文化特征，而被称为"百越"或"百粤"。较早的记述见《汉书·臣瓒注》，文中说道："自交趾到会稽七八千里，百粤杂处，各有种姓。"会稽在今天的浙江省绍兴，而交趾为今天的越南西北部，可见其分布地域之广。这一条记述不仅是较早的有关"百粤"的记述，也是对当时最直接的记述，"百越"或"百粤"在随后的史书中被用于称中国南方有一定共同的文化特征的一些族体，如"闽越""於越""扬越""南越""山越""滇越"等等。

对越的记述始于汉代。《史记·勾践世家》说大禹之后勾践被封于会稽，为越王。"越国之称始此"（《会稽记》）。大多数学者都将此与百越民族相联系，并将此作为追寻"百越"民族族源的依据。对史料的科学解读事关重大，对《史记》中的这一记述也必须做科学的分析。这一记

---

① 参见 Introduction to Tai-Kadai People, Institute of Language and Culture for Rural Development, Mahidol University, Thailand, 1998。

述中包含了两个方面的重要背景：首先是勾践本人的族属问题，勾践是否是越人？如果勾践是越人，那么依据《史记》记述，大禹也必然是越人（应注意江应樑教授已指出勾践为大禹之后可能是假托）。其次，第二种可能是勾践被封于会稽后，从当地的习俗而"断发文身"，这样说明勾践并不是越人，只是从了当地的习俗。应当说后面一种背景更为可靠。如果说勾践被封于会稽后才"断发文身，以避蛟龙之害"①，才开创了百越文身这一典型习俗，那么今天关于百越民族的很多定论就将不成立。这一习俗应在勾践被封于会稽之前就已存在于民间，因此勾践是否是禹的后代与其祖上是否是越人并没有关系。有与越人相同文化特征的人在当时已有广泛的分布，颜师古在《汉书注》中说："臣瓒曰：自交趾到会稽七八千里，百粤杂处，各有种姓，不得尽云少康之后也。"因此，将越王勾践与越国、越人，甚至百越民族的流源混为一谈是错误的。

古籍上记述的"百越"或"百粤"是否在当时是一个民族，或者已经形成了一个民族，我认为不是。《汉书》记述"自交趾到会稽七八千里，百粤杂处，各有种姓"。"百"可理解为当时难以计数，"粤"指不同的种族部落，难以计数的种族部落杂处，并"各有种姓"本身也就说明"百粤"并不是一个民族，"不得尽云少康之后也"，百越当指当时在这一地区的各种种族，也就是说在中国古代并没有在南方出现过一个可以称为一个民族的越族。一些学者也已经指出了这一点。王振镛先生认为"古代南方从新石器时代至铁器时代初期，都未曾出现一个分布于交趾至会稽的单一民族"②。蒋炳钊先生指出，"百越"并不是一个单一民族，"各有种姓"，它是我国东南和南部地区古代民族的泛称③。尽管一些学者已经指出百越并不是中国古代一个民族，尤其不是一个单一民族，但持这种观点的还是少数，将百越作为中国古代一个民族的观点仍然流行，也就是说多数相关论述都是在百越是古代一个民族的立论上展开的，尤其是在傣泰民族研究中。

那么中国南方的各个种族部落为什么会被称"粤"或"越"呢？这是问题的关键所在。

---

① 《汉书·地理志》。
② 王振镛：《百越考》，中国百越史学会编：《百越史研究》，贵州人民出版社1987年版。
③ 蒋炳钊：《20世纪百越民族史研究概述》，载《中国民族研究年鉴（2001年卷）》，民族出版社2002年版。

越与吴都是公元前6世纪建立的国家。吴、越是国名。而吴、越两国内的居民都是相同的民族，"吴越二邦，同气共俗"①。可见越在当时并不是一个只居住于越国内的民族，而是指居住于越国内的人。在古代，人们并没有今天意义上的对民族的划分，而更多的是以国来称人，如楚人、越人、吴人、秦人等，这事实上所指的是楚国人、秦国人、吴国人、越国人等。这在汉以前十分普遍，频见于史籍中，正好证实了这一点，也说明当时并没有一个主体民族的概念。因此越人并不是一个今天我们的概念中的民族，而是居住于越国内的人的统称，在越国内被称为越人的人可能包括了各种不同的种族部落。

在公元前473年，越国灭吴，吴国灭亡后越国变得十分强大，在公元前334年灭亡于楚国之前存在了140余年，不仅军事与经济实力强大，文化也有了较大的提升，与中原不相上下。越国的根基在中国南方，也就是说今天中国南方基本是越国的领地，因此南方越国内的居民都被称为越人，并不分为何种种族与部落，但是在广大的越国领地内又确实地生存着诸多种族与部落，因此被称为越，这就是"百越"的来源。古人既感到了不同地方的人们的种族特征与风俗习惯的不同，但是当时并没有民族划分的标准，甚至由于地理的阻隔而不可能了解到底有多少种种族部落的存在，因此一方面将越国统治之下的民众统称越，另一方面又知道其中种族的差异，因此称为"百越"，以概括越国境内各种不同的种族部落。"百越"可被解释为"越国境内各种族部落"。"百越"作为一个统称，也是因为当时地理的阻隔，使人们对于疆域的准确性与种族的类别的不了解而产生的，越与后来的汉王朝一样虽然是一个强大的国家，但是对于自己的疆域并没有确切的了解，因此越国也只能把其境内，甚至并无准确了解但又可能存在的种族统称为百越。由此南方的各种种族部落被称为越，是他称，而不是自称。由于越国的强大，越国内居民称越人没有问题，而更遥远的种族部落则是作为中国历史上十分普遍的现象臣服于越的，也完全可能接受将"越"这一称谓作为自己的称谓的一部分，承认自己也是越，这就是随后各种越的称谓来源，如闽越、南越、山越等等，这些越人都不在越国原有的区域内。

---

① 范蠡:《越绝书》。又参见江应樑《傣族史》，1983年。

"越",除了源自越国外,"越"本身的来源,在古代越含有遥远的意思。①《汉书·地理志》中说:"粤地,牵牛、婺女之分野也"。《汉书·严助传》说:"越,方外之地,剪发文身之民也。"可见古代"越"指的是边远的地方与落后的居民,也就是所谓"牵牛、婺女之分野""方外之地,剪发文身之民",这显然是当时针对华夏文明较高的民族而言的。加之当时地理知识的限制,人们便将"方外之地"称为越,方外之民自然也就全部称为越。我认为越人、百越正是源于此。在古代,越的真实含意是边远之地、落后之民的意思。越国的得名也是基于此的他称,随后居住在这些边远地区的居民被称为越人。

由于越并不是一个民族,因此它也就没有一个民族的沿袭性,在汉代以后,"越"这个称谓渐渐不见于文献了,更没有越族的记载。"越"的很快淡出,正好反证了越不是一个民族,如果"越"作为一个民族已存在了数百年,并曾经十分强大,岂能很快就消失了呢?就算是其国家消失了,作为一个民族也应当是会长期存在并见于随后的文献的。其从历史文献中的淡出,原因就在于它不是一个民族,而是与其国家的存在相对应的,当秦国统一了中原并平定了南方以后,曾经强大的越地成了秦国的辖地,"越"这一概念自然也就随着历史的改变与时间的推移而消失了。此外,在汉以后,"各有种姓"的各种种族部落开始浮现于文献中,如乌浒、俚、僚等,同时应指出越国内的各种越人,如闽越、於越、南越、骆越、滇越等是不同的种族或部落,并不是同一个民族,同称为"越"是因为居住在强大的越国境内或臣服于越。如我们今天根本无法寻到泰人与广东人有民族渊源关系的证据。在此之后各朝代都有了对一个种族的明确的名称概定,这才是今天各民族有史可考的源头。

笔者的结论是越人是指越国内的居民,也含有这一地区边远落后的意思,是对当地越国居民及更为边远落后的居民的带有蔑视的他称,而不是一个民族。越国内的各种种族称为"百越"并不是自称,而是他称,当时的人们由于并没有当今的民族概念,因此把其国内的居民都称为越,由于"各有种姓",因而称为"百越"。随着越国的灭亡,越人也就随之而为更明确的不同种族的称谓所取代而出现于文献中。

我们也可以看到在汉代以后,中国的各个朝代的史籍中对于种族、民

---

① 《辞源》,商务印书馆1915年初版。

族的界定越来越明确，对于不同的种族的特征的描述越来越详细，也反映了随后的人们对于民族这一人的群体的客观存在的认识的进步。

我们否定了越作为一个古代民族的存在，那么如何解释南方很多共同的文化现象呢？

在古代南方，各地居民中都有很多共同的文化存在，并较早地见于史籍中，较典型的有干栏式住房、种植水稻、文身、使用铜鼓、驯象等。这一问题可以作两个解释：首先，古代长江以南的地理环境有共同的特征，多江河、多水泊、多森林、多平地，气候湿热，这些特征形成南方的居民在日常生活、农业生产等方面的共同特征，这并不难理解，如相同的地理环境形成了中国南方、东南亚诸国及日本等地都种植水稻，但并不意味着它们是一个民族。在今天，干栏式建筑在云南省十分普遍，并且存在于当地的不同民族中，并非一个民族专有，这是由于共同的地理条件形成的，而不是民族特征。越人典型的文身现象，在今天的云南及越南、缅甸、老挝也还普遍存在，但并不仅限于一个民族中，如布朗族、傣族、佤族等民族中都可看到。在今天这一现象可存在于多种民族中，在古代同样有可能存在于不同的民族中。驯象在古代仅见于云南南部及东南亚诸国，并不普遍存在于中国南方。铜鼓的使用在古代更不限于一个民族，这已为大量的考古研究所证实。因此对这些文化现象在南方的普遍存在不应从民族特征的角度进行解释，而应从其所处的地理环境的相同性及传播、相互影响来进行思考，否则就将陷入误区。也就是说，这些文化现象是由地理环境所造成的，是不同的民族间文化相互影响所带来的文化传播的结果，并不是一个民族的特征。

应当特别指出的是，在一些相关的论著中都提到百越地区语言相通，甚至说百越有共同的语言，并将其作为一个民族特别重要的特征，这更是没有根据。如果古代越人之间存在共同的语言，这确实将十分重要，地理环境及传统而使各民族都具有很多共同的文化，而语言则不然。但是种种提到越人语言相通的论著中却没有指出其充分的依据从何而来，有何文献记载广大的越地语言相通，有一种共同的越语存在，这一点显然是学者们以讹传讹了。笔者研究了相关的文献及著作，并没有关于有一种在南方相通的越语存在的直接证据，也没有文献记载当时的越地语言相通。蒙文通先生就指出，吴越、南越、骆越、西瓯等各有自己的语言。① 越人既然没有共同的语言，从民族构成的要素来说也同样不成其为一个民族。

可以说，学术界长期以来将越作为一个古代民族是错误的。这一错误的结论在学术界已很流行，其中大多数学者并没有深究这一问题，而是在研究相关问题时不加分析地沿用了这一错误的结论。尽管其中有很多矛盾之处，如我们上面提到的为什么"越"会在西汉以后较快地淡出文献记载等。同时这一错误的结论也导致了后面的很多历史问题的错误解释。傣泰人的起源问题就是其中的一个典型问题。

二 关于傣泰民族的起源问题

由于笔者否认了越人是一个古代民族的观点，同时也就否认了越人是傣泰民族祖先的定论，我们可以从全新的角度来审视傣泰民族的起源问题，解开傣泰民族起源史上的一个大的谜团。

首先，由于越人不是一个古代民族，也不是傣泰民族的祖先（文献记载中的傣泰民族从来没有"越"这一自称），因此傣泰民族与越国没有直接的关系，更不是勾践的后人。如上所述，在汉以前，由于当时的人们对种族知识的欠缺，将越国内的人都称为越人，因此泰人在古代文献中即便称为越的一种，归为一种越人也不足为奇，但并不能说明与越人之间有直接的民族渊源关系，更不是某一种越人演变来的，这一点至今没有史料可以证明。

其次，由于傣泰民族的先民与越没有直接关系，因此越国的灭亡及秦征故越地的战争所引起的人群迁移与傣泰民族的历史同样没有关系，从这个立论上说傣泰民族起源于长江流域并由于战争而不断被南迁的说法是不成立的，事实上，只有在傣泰民族不是源于越人这一立论上，才可能根本否定傣泰民族祖先的南迁论。

那么，傣泰民族从何而来呢？

由于历史文献的欠缺，傣泰民族的渊源在汉代以前已无法追溯，但是在秦汉时期今天傣泰民族的先民已居住在现在的云南境内。虽然说汉代以前的傣泰民族先民的源流至今仍然是没有公认的定论的，但是汉代以后傣泰民族的流源却是可以重构的。笔者认为汉代是构建傣泰民族史最重要的

---

① 蒙文通：《百越民族考》，《历史研究》1983 年第 1 期。

时期，是一个里程碑，因为只有此时期后的历史可能被说清楚，今天的傣泰民族起源于云南，古代滇国就是古代傣泰民族的家园，而古滇国的主体民族极有可能就是今天傣泰民族的先民。

在汉代时，古滇国已存在。《史记·西南夷列传》是较早记述古滇国存在的文献。《史记·西南夷列传》记载："西南夷君长以什数，夜郎最大；其西靡莫之属以什数，滇最大。""滇王者，其众数万人"。自汉元封二年，汉军进军滇地，滇王降汉称臣后，汉王朝在这里设置了益州郡。滇国的中心即今天的昆明市晋城，这里地处滇池畔，是古代滇文明的中心地区，附近的石寨山、李家山等地都发现大量汉代古墓，出土大量汉代铜器。

傣泰民族有文字记载的历史就当从此而开始。滇国的存在已被学术界所认同，那么滇国内居住的是什么民族，这就是与傣泰民族有直接关系的问题。

首先，滇国的"滇"从何而来，是何含意？目前主要的说法一是指滇池水倒流称，二是高山之意。① 这两种说法都是从地理环境特征及对字义的解释来推论的。一些学者甚至还通过《说文解字》等字典来求解"滇"的含意，更是错误。

事实上，当时司马迁在写《史记》时记录一些他听说的地名或部落时都是用汉字记音，当时的广大边远地方还处于地理大发现时期，并没有标准的地名，因此《史记·西南夷列传》中对地名与部落的记载也同样是用汉字记音，"滇"也不例外，因而留下了一个大的谜团。也正因为如此，从地理特征或字面上去理解"滇"的含意都是不可靠的。

在《史记·西南夷列传》中，司马迁记载"滇"时很明确地是记载了一个部落而不是一个地方。我们当然可以推论这一个部落的领地也就是滇国，但"滇"首先是一个部落，是一种种族。因此"滇"的来源不是从地理特征中而得，而是指当地一个人口占多数、处于统治地位的种族部落。

首先，关于古滇人的族属问题已有一些学者做了大量的研究，其中一个重要的结论是古滇国的主体民族是"越人"的一种，也是今天傣泰民族的先民。尽管并没有任何历史文献记载当时滇国的主要居民——滇人是

---

① 《华阳国志·南中志·晋宁郡》。王先谦：《汉书补注》。

越人，但通过考古所获得的大量资料证明了当时的滇人文化与今天的傣泰民族文化有很多相同甚至有一些是仅存在于傣泰民族中的文化。这些资料与傣泰民族的历史传统相佐证，证明古代滇人就是与傣泰民族有直接渊源关系的种族。

在当年滇国中心地带的晋宁石寨山墓地及江川李家山墓地出土的大量滇国文物为我们展示了一幅滇人文化的粗略图景，同时也为我们认定滇人的族属提供了一些直接的证据。在这些滇人文化遗址中，出土了大量汉时的铜器，包括农具、生活用具、铜鼓、贮贝器等，最珍贵的是这些出土文物除了有动物、建筑用具等图案外，大多有反映当时社会生活的雕刻与雕塑，不少贮贝器上还雕塑有宗教祭祀、战争及家庭生活的场景，使今天的人们能够直观地窥见滇人的生活与文化。[①] 在各种滇国出土文物中，有不少内容都反映了与今天傣泰民族的直接的文化关联，如干栏式建筑、使用铜鼓、文身、耕田等等，在这其中对孔雀的崇敬我认为是判定古代滇人是傣泰民族的先民的直接证据。孔雀是傣族最崇敬的吉祥动物，是善与美、勇敢的象征，在各种神话中很多英雄及圣贤都是孔雀的化身。孔雀在傣族文化中占有重要的位置，是傣族文化的特征之一，不仅有大量的民间传说、绘画、歌舞、雕塑等来表现孔雀，通过孔雀来表现人们种种美好的意愿，在现实生活中傣族人也爱饲养孔雀，孔雀在其文化中的地位之重是其他民族中不能相比的。在出土的滇国青铜器中就有刻孔雀图案的铜锄、铜铲，孔雀造型的青铜扣饰、铜孔雀、孔雀杖头等，还有不少青铜器上有孔雀的图纹。在晋宁石寨山出土的一片刻纹铜片上，上方刻的是一只巨大的孔雀，而下面的牛头、海贝、虎、马、人物等等都只有孔雀的一半大，甚至更小，这一图案的组合反映出了孔雀在当时人们心目中的重要性，在"纺织场面贮贝器"的胴部，刻有 4 只孔雀，同时在器身上还有圆雕刻孔雀 4 只。在傣族社会中，孔雀是勇敢与镇邪的象征。在滇池地区出土的不少青铜器上雕塑有孔雀口衔蛇、或用爪践蛇，甚至在石寨山 M12 号的一个贮贝器上，还有一名妇女在用蛇喂孔雀。在傣族人的观念中，蛇是性恶、凶猛的动物，孔雀的这些青铜器造型上孔雀与蛇的组合表达的正是以善抑恶的愿望及孔雀的伟大。特别值得指出的是蛇是东南沿海"百越人"普遍崇敬的对象，而在傣族中相反，这一点也从另一个角度证明了傣泰民

---

① 张增祺：《滇国与滇文化》，云南美术出版社 1997 年版。

族的先民与所谓"百越"在文化上的区别。滇人的孔雀文化是其与今天的傣泰民族有民族渊源关系的直接证据之一。

滇国又一个重要的与傣泰民族文化有关联的因子是水稻种植。在云南境内95%以上的地区都是山区,古滇国所处的滇池地区是云南最大的一个平坝,依山傍水,便于灌溉,是种植水稻的理想地方。滇池地区考古证实了滇池地区的主要农作物是水稻。① 云南种植水稻的历史通过考古发现证明在新石器时代就存在,云南是栽培水稻的发祥地之一。② 傣族是中国种植水稻最古老的民族之一,而研究表明在云南少数民族中种植水稻历史最久远的就是傣族。③ 水稻种植是傣族的生存基础,事实上在傣泰民族的历史上其先民总是沿着江河迁徙的一个十分重要的原因就是为了寻找到适合开田种植水稻的地方。在傣族的传统观念中,有水就能种田,能种水稻就能活下去。在云南稻作栽培的类型分为陆稻与水稻两种,在山区陆稻种植也很普遍,而在坝区基本都种植水稻,这两种稻作模式今天仍然存在。在种植稻的民族中,有不少是由于居住于山区而种植陆稻,更多种植水稻的民族其水稻种植的历史不过千余年,如今天的红河流域哈尼族、彝族等都种植水稻,但是水稻的种植都与傣族先民有关,也就是说其他民族是在傣族之后才学习种植水稻的,民族志资料表明很多地区在傣族先民迁去之前当地还没有水稻种植。红河中游哈尼族的古歌中就记载了当地傣族教授哈尼族种植水稻的历史传说。更广泛的水稻种植与汉族在明清以后大量迁入云南有关,但历史较近。水稻种植有着较其他山地作物更高的技术要求,因而也代表了更高的农业文明,由于当时的云南是一个边远闭塞的地方,因此不可能在汉代就已有广泛的水稻种植,到了西汉晚期,滇池地区才有明确的种植水稻的记载。古滇国的稻作农业与傣族的稻作传统相对应是傣泰民族先民在滇池地区居住的又一个重要佐证。

傣族中关于今天昆明称谓的传说也是傣族在今天云南中部活动的重要佐证。在傣语中,昆明称为"勐些",意思是"失去的领地"。"勐"是

---

① 张增祺:《滇国与滇文化》,云南美术出版社1997年版,第60页。

② 参见[日]伊藤清司《序二》,载任兆胜、李云峰主编《稻作与祭仪》,云南人民出版社2003年版。李昆生《云南在亚洲栽培稻起源研究中的地位》,《云南社会科学》1981年第1期。

③ 《傣族简史》编写组编:《傣族简史》,云南人民出版社1986年版,第35页。又见高立士《西双版纳傣族传统灌溉与环保研究》,云南民族出版社1999年版,第53页。

傣泰民族中特殊的行政区域概念，有国家、行政区域、分封国，城市等内涵。据傣族的历史文献及今天仍然流行的传说中说，远古时期傣族的先民就居住在今天的昆明滇池畔，后因为与其他民族发生战争并且战败，只有放弃昆明这一居住地而向南迁移到今天的西双版纳、德宏等地居住，因此昆明才被称为"失去的领地"，直到今天。这也说明昆明地区在古代是今天傣族先民的家园。傣族史学家、曾任西双版纳报社副总编的岩温胆先生多年搜集傣族古文献抄本，他归纳古文献中关于傣族迁移的记录如下：傣族先民最早居住在今天昆明以北走三天三夜路程的地方，名叫勐洒，后由于受到其他民族的冲击而南迁到今天的昆明一带，居住数百年，人口增多，也愈强大，并有自己的国王。后再次因内部战乱而被迫南迁，战败的王族带领大批民众首先迁到今天的元江（傣语称勐仲），再由元江分三路迁移：一路向南迁到今天的西双版纳景洪一带，其中一批人再向南进入了老挝、泰国北部。这一批人由于走得远，被称为"傣元"，意为胆大，或大傣，今天"傣元"在泰国北部仍然是当地傣泰民族中最大的一支。第二路向东南迁到今天的老挝境内，这一批人由于是星夜兼程，被称为"傣老法"，意为在星光明亮的夜里启程的傣族。第三路人向西南迁到了今天的德宏的瑞丽江边，建立了勐卯国。除了由王族带领的这些民众迁出昆明外，大量的傣人也从昆明一带向各地散去，散居在今天的楚雄、红河一带。[①]

在此我们不可回避地要谈到"滇"与"滇越"。我认为"滇"就是今天的"傣"。当时司马迁用汉字记下了"滇"这一部落的名称，我们今天很难判断记录的准确性，但音大致是相近的。对于傣泰民族来说，"傣"是这一民族最古老的自称，"滇"与"傣"，或"Dian"与"Dai"的第一个字母都是"D"，用方言来发音"滇"与"傣"十分相近。当时的语言与今天的汉语并不相同，更加大了司马迁记音的模糊性，这也是不能用今天的汉语来研究"滇"的含意、甚至通过"滇"的字解来解释"滇"作为记录一个古代民族的真正含意的重要原因。对于一个民族来说，长期的发展或迁移中衣食住行种种都可能发生变化，但最可能被人们长期记住而保存下去的就是自己的族称，这已是历史所证明了的。作为滇国主体居民的傣族先民，自然还保存着古老的自称，因此"滇"源于

---

① 岩温胆：《西双版纳历史溯源》，油印本，2003年。

"傣"这一族称是可以信的。在中国的史籍中对傣族的记录有各种称谓，如"白蛮""金齿""绣脚蛮""白衣""摆夷"，甚至"旱摆夷""水摆夷"等等，但这些记载都不是傣族自己的称谓，如在20世纪50年代以前，傣族仍然被广泛称为"摆夷""水摆夷""旱摆夷"，但这些史籍上或民间的他称并不为傣族人认可而成为自称，甚至很多傣族人根本就不知道"摆夷"是什么民族。他们自古至今都自称为傣。在缅甸，泰人被称为掸人，但当地泰人从来不用掸来称呼自己的族属，他们仍然自称"泰"。

关于"滇"就是"傣"还可以从"滇越"所传达出的信息中得到有力的佐证。《史记·大宛列传》记载："昆明之属无君长，善盗寇，辄杀略汉使。然闻其西千余里，有乘象国，曰滇越"。这里所说的"滇越"学者们已普遍认为是今天的云南保山及德宏一带，这与傣族先民的分布是相符的。这条史料是中国文献中最早提及傣族先民的记载，同时滇越就是傣族先民这一点在学术界没有什么争议。这其中最有意义的是"滇越"直接被证实与傣族先民有关，也就是直接记载了傣族在古代被称为滇。首先，"滇越"这一记载中到底"滇"指人还是"越"指人，目前的观点基本都将越作为傣族的先民，说明古代越人就是傣族的先民。事实上这种观点是错误的，仅从"滇越"的字面上就断定越人是傣族的祖先是没有充分根据的。"滇越"确实是指傣族先民居住的地方，但指人的不是"越"而是"滇"。如上所述，滇就是傣，而"越"就是古人所指的遥远之地，"滇越"意为居住在远方的滇人，即傣族的先民。其次，不论是乘象国还是越，都不可能是其本民族的自称，都是其他民族的他称。古人由此将这块傣人居住但又十分遥远的地方称为滇越。最后，解开了这个谜，我们也就解开了长期以来有关滇越的种种困惑：为什么今天的昆明地区称滇，而数千里以外的地方也出现滇这一称谓。同时今天保山、德宏一带的傣族先民被称为滇也反证了滇国的"滇"一词源于"傣"，其主体民族就是傣泰民族先民的事实。

通过上面的论述可以看到，在中国古代并不存在"越"这一民族，"越人"不是一种民族（这一点如上文中提到已有学者指出），越人是指古代越国内的居民或蛮荒边远地区的当时还不知其族别的人。尽管如此，百越文化是存在的，也就是当时越国相关的文化与历史，傣泰民族文化与百越文化确实有很多相同之处，中外学者在百越史领域内所取得的成就也是十分丰硕而辉煌的。关于百越文化更广泛的话题不在本文的讨论范围内，但是涉及傣泰民族的起源，笔者认为没有一个从越人到今天傣泰民族的演化过程，傣泰民族不是越人演变来的，因而与古代的越国及其后人都没有任何关系，我们也可以认定傣泰民族的先民不是从中国南方迁徙到云南的，它是一个居住并在云南发展起来的民族。

在汉代傣泰民族的先民已居住于今天的云南中部及西南一带，他们更早的祖先从何而来已经无可考证，但并不一定要坚持它是一个从其他地方迁入云南的民族的观点，因为云南元谋猿人的发现证明了云南也是人类发源地之一。其先民有可能是从其他地区迁入的，也同样有可能是起源于云南境内，但由于至今没有直接的证据可以证明，因此更远的溯源已没有意义。笔者也关注到了有关傣族与壮族民族渊源关系的研究，尤其是近年来关于广西壮族与泰国泰人的文化比较研究所取得的丰硕成果，尽管壮族与傣族有诸多文化同一性，云南滇中一带古代也是壮族先民的居住地区之一，但自古以来傣族与壮族并没有民族认同，这种文化的同一性从今天很多现存的民族志资料中都可以获得理解，如源于与傣族完全不同语系的克木人、布朗族等却至今完全保持着傣族的文化，是文化传播与涵化的结果。①

傣泰民族的先民作为一个民族的实体形成于秦汉时代的云南境内，主要分布于滇中及滇西南，我们可以认定其为云南的土著。泰国也有云南起源说。② 云南的滇池地区就是今天傣泰民族的发源地，古滇国也就是傣泰民族历史上所建立起来的第一个地方小王国。在随后漫长的岁月中傣泰民族不断壮大，并不断地向南部及西部、西南部迁移，尤其是沿着金沙江、怒江、元江（红河）、澜沧江等大江大河流域迁移并居住于这些河流流域内，到唐宋时期傣族在云南有了广泛的分布。今天已经不是傣族主要居住

---

① 参见郑晓云《文化认同与文化变迁》，中国社会科学出版社 1992 年版，第 63 页。

② 泰国前暹罗学会主席薛登化登（Major Erik Seidenfaden）在总结各种观点后认为，泰人是从云南南部的泰—卡代—印度尼西亚人族群中分离出来的。在大约公元 1500—2000 年前孟高棉人由于居住区的战乱而从印度的大量涌入云南，从而使泰、卡代人被迫向北迁移，随后定居于今天的贵州，再随后南迁到广西、最终到达海南岛。部分泰人跨过长江，定居于四川、山西、河北、安徽及河南的部分地区，在随后的 2000 年中，由于与汉族的战争而被迫不断向南迁移，征服了南部、西南部及东南部的云南、掸国、上缅甸、印度的阿萨姆及曼尼普尔。东南部则定居于贵州、广西、广东及海南岛，最终占有了上栋基、老挝、泰国（The Thai Peoples, By Major Erik Seidenfaden, The Siam Society, Bangkok, 1963）。

地的很多地方在历史上都曾经是傣族先民的居住区域。如今天的楚雄彝族自治州，今天虽然已不是主要的傣族居住地区，但是现存的大量源于傣语的地名反映了当时这些地区曾经有较多的傣族先民分布。在楚雄彝族自治州的元谋县，现存在民族地名500余条，其中傣语地名就有316条，而今天这里的傣族居民已不足全部居民的1%。① 今天石屏县秀山寺远近闻名，但此寺在明代以前是傣族建立的南传上座部佛教寺庙，而且周围有很多傣族居住，后迁移到其他地方，这些历史今天在当地仍然有大量民间传说。在傣族的民间传说中，今天滇中的昆明、玉溪、易门等城市的名称都来源于傣语。总之，历史上傣族的分布，尤其是在今天已不是傣族分布区域的滇中地区要较今天广得多。由于各种原因，傣泰民族的先民不断向南方迁移，今天分布于缅甸、老挝、越南、泰国，印度等国的泰人都有史可考与云南的傣族有明确的源渊，是从云南迁移而去的②，最终形成以云南为源头的傣泰文化圈。

第二节　傣泰民族先民从云南向东南亚的迁徙

一　泰人先民向缅甸的迁移

据掸族的历史文献记载，掸邦的泰人是在古代从中国云南迁移到掸邦高地的。掸邦的泰人占缅甸人口的10%到15%，并且是掸邦高地最大的一个民族。在他们自己的语言里，自称是"泰"或者是"泰龙""泰亚"（Tai Long, Tai Yai, 意思都是"大泰"），而掸是他称，并不是自称，这一点十分重要。同时，泰人称他们的家园为勐为勐泰（泰人的国家）而不称掸邦。因此掸族及其居住地掸邦与泰人是有区别的。在缅甸，除了有被称为"掸"的泰人，同时还有自称掸的种族存在。这一点在中国学者的研究中往往没有注意到，中国学者普遍认为"掸"就等同于泰人，这在很多有关傣泰民族历史的论著中都可以看到。

---

①　马旷源：《滇中文化论》，载《文化、历史、民族》，云南大学出版社1993年版，第216页。

②　The Tai Ethnic Migration and Settlement in Myanmar, By Sai Aung Tun, Yangoon University the tai of the shan state, By Nel Adams Alias Sao Noan Oo, Manuscript, 并参阅何平《从云南到阿萨姆——傣泰民族历史再考与重构》，云南大学出版社2001年版；范宏贵《同根生的民族》，光明日报出版社2000年版。

关于掸的记载较早见于《汉书》等汉代文献，其中有掸国向汉王朝进贡的记载，国内学者一般认为这就是当地泰人。但事实上在汉代，有很少的泰人进入缅甸是有可能的，他们沿着萨尔温江迁移而进入缅甸，定居在萨尔温江流域。但是当时历史文献中记载的掸人并不是泰人，而是当地的土著，根据缅甸学者的研究，掸在泰人迁入缅甸前就已存在。因此汉代文献中所记载的掸与今天的泰人还不是一回事。在泰人进入今天的掸邦高地之前，这里的居民主要是孟—高棉人，因此中国汉代文献中记载的掸很可能是孟—高棉人①。

自公元 6 世纪后的数百年间，泰人不断地从云南迁入缅甸北部，公元 10—11 世纪，泰人在缅甸北部的势力已经强大，建立了缅甸史上称为勐卯龙（Mong Mao Long）的王国，即中国史书称的麓川政权，其中心在今缅甸境内的瑞丽江北部。至 14 世纪勐卯龙王国的势力达到鼎盛时期，在思可发、桑龙发当权的 14 世纪时期，勐卯龙王国不仅控制了整个掸邦，势力范围还达到了整个缅甸及老挝、柬埔寨、泰国。麓川政权也不断地侵犯中国，明朝曾三次发大军征伐。1220 年前后，桑龙发率大军征伐，占领了勐宽，将勐宽变成了勐卯龙王国的第二大军事中心。勐宽的辖地包括了今天的整个缅甸北部。以勐宽为基地，桑龙发继续攻伐，进入今天印度阿萨姆地区，在这一地区建立起了一些泰人的地方政权，于 1229 年最终建立了泰阿洪王朝，这被认为是泰人历史上最大、最成功的一次扩张行动。这些军事征伐的重要后果在于泰人随着这些开疆拓土的行动而在整个缅甸及泰国、老挝、印度而扩散开来，使泰人的分布从缅甸北部扩大到了整个缅甸及邻近的国家。因此这一时期是傣泰民族史上一个重要的时期。根据缅甸文献记录，普遍认为泰人从云南大量迁移进入缅甸的高潮是公元 6 世纪。他们顺着"南卯"河，也就是今天的瑞丽江往南边迁移，并且定居在了上缅甸的河谷地区，这一地区渐渐变成了掸邦的政治权力中心，并且随着这里的发展，一个新的移民潮又向四边展开，一部分泰人向东南方向不断分散到今天的掸邦高地的各个地方，有的人继续往西走进入泰国，这一部分人称暹罗人，第二个支系往北走，然后进入印度北部阿萨姆，进而形成了后面的印度的阿萨姆泰人、泰国的暹罗泰人和缅甸的掸人。但是

---

① The mons：A Civilzation of Southeast A sia. Emmanuec Guillon. The Siam Society. 1999. 泰人先民是公元十三世纪以后才大规模进入今掸邦地区，见 Sai Aung Tun. Hisfory of The Shan State：from Itsorigins to1962. silkworm Books，2009. p. 20.

由于缺少文献的记录，在公元7—10世纪，掸邦的历史在缅甸同样也是不清楚的。这一时期南诏国在云南兴起，其权力在公元7世纪末处于鼎盛时期，统治范围包括了今天的上缅甸，掸人也当然地在其统治之内，但是南诏国是否是泰人建立的国家在中外学术界都是有争议的。中国学者认为南诏国不是泰人建立的国家①，国外也有一些学者持相同的观点。但无论如何，南诏国的统治对于掸人的影响是肯定存在的，包括政治、经济与文化诸多方面。笔者认为，南诏国的统治者不是泰人，这一点是可以肯定的，但是南诏国境内居住有大量的泰人，尤其是在其南部从今天的保山、德宏到上缅甸大片的区域内，这才使得泰文化在南诏国内有着广泛的影响与重要的地位，这一点在今天的很多文献中都可以找到证据。正是由于这种影响与地位，使得近代一些国外学者将南诏国的建立与泰人联系在一起，从而得出南诏国是泰人建立的国家的错误结论。

勐—阪政权体制是傣泰民族最重要的社会基础，也是傣泰民族社会的一个重要特征。建立新的勐是傣泰民族的扩张并且定居的标志，因此勐的建立也是傣泰民族迁移的重要证据。泰人先民自云南迁入缅甸后，首要的任务也是建立新的勐与阪。在公元6世纪前，在缅甸北部的萨尔温江及瑞丽江流域就已有一些泰人的勐与阪存在，证明在此之前泰人就已迁入缅甸北部。在桑龙发统治勐宽期间，整个缅甸北部都建立起了泰人的勐与阪，并在每个勐都任命一个首领，称为"召发"。当时在勐宽境内有99个召发，也就是建立了99个勐，可见此时泰人数量已较多。在今天的缅甸克钦邦内仍然存在的当年由泰人迁移而建立的泰龙人的勐—阪达54个。②

缅甸这些多从勐卯龙来到勐宽定居下来的泰人自称为"泰朗"，今天仍然散居于整个缅甸克钦邦。此时自称泰卯、泰泐等的泰人也迁入了缅甸北部，并居住繁衍至今。泰人在大量迁移进入缅甸之前就已是长期从事水稻种植的农民，从而具有较高的农业技能，他们虽然与本地文化相融合，变得本地化，但是其较高的水稻种植技术决定了其文化较当地山地农业民族具有先进性，因而泰人能在较快的时间内在缅甸境内定居并发展壮大起来。

13世纪以后，缅甸南部已有不少泰人定居在直通（Thaton）、马达马

---

① 参阅陈吕范主编《泰族起源与南诏国研究文集》，中国书籍出版社2005年版。

② The Kachin Hill Manual. Rangoon: The Superintendent Government Printing, Union of Burma, 1959. pp. 17-18.

（Madama）、巴构（Bago）、梅拉耶（Mawlamyine）一带，并建立了当地的泰人王国。缅甸文献传说国王瓦拉如是一个移民到直通的泰人的儿子，出生在靠近直通的一个名叫杜吴的村子，长大后他到了泰国的素可泰并成为素可泰国王的一名象夫，他负责管理国王的象队并随象队出征，在战场上英勇杀敌，在赢得多次战争后，他晋升为国王的卫队长。此间他认识了国王的女儿，并与她私奔回直通。回到直通后，他从事政治活动，并于1281年成为马达马的行政长官。1287年，他建立了自己的王国，这一王国直到1539年才灭亡，存在了252年之久。在这一时期，由于他与素可泰王国有姻亲关系，因而不少泰人从清迈及泰国西北部迁移到下缅甸。这些泰人迁移到下缅甸后，与当地的孟人相融合，共同发展起了较高的稻作文明，使下缅甸平地成为东南亚有名的粮仓。在瓦拉如王朝时期，不仅稻作农业有了较大的发展，也使其统治的南部海岸地区与欧洲国家建立起了贸易关系，不少缅甸的土产品也输往欧洲。

萨尔温江东部是泰人较早迁移进入缅甸的地区，这里居住着各种自称的泰人，如傣泐、傣云等。他们在这一地区也建立起了一些勐及小王国。

在缅甸历史上最大的封建王国是掸邦东部的景栋，面积达31万平方公里，它是今天缅甸泰人居住最集中的地区，南与泰国接壤、东与老挝接壤、北与中国接壤，地理位置十分重要。在景栋居住着不同支系的泰人，反映了不同时期的泰人迁入缅甸的历史。同时这一地区也居住着众多的民族，如佤族、景颇族等。

在上缅甸的萨尔温江流域及瑞丽江流域、中缅边境地区，泰人居民最多部族的是与中国境内相同的傣泐人，在缅甸境内的八莫、勐宽、南坎、木姐、密支那等地都有广泛的分布。他们迁入缅甸时期较晚，因而保留自己的文化传统较多。他们在这些地区建立了很多勐及小城镇。在20世纪60年代以前，两国仍然有不断的居民迁移的现象。在十年"文革"中，一些村子曾搬迁到缅甸居住至今。

泰人迁入缅甸后，经历漫长的历史发展，其分布遍及缅甸全境，成为缅甸境内一个较大的民族，并且在缅甸的政治、经济、文化发展中都产生了重要的影响，一些王国曾在历史上强盛过。但是由于缅甸历史上战乱不断，缅甸泰人曾经不断与周边民族与国家发生战争，如明朝时期与中国的战争、与泰国北部、老挝的长期的战争等，其内部也不断发生战乱，导致其势力的渐渐弱化。在16世纪以后，泰人地区曾发生过三次大的反抗英国入侵的战争，但最终泰人聚居的上缅甸还是成为了英国的殖民地，一直到第二次世界大战结束。

综上所述，缅甸早期的泰人是从中国境内迁移去的。最早的历史已无可考证，但据缅甸文献记载较多迁入缅甸的时期是公元6世纪。傣泰民族的先民从滇中向南迁移是在汉以后的事，至公元6世纪前后的南诏时期，傣泰民族才较多地分布于滇南地区。南诏的战乱，尤其是南诏国的灭亡及大理国的灭亡所带来的动乱必然是泰人大量向缅甸境内迁移的重要原因。但泰人迁入缅甸除了有一些高潮时期以外，不同规模的、不断的迁移肯定是存在于各个时期的，今天接近瑞丽市缅甸境内的很多村子的人们都还能说清楚他们从中国迁入缅甸的历史，并且这段历史并不长，仅有百余年甚至数十年。早期迁入缅甸的泰人凭着其较高的水稻种植技能及勐—阪的组织体制的优越性，在迁入缅甸后较快地在当地立足并发展起来，在缅甸历史上留下了重要的足迹。[①]

二 泰人先民向老挝的迁移

老挝的国民统称老泰，语言属泰语系民族，但真正属于泰族的主要是两部分，一是普泰人，二是泐人。其中普泰人数最多，近50万人，泐人有10万人左右。"普泰"意为山区的泰人，可能与其迁移的过程有关，这一点我们在后面论述。普泰人实际上包括了多个泰人的支系，如红泰、黑泰、白泰、绿泰等。普泰人在老挝分布很广，在包括首都万象在内的15个省市都有分布。泐人主要分布在老挝北部与中国接壤的省份，与中国云南的傣泐人相同。

老挝，尤其是老挝中部、北部处于泰人分布的中心区域，因此也是泰人迁移的一个重要区域。老挝的泰人源于中国在学术界并没有太多的分歧，并且不论是现在有一定争议的有关哀牢国族属问题，还是泰人自越南的迁入等问题，目前都没有人否认他们源于中国，后又迁入老挝。

老挝泰人的迁移较为复杂，原因是老挝的泰人在历史上的不同时期都有迁移的现象，直到20世纪50—60年代仍然有中国的傣族及越南的泰人

---

① 本节主要参考文献：The Tai Ethnic Migration and Settlement in Myanmar, by Sai Aung Tun, Yangoon University, Manuscript presented. The Tai of the Shan State, by Nel Adams Alias Sao Noan Oo, Manuscript。

迁入老挝。根据目前的研究，较早迁入老挝的泰人有两个方向，一是从中国迁入越南北部的泰人又迁到越南北部、西北的莱州、山罗、义安等省一带，再迁入老挝，一是从中国的云南直接迁入老挝北部，这一部分人主要是傣泐人。

在泰人迁移的历史上，迁入越南的历史要比迁入老挝早。泰人在公元6世纪后大量迁入越南，而大量迁入老挝应当在公元9世纪以后①，这是较为可信的，在此之前也可能会有一些泰人迁入老挝，但大规模发生在公元六七世纪是不可信的。老挝的早期历史由于文献的不足而留下很多空白，但在公元6—10世纪的数百年内，统治老挝的是孟—高棉人，在公元10世纪以后孟—高棉人及其文化才在老挝渐渐失去统治地位。到公元11世纪到13世纪，泰人在今天老挝中北部广大的地区已建立起了很多居住区，有了广泛的分布，并建立了两个重要的泰人城邦，即琅勃拉邦与万象。

我们首先考察从越南迁入老挝的泰人。由于越南西北部与老挝接壤，因此大多数泰人与越南西北部泰人的居住是连成一片的，只是由于国界不同而一分为二。泰人在公元六七世纪沿红河进入越南后，在随后的几个世纪中不断向越南西北部、西部迁移，今天大多数泰人都聚居于越南西部高原地带如莱州、山罗等省，有的只有一二百年的历史，因此越南泰人的迁移历史相对而言较为清楚，不少当地的泰人至今还能说清楚其迁移的历史。

越南泰人迁移的历史对于了解老挝泰人的历史十分重要。在越南，泰人聚居于两个重要的地区，一个是北部的莱州、山罗省，占越南泰人的60%以上，另一个主要的聚居区是清化、义安省，占越南泰人人口的20%以上。② 这些地区，尤其是越南西北部与老挝主要泰聚居区相连。由于越南北部主要是山区，因此泰人也主要是居住于山区及山区的河谷、盆地中，当他们迁移进老挝后，被称为山区来的泰人，即普泰，普泰人一称便是由此而来。

---

① The Peoples of Laos: Rural and Ethnic Diversities, By Laurent Chazee, White Lotus Press House, Bangkok, 1999.

② On Relationships Between the Phu Thay in Laos and the Thai in Vietnam, By Nguyen Duy Thieu, The Paper Presented in VIth International Conference on Thai Studies in Chiangmai, Thailand, 1996.

据越南东南亚研究所阮维绍先生（Nguyen Duy Thieu）的田野研究，老挝桑怒省的普泰人源于越南顺州的黑泰人，在距今 200 年前（约 8—9 代前）从越南迁移到芒艾（Muong Et）、孟宋（Muong Xon），最终定居于桑怒省，而其他一些人则定居于勐桑（Muong Sam）、芒布阿（Muong Pua）等地。又据居住于勐双的红泰人的回忆，其祖先居住于勐哥达（Muong Ca Da，今越南清化省关化县），由于避乱而迁到老挝。普泰人的祖先迁入老挝有两个原因：一是自然的迁移，他们的祖先从中国迁入越南西北部，再迁入并定居在老挝。另外一部分大量迁入老挝的是由于躲避战乱，在 18 世纪末 19 世纪初，在越南的西北部及清化、义安等地区战乱不断，尤其是黄旗军、黑旗军的起义战争，导致大批泰人迁入老挝。他们的迁入又把先前已居住在当地很久的人挤走。在印度支那战争中，尤其是 1952—1954 年越南西北部的战乱中，又有大批泰人迁入老挝。在 1959—1960 年越南山区民主改革中，同样有数量可观的泰人离开越南迁往老挝。

田野研究表明几乎所有的普泰人都是从越南迁入老挝的。为了获得一个稳定的居住地方，他们不断地迁移，很多泰人都经历了不断迁移过程。据一部分勐阿（华潘省）黑泰说，他们的祖先是从越南和平省的勐哈（Muong Ha）、芒蒙（Muong Mun）迁移到义安省，在那里居住了 15 年后再次迁往老挝的山陶（Sam To），并从那里分为不同的部分向其他方向迁去散居各地。从越南北部迁移到义安的黑泰与白泰都有很多人迁往老挝，并在老挝四处散开。①

老挝泰人的另一部分是从云南迁移去的。迁到老挝的泰人主要是泰泐人，与西双版纳傣泐人相同，老挝学者认为老挝的泰泐人是在公元 7 世纪从云南的西双版纳迁去的②。在古代没有明确的疆域，在地域上云南的西双版纳与老挝北部都是相连接的。在泰人先民从云南向南迁移的过程中，不论是迁往越南还是迁往泰国，老挝都是一个必经的通道。虽然说最早的迁移发生在何时已无可考证，但云南泐人向老挝的迁移在不同时期都有。在泰国北部的清莱、清迈、清盛、帕尧等府今天都居住有很多傣泐人，笔

---

① On Relationships Between The Phu Thay in Laos and The Thai in Vietnam, By Nguyen Duy Thieu, The Paper Presented in VIth International Conference on Thai Studies in Chiangmai, Thialand, 1996.

② ［老］昭坎曼·翁骨拉达纳：《老挝丰沙里省诸民族》，蔡文枞译，《东南亚资料》1983 年第 2 期。

者在这些地区进行田野研究时，当地人都清楚地记得他们的祖先从云南的西双版纳迁移到当地，时间在9代人前后，约200年前，其中很多人先迁到老挝，再从老挝迁到泰国。在20世纪五六十年代，由于中国政治上的原因及饥荒，大批傣族从西双版纳，尤其是从勐腊县迁入老挝及泰国北部。

总之，泰人在从云南及越南迁入老挝后的数百年中，不但散居于老挝各地繁衍生息，人口增多，更凭借着其较高的文明，尤其以水稻种植为核心的文明而发展壮大起来，甚至将当地人排挤出河谷平地，由于自己的壮大，泰文明取代当地的孟高棉文明在13世纪以后成为主流文明，这其中浇灌农业起了关键的作用①。

三 泰人先民向越南的迁移

大部分越南泰人都集中居住在靠近老挝的西南高地一带，根据其地域分布，越南的泰人可以分为两个大的部分：西北部地区和义安省。在越南共有泰人104万余人②，63万人居住在北部高地，其中最重要的是两个省，即山罗省、莱州省，其他的居住在清化省和义安省。

泰族是越南的第三大族体（在越南还有一个典型的泰人族体——泐人，是单独作为一个民族的，人口仅3000余人，与中国西双版纳傣族相同，其先民来自中国云南）。由于迁入越南的历史时期及种类不同，因此分为不同的支系，人数较多的是黑泰和白泰，其他的还有摆彝、泐、红泰等。黑泰主要分布在山罗、黄连山二省及莱州省的奠边府等地。白泰主要分布于莱州省、清化省的琼崖、北安、扶晏等县。由于长期的历史迁移及与当地人的共处，很多泰人实际上已与当地其他民族发生了融合或在文化上受到了当地其他民族文化影响。如在沙巴、北河的泰人已被当地岱族所同化，在义安等地越老接壤地区，很多泰人来自老挝，因而受到老挝文化的影响较深。③ 泰人自古就不是越南的土著民族，而是外面迁徙来的，这

---

① The Peoples of Laos: Rural and Ethnic Diversities, By Laurent Chazee, White Lotus Press House, Bangkok, 1999.

② The Cultural Mosaic of Ethnic Groups in Vietnam, Education Publishing House, 2001, Vietnam.

③ 越南社会科学委员会民族学研究所编著：《越南北方少数民族·泰族》，范宏贵等译，广西民族学院民族研究所翻译编印，1986年。

一点在包括越南学者在内的学术界也是肯定的。那么他们是从哪里迁入越南的呢？从时间上来考证，泰人大量迁入越南的历史并不是十分的遥远。早期的泰人可能在公元六七世纪就有少部分从老挝以及云南迁入泰国的西北部，大量迁入越南的泰人是在 15 世纪以后，并且从 15 世纪一直到 20 世纪初，都有泰人不断迁入越南并且向越南扩散寻求新的定居点的情况存在。如越南学者认为白泰是居住于中国的白夷的后代，在公元 2 世纪已在红河右岸有了较多的分布，他们比黑泰先到达红河一带。①

从目前的研究来看，越南的泰人主要是从中国及老挝迁入的。泰人从中国迁入越南的路线大致有两条：一条是中国的西双版纳地区，一条是红河流域。"根据（越南）泰族的历史记载，他们的祖先大约在公元 9 世纪开始分别迁徙越南：一路从西双版纳（云南）到来；另一路从湄公河（泰国）过来"。② 由于越南及泰族自己的文献对于历史迁徙的明确时间都很少有记录，所以民族迁徙的传说就成了重要的证据。越南很多地区的泰人都有关于历史起源的传说，不论是白泰还是黑泰，尤其居住在越南北部的白泰人，传说他们的祖先在西双版纳，从西双版纳迁进老挝，再从老挝进入越南的西北部定居下来。越南的黑泰也有同样的传说，他们的祖先来自于西双版纳，所以说今天越南黑泰及白泰中的很多风俗习惯，都和中国云南省的傣族非常的相似。中国学者范宏贵以 134 个基本词汇对越南黑泰、老挝黑泰、中国西双版纳勐腊县傣语进行了对比，结果越南黑泰语与老挝黑泰语基本词 100% 相同，西双版纳傣语与越南黑泰语 84.32% 相同。这一比例扣除几百年来黑泰语在当地的融合与变化因素后已相当高。2001 年 9 月，笔者应越南文化部文化艺术杂志社的邀请前往河内访问。9 月 6 日下午，笔者与一批从事泰族研究的学者座谈，他们都曾经在泰人地区进行过长期的田野研究。他们认为：越南不论哪一种泰人，大多数都是从云南的西双版纳迁徙来的，一个明显的证据是，泰人家中有人死去时，人们在送葬的时候都要唱一些送葬歌，很多送葬歌中都唱到泰人是从西双版纳来，这方面的歌在越南的泰人中非常多，如白泰就有这样的歌唱到其祖先来自勐梭，而今天云南佤族自治县仍然存在勐梭这一傣族聚集的地方。这

---

① The Cultural Mosaic of Ethnic Groups in Vietnam, Education Publishing House, 2001, Vietnam.

② 《老挝各语族语言的地理分布概况》，[越] 吴德盛、张文生、李道勇译，《民族研究》1981 年第 6 期。

样的送葬歌在黑泰中也有，也明确地唱到他们的祖先是从云南迁徙到今天的越南。在人死亡的时候，他们的魂也应该回到他们来源的地方——云南。由于历史文献记录的缺乏，这种代代相传的历史歌谣，就是人们历史迁移的重要证据。

黑泰人也有明确的历史记载和传说，说明他们是从云南的西双版纳进入老挝再迁入今天的越南的，今天越南北部的大多数黑泰人的服装与现在西双版纳地区较为古老的傣族服装完全一样。越南民族学者在越南西北部地区的泰人中搜集到越南泰人用泰文手写的历史书籍《南猛记事》（后来由越南河内史学出版社1960年出版）一书中就记录了越南黑泰人的迁徙与发展。在记述了人类经历了各个民族共有的洪水泛滥的历史灾害之后，山罗省顺州泰族首领的祖先来到了勐翁和勐埃这两个地方，其中勐哀就在中国的西双版纳境内。从这两个地方开始，父子俩人不但生育子女，他们的子女也不断地告别父母，迁往各个地区。到16代时，他们已经移居到老街一带。从他们迁徙的时间到现在计算，他们总共是15代人，共375年，也就是说在中国的北宋时期，泰人迁入了越南西北地区，并且居住在今天的老街一带①。

从越南的文献与泰族的传说来看，从西双版纳迁入越南的泰人数量最多。从傣族的分布地域来看，"西双版纳傣族"的概念并非仅指今天的西双版纳傣族自治州行政区内，而是包括了今天的思茅地区一带的傣族。迁入越南的主要线路有两条：一是从西双版纳首先迁到老挝北部，再通过老挝进入越南西北部；一条是从西双版纳、思茅迁入今天的红河州西南部、南部，再向南顺李仙江（越南称沱江）、红河迁入越南西北部。应当说，在历史上，西双版纳、老挝北部、越南西北部都是一个傣族分布的成片的区域，当这一个区域形成后，尤其是在元朝以后这一个区域内基本都已有了泰人广泛的分布，这个区域内人们的迁移就变得很频繁，部分傣族进入老挝后又迁入西双版纳勐腊一带，勐腊傣族至今仍然有其祖先因为追赶金鹿而来到勐腊并定居下来的传说。一直到20世纪五六十年代，由于中国边境一带政治环境不安定仍然有不少傣族人迁移到老挝。

除了西双版纳以外，红河也是一条重要的泰人迁徙路线。越南有大量

---

① 转引自范宏贵《同根生的民族——壮泰各族渊源与文化》，民族出版社2007年版，第119页。

的历史记载和传说,记录当地泰人的祖先是从红河上游迁到今天的老街省一带的,尤其是在 14 世纪中后期,从红河流域迁入越南北部的泰人最多,一部分随后又迁到了老挝的中部和南部。自古以来顺着红河迁入越南的泰人先民在各个时期都有,并且也有不同的支系,如今天越南的白泰和黑泰都有明确的记载和传说证明他们来自红河上游。云南红河上游的花腰傣在今天中越边境河口以及越南境内也都有分布,他们都是从红河上游向南迁徙来到这些地方,并且时间并不久远。河口县的花腰傣从红河上流迁到今天的居住地仅 6—7 代人,100 余年历史,随后其中的一部分人再次向南迁移进入越南。从西双版纳迁入越南的傣族也有很多是从红河进入越南的。他们首先迁入云南的红河、金平等县一带,再沿着红河进入越南。今天与越南接壤的金平县傣族就充分反映出了傣族迁移的情况。居住于勐拉普洱上、中、下寨的傣族自称"傣泐",也被称为"普洱傣""水傣""白傣"。他们的祖先居住在今天的思茅一带,后迁到金平。几个自称与他称都透露出了很多重要的信息。"傣泐"是真正意义上的自称,表明其与西双版纳一带的傣族同支;"普洱傣"表明他们来自普洱,也就是今天的云南思茅地区北部,属于"西双版纳傣族"的范围。这其中最有意义的是"白傣"的他称,因为越南相同的泰人也称为白泰,也自称是自西双版纳迁移到越南的。这就很多吻合地可以复原出一条傣族自今天的西双版纳、思茅一带迁向越南的路线,金平是一条重要的途径。居住在金平县红河沿岸的"傣罗",他称"黑傣""旱傣",他们来自红河上流的元江一带,其他相同的人也迁入了越南,与今天越南的部分黑泰人同源。

越南和平省枚州县的泰人据历史记载与传说,其祖先是在红河的上游,今老街省北河县一带。大约在公元 14 世纪初由于社会不安定而沿着红河转向沱江,然后到达木州、勐孔、枚州等地区居住下来,其他的泰人则向越南西北部地区、和平、清化、义安—河静迁移,甚至进入老挝中部和南部。①

义安省是越南泰人聚居的又一个重要地区。根据 1992 年的人口统计,泰人在义安省有 21 万人,在义安省的泰人又分为三个不同的支系:泰勐(Tay Muong)、泰清(Tay Thanh)、泰蒙(Tay Muoi),其中泰勐是最大的

---

① 参见范宏贵《同根生的民族——壮泰各族渊源与文化》,民族出版社 2007 年版,第 192 页。

支系。根据泰勐的历史传说，他们的祖先是一个称为罗衣的地方头领，是琅勃拉邦国王的儿子，当时他去到清化省并建立了哥达勐，由于思念祖先的土地，他决定回去。当他到了义安省一个高地的时候，由于当地的泰人中缺乏一个头领，所以他被当地人邀请去做当地的头领，从而建立了泰人在义安省最早的一个勐。正是由于这种历史的原因，当地的语言和文字受到老挝语和文字较大的影响。义安地区泰人死了之后在送葬的时候，巫师通常都要念送魂经，以引导他们顺着祖先来的地方回到老挝去。其他支系中较大的泰青，属于白泰，来自勐青（今奠边府），还有一些较少的支系来自越南及老挝不同地区。①

四 泰人先民向泰国的迁移

泰国国民统称泰族（Thai），但是泰国泰族的概念与我们一般所称的泰人（Tai）是不一样的。在泰国，构成一个国家民族的 Thai 的种族有多个，包括了泰人、华人、马来人、北部山区的佤、拉祜、苗等山民。因此，泰国是一个以泰文化为纽带融合而成的国家②，泰人仅仅是泰国的一个种族。

泰国的泰人主要分布在泰国北部及东北部，如夜丰颂、清莱、清迈、南邦、南奔、帕尧等十余个府。泰国泰人中最大的一支是泰元人（意为"大泰人"），其他还有泰泐、泰雅、泰赊（黑泰）等等，其中泰元、泰泐分布最广。

以泰文化为纽带的现代泰国的形成与泰人的迁徙有直接关系，也就是说泰人的迁入及泰文化的传播缔造了现代意义上的泰国。

泰人最早在何时迁入今天的泰国由于没有明确的文献记载而难以考证，因此中外都没有定论。大规模迁入并且在当地产生广泛影响是在 11 世纪之后，在随后的数百年间大量的不同支系的泰人先民迁入并定居于泰国，但在此之前也肯定有一些泰人已进入今天的泰国北部居住。泰北的文献记载在公元 1150 年靠近南奔的滨河（Ping River）岸边曾出现了一个泰

---

① On Relationships Between The Phu Thay in Laos and The Thai in Vietnam, By Nguyen Duy Thieu, The Paper Presented in VIth Internaional Conference on Thai Studies in Chiangmai, Thailand, 1996.

② 泰国学者黎道纲先生认为泰国泰族是一个泰文化体，文化的影响比血缘的影响大（2001 年 10 月 19 日在云南省社会科学院的演讲）。

人的村子。在此之后的 200 年间有一些泰人渐渐开始自北方及东部方向进入泰北的兰那境内①。要了解泰人大规模迁入泰国的历史，有必要了解泰国北部的历史。泰国北部出现的第一个以泰人为主体建立的王国——兰那王国，中国史书称为八百媳妇国。

兰那的历史较早，八百媳妇国的开始一般以当地传奇性的王子坤真的政权为标志，开始于公元 1135 年②。而在此之前兰那的主体居民是南亚语系民族的拉佤人（Lawa）。早期的文明集中在今天的南奔（Lamphun）一带。约在公元 750 年，当地人邀请位于今天泰国中部的华富里（Lop Buri）国王的公主前来做建立于南奔的新城的管理者，而华富里王国是孟人（Mon）建立的王国堕罗钵底（Dvaravati）的一部分，因此当公主带着一批包括僧人在内的随员到达南奔时，也随之带来了孟人的精神与物质文化。孟人的宗教里是融合了大乘佛教的，因此大乘佛教也传入了这一地区。从此实质上南奔与南邦组成的一个城邦国家也就在孟人的统治之下，成为了其附属国。在公元 1005 年以后，华富里成为了高棉人的附属国，高棉文化开始影响到南奔。后南奔与华富里曾发生多次战争，在 1200 年之后由于高棉人势力的减退，南奔城邦才作为一个独立的地方王国在被泰人占领之前存在了几十年。

1263 年，与西双版纳勐泐王有亲戚关系的芒莱王在清莱建立了"芒莱王之城"，随后占领了南奔。1296 年 4 月 12 日，茫莱王建立了清迈新城，至 1350 年清迈基本控制了兰那地区，比孟人的南奔—南邦城邦控制的范围还要大得多，泰人在兰那取代了孟人的统治，泰文化也渐渐取代孟—高棉文化成为兰那的主流文化。

芒莱王传说是傣泰民族的传奇英雄，也是西双版纳第一个国王叭真（泰国称坤真）的后人。据西双版纳的《泐史》记载，叭真建立了西双版纳的景龙国，并在 1180 年到 1200 年执政 21 年。在叭真执政期间，景龙国势力十分强大，兰那国、勐交国（今越南北部）、勐老国（今老挝琅勃拉邦）、南掸邦等一些小国都置于景龙国的统治之下。

---

① 汉斯·奔它：《兰那简史：泰国北部的文明》，A Brife History of Lan Na: Civilization of North Thailand, p38. By Hans Penth, O. S. Printing House, 2000, Thailand.。

② 宋迈·普拉奇与安派·杜勒合著《兰那十二个月的传统》第一章。Sommai Premchit and Amphay Dore: The Lan Na Twelve-Month Traditions, 1992。

传说叭真的六世孙建立了兰那王国①。他是兰那王、勐交（今天越南西北部）王、勐老（老挝）王等傣泰人王国国王的祖先。据傣族文献记载，叭真有4个儿子，分别分封管理勐南掌（老挝）及兰那（清迈）、勐交（越南北部）、勐景洪（西双版纳）②。从傣泰人迁徙的历史来看，这种事实是成立的，因为今天的研究已证明了这些地区的大多数泰人的祖先都是来自西双版纳。1996年4月笔者曾作为特邀贵宾参加清迈建城700周年庆典活动及学术研讨会，在这个过程中接触过很多泰国及缅甸、老挝等国的学者与官员，很多人都说兰那城的创始人来自西双版纳，甚至有人说兰那的宗祖是西双版纳，西双版纳王室是大王室，兰那王室是小王室。当时听到这些说法不免还有些惊讶，但今天以历史的态度来审视这一切则基本都是事实。

与这段历史相对应的就是泰人在兰那地区的迁移与壮大了。泰北的泰人的主要支系是泰元人（Tai Yuan）。泰元人不仅居住在泰国北部，在缅甸、老挝也有分布。据西双版纳傣族的文献记载，泰元人是汉以后从滇中迁徙到今元江一带，在元江流域居住了很长时期再向南迁的。依笔者的看法，泰元人是沿着红河向南迁徙的，他们到达今天越南北部、老挝北部后，再进入今天的西双版纳，其当时的首领就是叭真。叭真在西双版纳建立了景龙国并任第一任国王"召片领"，意为广大地区的统治者。据《泐史》记载叭真任景龙泐国召片领始于1180年，据有老挝血统的法国学者安派·朵雷，对傣泰民族的历史、传统、宗教仪式、民俗学资料的全面研究，叭真其人确实存在并且其政权在公元1135年就已存在于兰那北部，曾经征服过老挝的琅勃拉邦（安派·杜勒，1992）。这在叭真进入西双版纳之前。

在傣泰民族史上一个较大的谜就是为什么西双版纳的景龙国能成为包括今天越南西北部、老挝、泰国北部在内的一系列泰人地方政权的宗主国。事实上在叭真进入西双版纳之前，在迁徙过程中作为首领已经占领了越南西北部、老挝北部，在这些地区有了根基。傣族文献及传说中的叭真并非西双版纳本地人，而是追赶金鹿从老挝进入西双版纳并成为西双版纳统治者的。在此之前西双版纳当地的傣族先民是泐人。与此同时，已分布

---

① 泰国《庸那迦纪年》，云南省社会科学院东南亚研究所翻译印本。
② 刀永明、康朗庄译：《车里宣慰世系》，载《车里宣慰世系集解》，云南民族出版社1989年版。

于老挝北部的泰元人继续南迁,进入泰国北部的兰那地区,这一切不仅与傣泰民族的种种历史传说相吻合,而且与西双版纳景龙政权为什么能成为周边诸多泰人小国宗主相吻合,这就解开了这一长期困扰学术界的谜。在傣族的历史记载中,并没有叭真攻占兰那的记载,但是他却能成为兰那国的宗主,兰那泰人的历史传说中也把叭真作为创始的英雄,他的几个儿子能够成为一系列地方王国的领主,原因就在于他进入西双版纳并建立景龙国以前,事实上已成为威震四方的英雄。兰那泰人最早的主体是泰元人,而西双版纳的主体是泐人,西双版纳泐人向兰那地区大量迁移是后面的事,为什么在同一宗主下两个地方的人不一样,原因也同样在此。

随着兰那王国的建立与孟人统治的结束,兰那在 14 世纪中到 15 世纪初迎来了黄金时期,政治与军事势力强大,在锡兰佛教影响下的兰那文化发展达到了鼎盛时期。泰人建立的兰那王国的强大,使泰文化不仅在当地取代了孟人的文化成主流文化,还向四周扩散,尤其是锡兰佛教,即南传上座部佛教及其文化,传播到了老挝北部、缅甸的掸邦东部及西双版纳,深远的影响一直持续到今天,形成了一个南传上座部佛教圈。

中国中央政府对兰那的明确治理始于元朝。元军在 1292 年攻占景洪,控制了西双版纳地区,进而最终控制了包括兰那在内的广大的傣泰人地方,先后设立车里总管府及八百宣慰司(1327 年)。在此之前元朝军队曾多次征伐兰那,兰那也曾多次反叛,这些过程是傣泰人出现大规模流动的重要原因,元军在征伐兰那的过程中也曾征用西双版纳的傣人运输军需甚至直接参战。自此至明嘉靖三十五年(1556 年)的 200 余年,西双版纳与兰那地区都处于元中央政府的管辖之下,在相对和平的环境中,人们可以自由迁徙。因此不仅有傣泐人迁入兰那,同样也有兰那人迁入西双版纳。

明嘉靖三十五年(1556 年),由于兰那政权内部的内乱并加之明朝国力的减弱,缅甸东吁王朝攻占景迈(今清迈),中国政府永远失去了对兰那的控制权,兰那也置于缅甸的统治之下长达 200 年。在此期间,缅甸统治者在兰那地区实施的是暴政,迫使当地人民四处逃散,大批躲进森林。因此这一时期有很多当地居民逃到西双版纳。缅甸东吁王朝并不止于占领兰那,在此之后还不断地向四周扩张,甚至雇用葡萄牙人,不断侵犯云南傣族地区。由于兰那当地人外逃而变得人口稀少,缅甸军队发动了多次以掳掠人口为目的的战争,曾攻破西双版纳,将大批当地傣泐人掳到兰那,这就是今天大量源于西双版纳的傣泐人居住于泰北的重要原因。1774 年缅甸人在清迈的统治结束，随后的几十年内，由于地广人稀，大批泰掸人、傣泐人等从缅甸北部及西双版纳等地迁入泰北地区，兰那开始进入一个新的发展时期。因此缅甸人统治兰那时期及随后，是西双版纳地区傣泐等人大量迁入泰北兰那地区的时期。1986 年及随后笔者数次在访问清迈时与对兰那历史有较深研究的清迈名绅盖西先生交谈，他说清迈泰人中大部分人都是当年缅甸人从西双版纳掳掠来的傣泐人的后代，甚至说清迈人就是西双版纳人，他本人的祖先也来自西双版纳。笔者在泰北的清迈、清盛、帕尧、南奔等府访问了很多傣泐人的村子，他们的历史都在一二百年，不少村子的人们现在还与西双版纳来来往往走亲戚。

泰人迁入的另一条重要路线是缅甸北部。在公元 6 世纪以后泰人从云南迁入缅甸，并沿着瑞丽江岸定居下来。至 10 世纪以后已壮大起来并建立了泰人的国家勐卯龙国，至 14 世纪达到强盛的顶峰。自 11 世纪后勐卯龙军队便向四周扩张，也包括了今天的泰国西北部，这一扩张也必然导致泰人大量进入泰国北部，这在缅甸文献中有记载。自此之后，缅甸各王朝都有占有泰北的野心，与兰那王国不断发生战事，在 1556 年从中国明政府手中夺占了兰那，统治兰那长达 200 年。在这个过程中，由于统治的需要及当地人外逃造成的人口稀少，大批缅甸泰人从掸邦东部被迁移到兰那，因此今天在兰那有很多泰人都认定他们是从缅甸迁来的，包括很多泰元人。他们的祖先从云南西部迁到缅甸，然后因为战争而迁入泰国北部。如叻武里（Ratchaburi）地区的泰元人是在泰国拉玛一世王时期迁到当地的，因此时间并不十分早。①

第三节　傣泰文化圈的形成与特征

由于今天生活在东南亚的泰人都是在历史上源于云南并迁徙到各地的，因此他们都有着共同的渊源关系。自汉以后，泰人渐渐从云南红河流域、澜沧江流域、云南西南的瑞丽江流域等地区迁入老挝、越南、缅甸，进而迁入泰国、印度②。

---

①　Thai Yuan at Khu Bua District, http://www.kanchanapisek.or.th/cgi-bin.
②　泰人迁入印度的历史见何平《从云南到阿萨姆——傣—泰民族历史再考察与重构》，云南大学出版社 2001 年版。

泰人在迁入这些地区后凭借着两个制胜的法宝而在当地立足并发展壮大起来：一是水稻种植。据考古及民族志研究，云南是亚洲稻作的发源地之一，云南的傣族是当地各民族中种植水稻最早的民族，水稻种植是傣泰民族的传统生存基础。在泰人迁入东南亚之前这些地区主要是孟—高棉人，他们主要的农业类型是"刀耕火种"型的山地农业，广种薄收，因而不能支持人口的大量增长，也就是说难以支持一种更高的文明，当傣泰民族的先民迁入当地后，水稻文明便取代了当地的文明，使泰人人口较快地发展起来，在很多地区将当地的居民挤出外地，而泰人成了当地的主要居民，这一点在很多泰人居住区的历史中都有明确的记录，如在云南省西双版纳的各民族中都有在傣族到达后各民族重新分配居住地的传说，传说傣族迁入后当地居民让出了平坝而进入山区居住，原因就是傣族会种水稻，但当时生活资料的获得较山区更为困难，而今天的山区民族愿意居住于山区是因为山区的生活资料的获得较坝区要容易，因此傣族的先民要求在坝区居住下来时，原先的居民并没有太多的异议。这种传统在现实中是事实，大量的民族志研究表明在亚热带山区确实较坝区更容易获得食物（尤其是采集与狩猎而获得的）等生活资料。

傣泰民族的先民立足壮大的又一重要因素是其独特的社会体制——勐阪制度。首先，今天在中国及东南亚很多地区都有大量以"勐"开头的地名，就是历史上由傣泰民族先民建立的地方封建政权及定居区域。其次，不论是勐还是阪，都有自己的一个神，起到了精神上作为一个政权及一个民族定居区的凝聚作用。最后，在勐、阪之内，有共同的经济制度，土地公有，村寨及家庭使用，保证勐、阪内的每一个成员都有田可耕，有生存的平等机会。勐、阪承担着明确的封建义务，要向不同的上级封建主负责，如交纳税、出兵征战，甚至为上级封建主养育象、牛，砍柴等等，不同的勐、阪又形成了一个大的实体，并最终组成封建王国。在过去这种体制还十分有利于战争动员。这种政治体制在中国一直沿袭到20世纪50年代初民主改革前，在今天东南亚很多泰人居住区还存在。这一社会制度的功能与优越性在于能够在一个新移民地区较快地扎根下去，并且按照一套既定的政治、社会、经济、军事体系运行，形成一个个在新移民地区的阵地，这就比分散的移民有更大的扎根优势，加之发达的稻作农业，使傣泰民族的先民能在新的移民地区扎根并且发展壮大起来。

还有文化的复制。傣泰民族的先民不论迁徙到何处，都将自己的文化带到一个新的地区，这包括宗教、生产技术、社会制度、生活习俗等等，因而今天不论何处的傣泰民族后裔都保存着傣泰民族的基本文化要素。这种文化的复制机制在傣泰民族的迁徙过程中起到了对社会的维系作用，使傣泰民族作为一种民族能够区别于其他民族而延续下来。

傣泰民族的先民在迁移到今天东南亚、南亚的定居区域后，如上所述是在不同的地区复制着自己民族的文化，将发源地的文化带到了新的定居区，事实上是使傣泰民族文化的分布区域不断扩大，这种文化的扩大十分有利于傣泰民族的先民们在迁徙后的定居与发展。如果没有这些机制，傣泰民族的先民们是很难在新的环境中发展壮大起来的。

由于傣泰民族先民的迁移与壮大是以文化的复制为基础的，因而在今天的东南亚、南亚傣泰民族居住区域内不仅有民族同源的关系，也有基本共同的文化特征，因此也就形成了一个以傣泰民族文化为基础的区域，笔者将这个傣泰民族分布并且有共同文化、共同民族渊源关系的区域称为傣泰民族文化圈。

傣泰民族文化圈的基础是一些共同的傣泰民族文化要素，其特征主要有以下八个方面：

1. 民族认同。傣泰民族在今天的东南亚分布已较广，并且有很多不同的支系，仅在中国不同称谓的傣族就有数十个之多，但是不论属于何种支系，傣泰民族都有共同的民族认同，即认同自己是属于傣泰民族。这一点是傣泰民族能够长期生存并保持自己的民族传统的最重要的因素，如果民族认同已经改变，如在越南义安省的一些泰人已融合进当地的其他民族中去，已不再承认自己是泰人，这就已改变了自己的民族认同，事实上也就不再属于泰人。因此傣泰民族的民族认同是一个十分重要的因素，在目前事实上形成的傣泰民族文化圈内基本的傣泰民族认同是存在的。

2. 傣泰民族有共同的分布地域。今天的傣泰民族文化圈有共同的地域构成，这是由于傣泰民族有共同的发源地并在历史上不断扩散而形成的。这一文化圈的范围大至是：中国的云南省、越南北部及西北部泰人分布地区、老挝北部泰人分布区、缅甸北部泰人分布区、泰国北部与东北部与中国有民族渊源关系的泰人分布地区。

3. 共同的语言。傣泰民族都有共同的语言，即汉藏语系壮侗语族壮傣语支。由于历史迁徙的原因，傣泰民族的语言也有不同的方言，如中国云南的傣族就分为德宏方言及西双版纳方言两种主要方言，在东南亚各国方言则更多。尽管如此，这些方言的演化都是基于傣泰民族的共同语言的，在傣泰民族文化圈内语言基本相通，但方言差别很大，如云南红河流域的傣族与西双版纳、德宏的傣族语言差别就很大，没有一定的适应甚至听不懂，这也是事实。

4. 共同的社会制度。勐阪制度是傣泰民族的基本社会制度，分布于各地的傣泰民族都保持着这一基本的制度，这一点在前面已有论述，在此不再多加论述。

5. 共同的宗教。傣泰民族都有共同的宗教特征，即自然崇拜。傣泰民族认为万物有灵，都加以崇拜。与"勐阪"为基础的社会制度相对应的是勐有勐神、村有村神并加以崇拜①，这是傣族宗教的基本特征，在今天各地的傣泰民族人民都基本保持着这一宗教信仰。勐神与阪神（即村神）与傣泰民族人民的日常生活有密切的关系，除了日常祭祀外每年都要公祭，每个村子都有神树、神坛。自然崇拜是傣泰民族共同的宗教特征，但是傣泰民族中的大部分人民在信仰了南传上座部佛教后，大部分傣泰民族人民都共同信仰原始宗教与佛教，因此两种宗教同时信仰又成为大多数傣泰民族人民的共同特征。尽管如此，南传上座部佛教信仰不是傣泰民族人民的共同文化特征，尤其是在傣泰民族文化圈内，因为越南的大多数傣泰人民及中国云南红河流域等地区的傣泰民族人民不信仰佛教。

6. 共同的文化艺术。傣泰民族人民都有基于民族之上的共同的文化艺术，如舞蹈、音乐、文学等。如孔雀舞、象脚鼓舞等就是傣泰民族中的普遍的舞蹈。再如民间传说《召树屯》也是傣泰民族中流传最广泛的文学故事。

7. 共同的生活习俗。傣泰民族有很多共同的生活习俗，如居住干栏式住房、食用酸性发酵食品、好沐浴、文身、染齿等等，这些共同的生活习俗构成了傣泰民族共有的一些文化特征。

8. 共同的经济基础。傣泰民族共同的生计方式是水稻种植，其历史上顺水迁徙的原因主要也在于水稻种植。傣泰民族也因水稻种植得以较快地生息繁衍。由于水稻种植是傣泰民族共同的经济部门，因而形成了很多相关文化，成为傣泰民族共同的文化特征，如水稻种植相关的农业祭祀、节庆、生活习俗、稻米食物制作等。不论居住在何处的傣泰民族人民，水

---

① 参见朱德普《傣族神灵崇拜觅踪》，云南民族出版社1996年版。

稻种植都是其基本的生计基础。

以上是构成傣泰民族文化圈的一些主要特征。

由于傣族是一个跨国并且与很多当地民族混居的民族，因而傣泰民族文化圈的概念仅是一个用于界定傣泰民族的分布及对傣泰民族文化的理解时的概念，并不否定与傣泰民族共同居住的其他众多民族的文化的多样性，因为在傣泰民族文化圈内各民族文化都有普遍的互相影响。傣泰民族文化圈内各所居住的各民族的文化互动，即傣泰民族文化与其他当地民族的文化的相互影响与涵化更增加了傣泰民族文化的生动性。居住在不同地区的、不同支系的傣泰民族人民基于生存实践，在傣泰民族共同的文化基础上又发展了自己的文化特色，形成了丰富多彩的亚文化群，从而形成了傣泰民族文化的多样性。因此傣泰民族文化圈内的傣泰民族文化又是多样的，尤其要指出的是这种文化的多样性决定了傣泰民族文化圈内不存在区域与支系的文化中心与优劣，而是拥有共同的文化。在当代的发展背景下，一些地区文化有了发展，并且与外部文化有较多的融合，传统的民族文化正在发生转型。

傣泰民族文化圈作为一个文化地理的概念，有助于对傣泰民族文化的起源与现实的理解，也有助于对傣泰民族共同渊源关系的理解。

第四节 傣泰文化多样性的形成与现状

傣泰民族文化多样性的形成有历史与现实的原因。深入地认识傣泰民族文化的多样性对于理解傣泰民族的历史与文化现状有重要的意义。

一 历史迁移对多样性形成的影响

在前面的章节中我们已经论述到今天分布于东南亚、南亚的傣泰民族先民在秦汉时期形成于云南省滇中一带，随后在2000多年的历史过程中逐步迁徙到今天的不同国家定居区域内，因此傣泰文化的多样性以及不同支系形成，也是在这个漫长的过程中形成的。在历史上，傣泰民族的先民经历了长期而频繁的迁徙，有的顺着澜沧江（湄公河）、红河、怒江等向南迁移，也有的跨越了云南到越南再迁到老挝，甚至又再次从泰国北部迁徙到云南的西双版纳，或者从西双版纳顺着不同的河流向北迁徙到今天的金沙江流域，总之频繁的迁徙使傣泰民族的先民在历史上不断与当地的不同民族、文化相融合，不断地适应当地的地理环境，从而形成了不同的支系与文化。今天在傣泰民族共同的一些文化特征上所出现的丰富多彩的文化多样性，正是历史迁徙及在不同的地理环境、不同国家的社会环境中所形成并发展起来的。

二 不同支系的形成是傣泰民族文化多样性存在的重要因素

傣泰民族在长期的历史发展过程中不断迁徙定居在不同的地区并发展壮大，在由小到大发展过程中由于民族融合、地理环境等因素而形成了不同的支系。因此今天虽然傣泰民族同源同根，却存在着纷繁复杂的支系，是今天傣泰文化多样性存在的一个现实基础。今天的傣泰民族的支系很难详细进行统计，但数量是较多的，在中国境内就有数十种大小支系存在，如西双版纳一带的傣泐、红河流域的"花腰傣"等。在一些大的支系之下，又有更多的小的支系存在，如在红河流域，被称为"花腰傣"的傣族支系就有数十个之多。[①] 在越南，主要的泰人支系是黑泰、白泰以及从云南迁徙去的一部分花腰傣、傣泐等。在老挝有从越南迁徙去的普泰人，也有从云南迁徙去的傣泐人。缅甸的泰人主要是从云南德宏一带及泰国北部迁徙而去。由于不同支系的存在，形成了不同的亚文化。尤其是大的支系之间语言、习俗、宗教等都有较大的差异性。在宗教方面，中国的傣族大都信奉南传上座部佛教，泰国的泰人、老挝的泰人也都信仰南传上座部佛教，但是越南的泰人以及云南的红河流域一带的傣族、老挝的普泰人则不信仰佛教。在文字上，云南的傣族与老挝的泰泐人、泰国北部的泰人在过去主要使用兰那文字，云南德宏一带的傣族以及缅甸北部的泰人则使用不同的文字。语言之间也是有较大的差异，有的傣语之间不经过一定的适应，甚至互相不能沟通。在节日方面，信仰南传上座部佛教的傣族与泰人基本上都已经受到了南传上座部佛教的影响，节日等的形成与佛教有很大的关系，所过的节日大多数是佛教节日，而不信仰南传上座部佛教的白泰等支系则一方面保持着传统的对原始宗教神灵的崇拜，另一方面又受到了中国文化的影响，节日与中国基本相同，如春节、端午节、中秋节等。这些节日不仅在中国不信仰佛教的傣族中存在，同时在越南的很多泰人中也

---

① 郑晓云：《红河上游花腰傣的文化与当代变迁》，日本《国立民族学博物馆研究报告》2001年第3期。

存在。居住形式方面，大多数的傣族以及泰人都居住干栏式的建筑，但是在中国的一些傣族中，干栏式的建筑也发生了变化，如在云南德宏州以及临沧地区的一些傣族中，由于受到其他民族的影响，建筑形式已经发生了很大的变化。德宏瑞丽一带被称为"水傣"的支系居住的是干栏式的建筑，但是被称为"汉傣"的芒市一带的傣族居住的建筑形式已经和汉族一致，是土垒起来的一层平房。在红河流域的花腰傣中，由于受到当地彝族文化的影响，当地傣族的居住形式则与彝族相同，居住的是用土垒起来的平顶房。可见，今天傣泰文化多样性的一个很大的特点是文化的类型往往与支系有较大的关系，不同的支系支撑着不同的傣泰民族的亚文化。

三 文化融合对文化多样性的影响

在傣泰民族文化多样性形成过程中，融合其他文化是一个非常重要的因素。傣泰民族在长期的历史发展中，事实上已经融合了大量的其他民族的文化，这些文化包括宗教、节日、饮食、语言等各个方面。宗教文化是最为典型的，傣泰民族接受了南传上座部佛教，文化深受佛教的影响，包括人们的观念、行为规范、社会习俗、节日都深受佛教的影响，宗教文化已经成为傣族文化的一部分。在傣族文化与中国文化的长期融合中，傣族文化中也融合了大量的汉族文化，如节日文化，而在远古，傣族文化中甚至受到了中原政治制度的影响，使傣泰民族的政治制度中也融合进了汉代郡县制度的因子（谢远章，1996）。在生活习俗方面，傣泰文化受到了居住地其他民族的影响，如在红河流域，当地傣族的居住形式就受到了这一地区更为古老的居住文化的影响，因此今天所能看到的花腰傣的居住形式主要是与彝族相同的居住形式。在农耕方面，当地的花腰傣由于受到汉族等其他民族农耕技术的影响，大量开耕了梯田，形成了更高级的稻作文化。居住在不同国家、不同地区的傣泰民族文化，都不同程度地受到了当地其他民族广泛的文化影响。

四 不同国家文化的影响

傣泰民族居住国的文化是对当代傣泰文化多样性影响最大的一个因素。傣泰民族分布在中国以及越南、老挝、泰国、缅甸、印度六个国家，不同国家政治制度、经济制度以及文化背景都不相同，因此居住在不同国家的傣泰民族文化也必然会受到不同国家文化的融合与影响。在国家文化的影响下，促使居住在不同国家的傣泰民族人民受到了所在国家文化的融合，发生着不同的变迁。在中国傣族是一个单一的民族，傣族的文化与发展受到国家政策以及法律的保护，傣族人民有发展和保护自己民族文化的权利，同时傣族的文化也受到国家社会、经济、文化等的深刻影响，作为民族大家庭中的一员，这也是必然的。傣族学生从小学习汉语、汉字，因此傣族的语言除了保持本民族的傣语以外，人民也能够广泛的使用汉语、汉字。傣族的文字在过去是与泰国北部相同的兰那文字，现在这一被称为"老傣文"的文字已经被新中国成立以后创制的新傣文所代替，因此目前在傣族地区使用的主要是后来创制的新傣文及汉字。在教育中，学生在学校里学习汉语以及与内地相统一的学生课本，因此学生的观念以及知识系统越来越接近于国家的文化体系。同时近年来随着中国的改革开放与对外交往的增多，中国傣族居住区现在已经成为旅游的主要目的地，以西双版纳为例，每年到西双版纳旅游的游客达到1000万人之多。外部的文化通过社会交往、通信、信息媒体以及旅游等等传播到傣族地区，今天傣族社会对外开放的程度及受到外部文化影响的程度是前所未有的。在政治制度方面，20世纪50年代民主改革以后国家的政治制度代替了傣族地区传统的封建政治体制，废除了封建领主制，傣泰民族传统的勐阪政治体制也基本上瓦解，取而代之的是国家的行政管理体制，这对于傣族自古以来的传统政治制度是一个根本性的改变。同时在20世纪50年代以后，傣族人民经历了中国各个历史时期政治变革的种种影响，如在"文化大革命"中由于"极左"的影响，傣族人民的宗教信仰受到了压制，在长达20年的政治运动中，傣族人民不能再信仰佛教，从事宗教活动，直至80年代初国家的宗教政策才得到了重新恢复，宗教才再次回到人们的生活中。在经济制度方面，在20世纪50年代以后，由于国家进行的民主改革，传统的封建经济制度被彻底改变，土地收归国有，傣族人民经历了从合作社到人民公社、包产到户等不同时期经济体制的演变，因此经济制度也深受影响。

在越南，当地泰人也同样学习越南的文字以及越语，受到国家文化的影响，尤其是受到越南主体民族京族的影响，在一些地区的泰人甚至融合进了京族中，认为自己不再是泰人。但是由于越南经济发展速度相对较慢，国家对外开放的程度较低，以及政治上的一些因素，使得越南泰人的社会相对比较封闭，当地泰人的文化也能够较完整地保留下来。在缅甸，泰人居住的地区主要是掸邦。由于政治上的因素，禅邦一直处于较为封闭以及半独立的状态，当地的泰人能够较完整地保留泰人的文化，但是当地泰文化受到缅甸国家文化的影响，当地的泰人也普遍使用缅语以及缅文。在老挝和泰国都是泰语国家，老挝主体民族是老族，但是老族的文化与泰文化有很多相同之处，加之老挝的国家开放以及发展的速度较缓慢，老挝的泰人主要受到老族文化的影响，在学校里学习老挝语以及老挝文化。在泰国，泰文化是主流文化，泰国同时也是佛教国家，因此泰国泰人与国家的主体文化融为一体，而国家的泰文化与历史上傣泰民族传统的文化已经有了较大的变化，今天的泰国家文化是融合了多种文化所形成的，但是由于泰文化是泰国的主体文化，因此在泰国泰人的文化主要是受到了已发展为一种主体文化模式的泰国国家文化的影响，最典型的是居住在泰国的不同支系的泰人文化都逐渐统于一种国家主体文化中，如语言、文字、政治制度、经济制度等等。可见，不同国家的文化对于居住国的泰人文化产生了不同的影响，形成了不同地区泰人文化在当代的多样性。

以上是傣泰民族文化多样性形成的一些原因。这些原因既有历史的原因，也有地理环境、居住国文化的原因，对这些原因的理解有助于我们对于傣泰文化多样性的现实存在的理解。我们也可以看到傣泰文化多样性的形成因素是十分复杂的，而这种多样性将会是一种长期存在的现实。傣泰文化具有统一的共同特征，但是由于在长期的历史迁徙发展过程中以及居住在不同的地理以及社会环境中，傣泰文化又呈现出了不同的多样性，这表现在语言、文字、宗教、节日、社会习俗、物质文化等诸多方面。

通过上面的论述我们可以看到，今天的傣泰民族文化多样性可以分为两个层面：一个层面是傣泰民族在历史上所形成的自身的文化多样性，即傣泰民族在历史上形成的不同的支系及与其他文化的融合所形成的多样性，这个层面可以视为历史形成的多样性。第二个层面是傣泰民族的先民在迁徙定居于不同的国家后所受到的定居国文化的影响，这种影响又以20世纪50年代以来最大，在这个过程中还伴随着全球化的影响，从而形成了新的多样性，这种多样性的主要特征是在傣泰民族传统文化的基础上融入当地的主体文化，可以视为当代的多样性，当代的文化多样性对傣泰民族的文化将产生深远的影响。

第三章

中国傣族的文化特征

今天居住在中国境内的傣族99%都分布在云南省，人口约120万。在云南省境内主要集中居住在西双版纳傣族自治州、德宏傣族景颇族自治州、普洱市、临沧市以及红河、澜沧江、金沙江等几条大河流域。傣族的居住地区主要是云南南部的平坝以及大河流域的河谷地区，这些地区大多数都是亚热带地区，气候炎热、降水充沛、植物茂盛、物产丰富，傣族的文化也与其居住的地理环境有密切关系。中国傣族分为不同的支系，因而文化上也有所不同。在中国，傣族的文化有共同的特征，但又因为支系与居住地域的不同而有所区别。

第一节 傣族的心理特征

傣族有鲜明的心理特征，主要表现在以下几个方面：

1. 自强与自信心理。在傣族人的自我价值判断中，自强与自信十分突出。在历史上，傣族在历史上曾经是当地的统治民族，政治、经济、文化地位等都较之当地其他民族要高，从而影响到了傣族的这种心理，同时也促成了傣族有较强的民族自豪感。在傣族居住地区，其他民族都会讲傣语，而傣族却不学其他民族语言，这就是一种民族自大心理的反映。近年来，随着傣族地区的各项建设事业的发展，傣族人民通过旅游、电影、电视、报刊等渠道越来越多为外部世界所了解，傣族人民的勤劳善良、爱美好洁的良好生活习俗、艳丽飘逸的妇女服饰、傣乡迷人的风光不知迷倒了多少人。外部社会如潮的好评，也同样增强了傣族人民的民族自豪感与民族自信心理。笔者1993年在西双版纳景洪市城郊做的一项有关调查中，有92%的傣族被调查者认为傣族民族文化传统优良、发达，作为一个傣族人感到自豪。

2. 开放共融的心理。傣族是一个宽容的民族，在傣族人的心理中，对其他文化的抵触是比较少的，显得较开放，这促使傣族能与其他民族在各方面和睦共处，在文化上能够共容。这种心理特征，从傣族的宗教上就可以反映出来。傣族人民大多信仰南传上座部佛教，佛教对人们的思想及行为都有较大的约束性，但与此同时，傣族人并不因此而在行为上排斥其他文化与世界观，甚至在思想上也能认同。绝大多数傣族人在信仰佛教的同时，本民族原有的宗教观念也继续保持着，这主要是一些原始崇拜及鬼神观念，如对社区、村神及一些自然神灵的崇拜等等，并且在日常生活中，对佛教的信仰与对神灵的崇拜是并存的。在人们的观念中，获得社会的认同、祈求世道的平安与来世的幸福靠的是佛教，而人生的凶吉靠的是神灵的保佑。文化共容的另一典型例子是西双版纳州勐海县的两个信仰伊斯兰教的村子。在信仰佛教为主的西双版纳傣族中，勐海县有两个傣族村子由于历史的原因信仰伊斯兰教，但在族属与一般风俗上与傣族没有区别。此外在景洪市也还有多个村子信仰基督教。尽管信仰不同，但并没受到其他不同信仰的人们的排斥，长期以来，他们能够在信仰佛教的傣族社会中和睦共处，平和地生活，这一点充分地反映出了傣族的开放与文化共容的心理特征。

3. 民族传统优越心理。傣族尽管共容其他文化，持有开放的心理状态，但并不十分主动地接受外来文化，也就是自己并不主动融于其他文化，而是持有一种民族传统优越的心态。在社会中较全面地沿袭着的民族的文化，保持着本民族的语言、文字、服饰、住居等社会风俗习惯，即使在较为开放的城镇地区也一样。在旅游地区，如西双版纳、德宏等地，民族文化随着旅游业发展而有了新的价值，这种价值在现代社会生活中的显现更增强了人们的民族优越感，当地一些汉族居民在一些习俗上也吸收了傣族的习俗，尤其是饮食习惯方面。而与此相反的是，一些与傣族同居一地的山区民族，他们的文化随着外来文化的影响而较快地丧失，如居住在景洪市的基诺族，近年来随着与外界接触的增多，人们已较多地放弃了本民族的文化，如服饰，今天男女都已选择了商店出售的服装，本民族的服饰即使在边远的山寨中也难以见到了，基诺族传统的民居是干栏式木结构建筑，近年来随着收入的增多，人们纷纷建盖由外地汉族施工队设计的砖瓦结构平房，传统的民居已较快地被取代。而这两个方面，傣族不论离城远近，都没有多少改变。

4. 和平心理。傣族是爱好和平的民族，傣族人具有较强的和平心理，这在傣族社会生活的方方面面都能体现出来。傣族性情温和，在社会生活中极少与人发生冲突，不仅本民族社会和睦，与周围其他民族也能融洽相处，很少发生冲突，能与不同民族、宗教、文化的人们和睦相处，如前述两个信仰伊斯兰教的傣族村寨的人们也能在主体上信仰佛教的傣族社会中和睦相处。在社会生活中，傣族人民待人和善，团结互助。在一个村子中，不论是建房、种地，有人生病等，都能得到村中人们的自觉帮助，对待孤老更是如此。别人有难，人们也会热心帮助，山区居民常常因自然灾害缺粮，也能得到傣族人的帮助，接济一些口粮，即使不认识的人也如此。

5. 宗教心理。大多数傣族人民信仰南传上座部佛教，因而宗教心理在傣族的民族心理中具有很重要的地位。这可以从两个方面来看：一个方面，人们怀有对待宗教信仰虔诚的心理，对佛教的信仰甚至成了傣族的一个象征。傣族男子每至五六岁便要到佛寺中出家几年，才能返俗，出过家的人在人们看来才是真正的傣族人。傣族社会生活中的重大节日，如新年，开门节、关门节等，都属于宗教节日，在这个过程中，人们都按照宗教礼俗来规范自己的行为，欢度节日。如在关门节期间，老人们要自觉地到佛寺中住几天，也不出远门，年轻人则不能在关门节与开门节之间的三个月内结婚。另一方面，人们还会在宗教节日中虔诚地祭祀佛祖。人们对宗教信仰的虔诚在"文化大革命"的灾难中就可以看出来：在"文革"中由于"左"的影响，宗教信仰自由的政策受到了破坏，傣族人民的宗教信仰自由也受到压制，佛寺被破坏，佛像被推翻，僧侣被迫还俗，一切宗教活动都被迫停止。尽管如此，人们对宗教的信仰并未消失，在20世纪80年代初，随着党的宗教政策重新落实，宗教信仰又较快地得以恢复，男孩子们又重新走进寺庙，学习宗教知识，度过人生一段重要的历程。在西双版纳州，1981年重新落实宗教政策时，全州仅有655名僧侣，到1982年入寺的僧人就猛增到4365人，可见对宗教的虔诚并没有因外部社会的动乱而改变，在今天的傣族社会中，对佛教的信仰仍然牢固地保持着。

另一方面，傣族人心理活动深深地受到佛教的影响，人们遵守佛教的教义，按照佛教教义规定的行为规范行事。这一切经过长期的沿袭，成为一种稳定的心理状态，如因果报应观念，人们认为不按照佛教的教义行事，不虔诚地信仰佛，那么来世将不会得到好报。在日常生活中，人们行善戒恶，以行善来积德，相反如果行恶，那么必将得到恶报，在这方面，傣族人有较强的意识。

傣族的民族心理是在长期的历史发展中受历史、社会文化、自然环境、宗教等因素的影响而形成的，并且具有较强的稳定性。在今天的社会变迁中，傣族传统的民族心理面对着新的冲击，也在不断地进行着调整，一些新的要素正注入傣族的民族心理中，这将对傣族的发展产生深远的影响。

第二节　傣族文化的主要构成

一　水文化

水对于人类来说是必不可少的生存条件，每一个民族对水都有特殊的感情，然而对于傣族来说这种感情更为浓厚，水的含义在傣族文化中更为深刻。

傣族是一个古老的农业民族，水稻种植是傣族农业的基础。傣族种植水稻有悠久的历史，虽然今天已经没有可资考证傣族种植水稻历史的文献资料，但是在西双版纳发现的野生稻证明了傣族在远古时期就已经从事水稻农业。日本学者渡部忠世在西双版纳发现了多个野生稻品种，从而证实在远古时代西双版纳已经有稻作农业存在。

水稻种植使水与人们的生存关系更加密切。水是水稻种植的关键要素，水稻种植与旱地农业有很大的区别，那就是水稻种植是以人工灌溉作为基础，而山区旱地农业主要依靠自然降水补给水分。这样，水稻种植必须有水利灌溉设施。在傣族历史上最早出现的社会分工就有专门管理水的人，在进入阶级社会后，不论地方政权还是村社组织中，都有专门管理水的官员和专门人员，傣族各地的封建地方政权中，都制定了有关水利的法律法规，对水源的保护、水利设施的修建与维护、水的分配做了详细的规定。比如每个村子都必须保护水源林，牛马牲畜不能破坏田埂，每到种植之前都要组织村民们修通道沟渠、分配用水，对于不参加的人要进行严格的处罚等等，都写在有关的法规中。与此同时在人们的原始宗教祭祀中也有大量的祭祀水神、保佑丰收的内容，在每年兴修水利之前以及播种之前，都要举行专门的宗教祭祀，祈求神保佑有充沛的水以保证水稻的生长。在每年的丰收之后，人们也要再次举行祭祀，感谢水神的保佑带来了丰收。水稻农业的发展，养育了一代又一代傣族人民，也推动了傣族社会的发展。

傣族是一个择水而居的民族。傣族选择自己的生存环境总是和水连接在一起，在傣族的历史上人们选择居住地一般都是选择有水的平坝以及大江大河的河谷地区，因此傣族人民迁徙的规律总是顺着大江大河寻找新的居住地，在今天几乎所有云南境内大江大河流域都可以找到傣族的踪迹，水是傣族人民生存的希望所在。

在选择一个地方建立村子时，傣族人民心目中最理想的居住地方是背靠青山、面对平坝，这样人们可以依靠背后的青山源源不断地供给清水，平坝里纵横的河沟也为傣族人种植水稻提供了丰富的水源。今天我们来到傣族人民居住地区，仍然可以看到只要历史悠久的村子总是建在山脚下与平坝接壤的地带，一座座傣家的住房掩映在山脚下郁郁葱葱的树木中。

傣族人民选择水源丰富的地方居住，同时他们也在保护着心中神圣的水。选择山脚下建立村子，最重要的就是保护好山上的水源，因此傣族人民在自己居住的村子后面规划出了一片片水源林，制定种种乡规民约对水源林加以保护，任何人不能在水源林里面砍伐树木、放牧畜，更不能开垦种植，为的是让子孙后代都有水喝，都能在这块土地上世世代代生存下去。

为了保护水源，不砍伐树木，傣族人世世代代沿袭着一个古老的传统，那就是种植一种叫做黑心树的树木，用来采伐烧柴。在傣族居住区，家家户户都在房前屋后种植黑心树。这种树生长非常快，每一二年就可以砍伐一次枝干，满足生活用木材的需要，这在云南少数民族中是不多见的。这一传统是傣族人保护自然生态环境、维持人与自然和谐的一个最典型的例子。

水不仅保障了傣族人民的生存，使傣族人民能够世世代代在这块土地上生存下去，同时水也带给了傣族人民生活的欢乐。因为傣族人民离不开水，有的地区的傣族甚至被其他民族称为"水傣"，这一形象的比喻，来自傣族人民对水的敬仰以及在水中寻找到的人生的欢乐。

沐浴是傣乡一道亮丽的风景。每天傍晚，当太阳金色的余晖洒满大地的时候，劳作了一天的人们伴着欢声笑语向村外河边走去，下河沐浴，让清澈的水洗涤身躯，洗去一身的疲倦。在江河边，男子们在上段沐浴，妇女们则在下段沐浴。妇女们脱去上衣，用筒裙围住胸部，慢慢向水中走去，下水之后再将筒裙向上卷起盘在头顶上，裸露出身躯开始沐浴。沐浴是欢快的，妇女们一面享受着水对于肌肤的滋润，一面欢歌笑语，互相嬉戏，推推打打，或扬起飞溅的水花，或与上段的男同胞们对唱山歌，一直到太阳完全被西边的山遮盖之后人们才依依不舍地返回家中。傣族人民喜爱沐浴，沐浴已经成为人们每日生活中必不可少的一个部分，这是对水的体验与热爱。

水不仅伴随着人们每天的生活，更是洗涤人们灵魂、给人们带来欢乐的圣洁物。这一点在每年傣历新年伊始体现得淋漓尽致。"泼水节"是其他民族人民对傣族新年生动的称呼，每年的泼水节就是水的狂欢节。每年公历4月13—15日是信仰佛教的傣族人民的新年，在这个新年里最令人激动的是最后一天的泼水狂欢。这天早晨，人们首先举行水的祝福仪式，家家户户都准备了清澈的水，水盆中放满了鲜花，在泼水狂欢之前，人们要用橄榄树枝洒一些水给被祝福的人，首先是老人给年轻人洒水表示祝福，然后是年轻人给老年人洒水表示祝福，然后互相洒水。在这里水代表了美好的祝愿，把水洒向对方也就是把自己美好祝愿洒向对方。

洒水祝福仪式结束之后，就是人们期待已久的泼水狂欢活动了。人们先试用橄榄枝向对方洒水，随后俏皮的小伙子就会将一盆盆水洒向姑娘们，挑起水的狂欢大仗，一盆盆水泼向亲朋好友，欢声笑语伴随着飞溅的水，不一会儿整个世界就变成了一个水的世界，人们忘记了人世间的喧嚣与烦恼，忘记了贫富贵贱，这世界里只有圣洁的水在飞溅，只有人们的快乐在真实地存在着。

没有一个民族不需要水，没有一个民族不爱水，但是像傣族这样将自己民族的灵魂与水如此紧密地联系在一起，水对于每一个人来说如此刻骨铭心，确实是不多见的。

二 宗教文化

中国的傣族除了分布在红河流域以外，大多数信仰南传上座部佛教。在傣族居住地区，一座座佛塔耸立在高高的山顶上，一座座金碧辉煌的佛寺掩映在傣族村寨的绿树丛中，不论在村子里还是在街道上，常常可以看到一个个身披黄色袈裟的和尚，村子里的寺庙中不时地传来和尚们朗诵佛经的声音。自13世纪佛教传入傣族地区以来，佛教与傣族文化已经融为一体，对傣族文化发展产生了巨大的影响。

要了解傣族的宗教文化，就必须从傣族宗教文化的精华——贝叶经谈起。贝叶是一种生长于热带、亚热带地区的名叫贝多树的叶子，属于棕榈类，在中国云南南部傣族地区都有这种树生长。这种树不仅外观秀美、独具热带风情，而且被人们作为书写文字的载体，在13世纪佛教传入傣族地区后，人们就用它来书写经典，形成了相关的文化现象，这一传统虽然是从古印度传过来的，但是在傣族地区又有了更进一步的发展，对傣族古代文明发展起到了巨大的推动作用，成为傣族古代文明的象征。

将贝叶制作成书写材料有着独特的工艺程序。它首先是要将贝叶一片片切割整齐、捆绑起来放在水中煮，同时放一些柠檬，以使之变成淡白色。煮过之后再把它拿到河边洗干净，压平，然后风干收藏起来，准备制作书写材料。制作贝叶有一定的尺寸，按照一定的尺寸将叶子切割整齐，打磨光滑，每500—600片装订成册，就可以作为书写贝叶经的材料了。在刻写佛经时，先用墨在叶子上画上线，然后用刀尖刻上横线，再在上面用铁针刻写上经文。刻写完经文后，在经册的侧面涂上金粉或墨，加以装饰并保护，这样就完成了贝叶经的制作。

贝叶被制作成书写的材料，是傣族人民接受外来文化并加以发展的结果，是傣族人民智慧的结晶。与此同时，与贝叶相关的传说、这一书写材料的运用及制作等文化相应而生，形成了一种独特的文化现象。贝叶不仅被用来书写佛经，同时也用来写信，记录人们的思想与知识。今天我们所能见到的贝叶文献不仅有佛教经典，也有天文地理、医药卫生、生产生活、阴阳历书、社会历史、哲学、民间传说、民族风情、语言文字、工程建筑、农林水利等等，可谓包罗万象，是傣族文化的百科全书，对于今天研究傣族的社会历史有重大的价值，试想如果没有贝叶这一书写材料的发展，傣族的很多文化就将失去记录，就将失传。

佛教对于傣族人的一生都有着重大影响。傣族男子在6—7岁时就必须进入佛寺当和尚，3—5年以后才能还俗。在其传统社会中，这是人生最重要的一个过程，只有进过寺庙当过和尚的男子才被人们看作是一个真正的傣族男子，为社会所承认并且拥有相应的社会地位。而一个没有进过佛寺的男子不但没有社会地位，在过去甚至没有姑娘愿意嫁给他。在十年

"文化大革命"中，傣族人民的宗教信仰曾经被禁止，造成成年男子没有机会进佛寺当和尚，但在20世纪80年代宗教信仰重新得到恢复后，很多男子为了进佛寺甚至不惜离婚。男子们在佛寺中学会了傣文、佛经以及天文地理知识，也学到了被社会所认同的社会规范，这一点是傣族社会中十分看重的。对于妇女来说虽然不能出家当和尚，但是在自己的一生中要按照佛教的规范来约束自己的行为，要认真履行信仰佛教的种种义务，例如认真参加各种宗教活动以及对佛的礼拜、行善弃恶等。

信仰佛教，人们在自己的一生中认真礼佛，参加各种祭祀活动、遵守有关规范。依据佛教的教规，人们不能偷窃、杀人、奸淫，要做到六根清净，与人为善，严格按照佛教的教规教义来规范自己的行为。例如在每年7—10月的"开门节"至"关门节"期间人们不能出远门、不能谈情说爱、结婚，要认真参加每七天一次的佛事活动，老年人还要到佛寺中住几天。同时对佛教的贡献既是一种义务也是一种荣耀，在每次佛事活动中人们都会尽力地奉献各种供品，例如食品、衣物、各种生活用品、金钱等，对于虔诚的信徒而言，一生中还必须做几次大"赕佛"，例如在西双版纳地区"赕曼哈邦"，由于花费较大，并不是每家人都能做得到，所以一家担负，全村光荣。由于信仰佛教，人们的行为规范受到佛教的约束，对于傣族社会的和谐起到了积极的作用。

在傣族社会中佛教除了与人的一生有密切关系外，与人们的社会生活也密切相关，这一点典型地反映在与宗教相关的各种节日中。例如每年傣历新年"泼水节"就是傣族最隆重的节日，这一节日就是一个宗教节日，节日历时三天，家家户户杀猪宰牛，人们唱歌跳舞，泼水祝福。每年一次的祭塔也是傣族最重要的宗教节日，尤其是一些知名度较高的佛塔更受到人们的重视，例如景洪的大勐龙曼飞龙佛塔，每年11月的祭塔活动都会吸引来自国内外的数千人参加，同时也成为人们走亲访友、做买卖的机会。再如每年的关门节、开门节等等与佛教相关的节日也与过新年一样十分隆重。宗教节日以及相关的祭祀活动是傣族社会生活中最重要、影响面最广泛的内容之一。

佛教也是民族文化艺术的重要传承要素。傣族文化的传承，尤其是以文字相关的传承自古以来就是在佛教寺庙中完成的，傣族男子在进寺庙当和尚的同时，也学会了书写文字，学习了相当的天文地理、历史、数学方面的知识，因此对于傣族的传统社会来说，佛寺也是针对傣族男子开设的学校，人们在这所学校中学到了文化。

佛教还形成了相应的文化艺术，例如寺庙建筑、宗教雕塑、绘画以及各种祭祀使用的工艺品等等，今天我们在傣族地区仍然可以看到大量的古老的佛教建筑，如曼飞龙塔、景真八角亭、曼阁佛寺等等。同时与佛教相关的文学艺术也丰富多彩，其中有很多古印度及东南亚国家的文学作品也因为佛教的传播而传入傣族地区，例如在傣族地区广为流传的《召树屯》就是一个在东南亚国家广为流传的爱情故事。佛教的传入带来了丰富多彩的佛教艺术，在傣族社会中产生广泛影响。佛教在今天的傣族社会中非理性的因素已经在慢慢淡化，而与此同时佛教形成了从人生到社会规范、社会生活、节日文化、文学、艺术等等丰富的内容已经成了傣族文化中不可分割的一部分，并成为傣族人民拥有的一笔重要的文化遗产。

傣族在信仰佛教的同时，还保持着原始崇拜，它是傣族自己的民族宗教。傣族原始崇拜的思想内核是万物有灵，在人们的思想观念中，山、石、天、地、太阳、月亮、树木，甚至生产工具都有灵魂，因此人们在生产生活中对自己的环境都要百般爱护，乞求得到神灵保佑。例如在种植水稻的过程中，从犁地、放水到收割的每一个环节都要进行祭祀，祈求神灵保佑获得丰收。尤其是在新米收获的时节，更要隆重祭天，感谢神灵的恩赐。此外人们在修筑水沟、上山伐木、狩猎等活动中都要祭祀相关的神灵。如上山狩猎一定要祭山神，祈求山神保佑能打到猎物，而在打到猎物的时候也要再次祭礼山神，祈求山神原谅对山神的打扰。

在社会生活中，人们也相信人有不灭的灵魂。因此在傣族社会中，家庭有父母灵魂存在，村子有村子祖先的灵魂存在、一个地区也有始祖的灵魂。这些灵魂也就成了保佑人们的神灵。为了祈求神灵保佑，也要常常祭祀。在很多村子的中央都设有本村神灵的祭坛，作为全村子的中心，每个家庭的神都集中在这里，一个家庭放上一个木柱，这表示一个家庭的存在。平日里家中有什么事，或有人要出远门都要先来这里祭祀。这里每年还要进行一次全村子的集体祭祀活动。

今天，当人们走进傣族村寨时，都可以在村子的中心看到一棵高大的菩提树，这就是傣族村寨的象征，也是傣族村寨的保护神。傣族的每一个村子在建立时都要种下一棵菩提树，人们对它也要经常祭祀，祈求神树的保佑。

在人们的观念中，神灵有善恶之分，祭祀一些神灵能够消灾，得到保佑，而一些恶的神灵则要被驱之，如人畜不安，有病等天灾人祸，人们便认为是恶鬼作怪，也要祭祀鬼。

以上对傣族的宗教进行了简要的概述。概括而言，傣族的宗教有以下特点：一是对佛教的信仰与本民族的原始崇拜并存。二是宗教与其社会文化有密切的联系，对社会有着广泛的影响，宗教已成为社会中一种客观的文化现象。可以这样说，傣族所保持的很多文化就是宗教的产物，因此宗教文化已成为民族文化的一个组成部分。三是两种宗教并存，在人们的观念中尽管对于两种宗教都有共同的祈求，但对佛教的信仰更侧重于来世，而原始崇拜则侧重于现世。但是由于佛教不论理论体系还是实践活动都要较原始崇拜完整得多，因此佛教对于傣族社会的影响远远超过了原始崇拜。

自然的神灵对于傣族人来说是不可触摸的，人们崇敬它，但同时也拉近了人与自然之间的距离，使人们与自然贴得更紧近，从而维持了人与自然之间的和谐。人们爱护环境、保护树木、水源等等，这些传统的观念在今天的可持续发展中仍有重要的意义。因此傣族丰富多彩的宗教文化不仅丰富了傣族的精神世界，也在傣族的现实世界中积累起了一笔巨大的文化财富。

三 婚姻与家庭

傣族青年恋爱自由，在过去男青年到了十七八岁，女青年到了十五六岁就可以谈恋爱了。恋爱的方式是富有情调的，人们在日常生活中认识，并互相有了爱的意向，而傣族社会中存在的"窜姑娘"这一特有的方式则为青年人进一步互相了解及表达自己的爱意提供了机会。

"窜姑娘"的方式多种多样。在过去，纺织是傣族妇女们的重要劳动，但姑娘们喜爱纺织还因为它是一种男女相互接触的好方式。每天夜幕降临，姑娘们就会在自己家的房子后面或大树下点起火堆，然后在火堆边架起纺机纺线织布。这时，男青年就会来到她们的身边，与她们谈笑，寻机拉近两人之间心的距离。如果女青年心中也有意，也就会与男青年说笑，对唱山歌，约定下一步的约会时间，如女青年无意，那么对男青年的热情是不会理会的，只会应付，当然第二天男青年也就不再来自寻没趣了。

在村子边的树林中，凤尾竹下，夜晚传来男女青年的阵阵歌声，那不一定是节日的夜晚，那是"窜姑娘"的又一种形式了。男女青年们相约在这里，说笑、对唱山歌，这是青年们最喜爱的一种交际方式，在山歌中娱乐，在山歌中试探对方的心境，在山歌中表达对对方的爱意，显得十分浪漫。经过一段时间的接触，当一对有情人有了明显的意向后，他们就会约会了。

有情人的约会也是富有诗意的。在德宏一带的傣族中，情人们双双对对来到安静之处，用一块毯子将两个人围在一起，开始进入自己的悄悄话世界。

在红河上流的花腰傣中，每年新年期间的"花街节"也是有情人相会的好机会。盛装的花腰傣少女腰间系着花竹箩，里面装着米饭、腌肉等好吃的东西，遇到有意的男朋友，两人便相约到村边安静的地方，谈天说地、谈情说爱，少女便会将自己带来的食物一点点地慢慢喂给小伙子吃，直到双方都不得不离去，才约定下一次见面的时间，依依不舍地分手。这一男女青年相会的习俗当地称为"吃秧箩饭"。

在傣族社会中，对爱的追求是神圣的，爱可以去追求，爱也不能无理拒绝。在各种节日、集会、街天都是男女青年们相识相遇的机会。在少女们卖食物的小摊上，如果遇上自己看得上的小伙子，她就会拿出小竹凳让他坐下，一起谈笑。晚间的集会上，小伙子如果有自己看中的姑娘也可以主动上去讲话，当然这时不论男青年还是女青年都还是一群一伙，如有意便在一起玩，无意就寻些理由走开。但是男青年们如真有意，也会穷追不舍，直到追至少女家中，围着女孩家的房子唱歌、丢小石子、用手电筒射窗子，用竹竿捅竹楼，一定要女孩出来相见，否则搅到天明——别以为女孩及其家人会反感，家长们正在为自己有一个让男青年们穷追的女儿而自豪呢！

当一对男女青年从人们的嬉笑与山歌中消失，人们就会知道，不需要多久，一对有情人就要结为夫妻了。

纯洁的爱情使一对对有情人组成家庭。结婚以后，在西双版纳地区的傣族中，是男方上门到女方家居住，这个过程，短则一两年，长则三五年，然后才能视女方家的情况搬出来自立门户。如果男方家需要劳动力或者老人无人照顾，也可以搬到男方家居住。在其他地区，则有的可以在结婚后新娘居住在男方家，也可以居住在女方家，但大多数地区在结婚后都到男方家居住，一段时间后才能视情况搬出来自立门户或到女方家居住。

总之在傣族社会中，结婚后的居住模式相对是固定的，但看家庭的具体情况而定也是一个原则，这是傣族家庭和睦的一个重要基础。

傣族的家庭生活是十分和睦的。在家庭中男女有明显的分工，男人的主要劳作是田间活计、建房子、上山砍木头等重活计，而女人的主要劳动分工是家务、做饭、带孩子、到市场上出售蔬菜等，田间的劳作是插秧、收割时的参与，平日种蔬菜。劳动量男子要大一些，但劳动的时间妇女相对较长。在家庭中男女都能够互相关心。

在家庭经济方面，妇女有较大的主动权。妇女是市场的主要角色，到市场上出售蔬菜、自己制作的日常用品、小食品等都是妇女的职责，在过去到乡上交公粮都是妇女的任务。在家庭中有了收入也是妇女负责保管，购买东西要征得主妇的同意，这一经济上的角色，使傣族妇女在家庭中的地位相对较高。

在傣族的家庭中，人们尊老爱幼，在经济上也体现平等的原则，例如在家庭中经济收入都是按人平均分配的，家庭中每个成员都可以获得一份平等的收入，不论是老人还是小孩都是一样的。对待老人家里每个成员都有赡养的义务，因此在傣族社会中老年人没有养老的顾虑。对待小孩人们不打不骂，总是心平气和，让小孩子从小生长在一个和睦的家庭环境中。夫妻之间也是互敬互爱，没有争吵，更没有打斗，丈夫总是想办法帮妻子多做些事，减轻妻子的负担，而妻子也总是处处爱抚自己的丈夫，把丈夫能不能穿戴整洁、饮食满不满意作为自己的责任，让自己的丈夫在人前有面子是傣族妇女为人妻的一个重要原则。如果夫妻之间互相不尊重、不爱护，那就可能违背了以爱情为婚姻基础的原则，那就可能导致离婚。

在傣族传统社会中离婚率是很高的，而离婚往往是妇女提出来的，只要丈夫对自己的妻子有不忠的行为，打骂自己的妻子，在外面有不良的习气等等，都有可能导致离婚。离婚的手续很简便，有的人甚至离过多次婚。离婚在傣族的传统社会中是人们以爱情为婚姻的基础这一基本准则的反映，对于妇女十分有利。

在当代的社会变迁中，傣族的传统文化显现出与现代发展的适应性，最明显的例子就是傣族对计划生育的积极支持。在傣族社会中过去由于没有绝育的措施，一个家庭中往往生育多个子女，妇女也由此而受累。近年来，随着计划生育政策的实行，一对夫妇按政策许可只生育二胎，傣族人民很自觉地接受了这一政策，而在今天更多的夫妇选择只生育一胎便结扎了，成为边疆少数民族中实行计划生育政策较为容易的一个民族。之所以有这样的结果，与傣族文化中的很多因素是有直接关系的。在傣族社会中，敬老养老是全社会义不容辞的责任，所以人们没有生儿育女养老、依靠子女养老的必要。另外由于在婚姻模式中结婚以后大多数是到女方家庭中居住，同时也可以根据家庭的需要选择居住在男方家中还是居住在女方家中，人们不必考虑生男还是生女，多生还是少生。这样一种和谐的社会关系对计划生育十分有利，人们对于生育子女的数量看得很淡。同时，傣族妇女有选择生育的权利，生育几个孩子妇女也有决定权，并不完全取决于家庭与丈夫，所以今天在傣族社会中生育几个孩子、什么时候去结扎，往往都是妻子自己做决定。

四 饮食文化

傣族的饮食文化和它所居住的环境有直接关系。傣族主要居住在河谷及平坝地区，同时傣族居住区大多数是热带、亚热带地区，降水充沛、植物茂盛、河流纵横，动植物资源十分丰富。傣族是种植水稻的民族，由于地理环境优越，所生产的大米除了满足一日三餐的需要以外，也为以大米为原料制作其他副食品提供了条件。大米是傣族的主要食品，人们以大米为主食，同时也以大米为原料制作各种副食品，例如米粉、米线、粽子等10多种食品。

在傣族居住区内，沟渠密布，背靠青山，有丰富的动植物，这是傣族的主要食物来源。平日傣族妇女在收工回家的路上，就可以捕鱼捞虾、捉河蟹、捞田螺等。在夜晚，在农田里捕捉田鸡、鳝鱼是青年男子的一大乐趣。每到夏天河流发水季节，人们还要下河捞青苔，清洗后晒干，这是傣家的一道风味食品。傣族男子过去也经常上山打猎，不仅可以猎得野鸡、猴子、山猫等动物，还可以猎获野牛、野猪等大的动物。在山上，还能捅野蜂窝。

傣族家庭中饲养的牲畜主要有牛、猪、鸡、鸭等，在过年及宗教祭祀活动、结婚的时候，就杀自己所饲养的牲畜。

傣族地区可以食用的野生植物也非常丰富，人们每天在田间地头、村子前后就可以采到大量的可以食用的野生植物作为蔬菜，例如竹笋就是傣族喜爱的野菜，每年发笋季节，人们都要采来制作干笋或者是腌制酸笋。此外水芹菜、芭蕉花、蕨菜等可食用的野菜也多达数十种。

傣族地区水果种类繁多，产量也很高。常见种植的水果有杧果、菠萝、香蕉、菠萝蜜、甘蔗、柚子等。水果是傣族人日常生活中不可缺的食品，不仅用来佐餐，也是招待客人、各种节庆场合少不了的食品。

傣族食品的制作。食品制作是饮食文化的重要组成部分，食品制作水平的高低标志着饮食文化的发达程度，甚至与整个社会经济发展水平也直接相关。傣族食品制作在长期的发展中形成了自己的特色，堪称一个独特的菜系。傣族食品制作不仅选料及制作十分考究，对于色香味等都有特殊的要求，并且主食和副食品的种类繁多，显示了傣族文化的久远与发达。

傣族的菜肴有生熟两大类。熟菜的烹制有烤、蒸、煮、炒等方法。

烤出来的菜在傣族菜中最有特色。烤菜原料主要是肉类，如鱼、鸡、鸭、牛肉、猪肉等。烤肉的时候放很多大蒜、葱、姜及香茅草等作料，这样烤出来的肉香脆可口。烤肉时又分为夹心和不夹心两种。一般的小动物例如各种鱼、鳝鱼、鸡、鸭等都是夹心烤，就是将各种佐料放进动物的腹腔内，再用香茅草捆起来烧烤，其中最典型的有香茅草烤鳝鱼、香茅草烤牛肉、烤鸡等等。除了烤肉以外，很多蔬菜也可以烤。例如苦瓜、竹笋、芭蕉花等也可以烤，这样烤出来的蔬菜别有风味。

蒸出来的菜是傣家的家常菜。可以蒸肉，也可以蒸蔬菜。蒸肉中最典型的是芭蕉叶蒸肉，烹饪的方法是将猪肉或牛肉切碎加上各种佐料，用芭蕉叶包成小包，放进甑子里面蒸熟。这样做出来的肉不仅十分鲜嫩，也有芭蕉叶的清香味，别具一格。蒸小瓜也是一道美味菜。先将它的心挖空，然后放进各种各样的佐料，整个的蒸熟，吃的时候再切成小块。青苔蒸鸡蛋更是风味独特，将青苔切细，调入鸡蛋一起蒸熟，还没有开锅就可以闻到它浓浓的香味。

傣家的煮菜也是别有风味的。煮菜有二种较为特别：一种是多种菜一起煮，另一种要放进很多作料例如香茅草、辣椒、生姜等，这样煮出来的菜很爽口。煮菜最典型的是酸竹笋肉汤，酸竹笋煮牛肉、鱼、鸡肉、田螺等都是佳肴。煮的菜中最为独特的莫过于酸荞菜叶煮蚂蚁蛋了。蚂蚁蛋是傣族菜中的珍肴，得之不易。做法是选较鲜嫩的酸荞菜叶子入锅先煮几分钟，加入香茅草、大蒜、葱等佐料，然后将漂洗好的蚂蚁蛋放入锅中，汤沸即可。

傣族喜爱吃生菜，很多蔬菜都可以生吃。但是生吃菜离不开酱。傣族制作的酱品种繁多，吃法也不同。有用辣椒、番茄制作的番茄酱，也有用花生为主料制作成的花生酱,这其中最珍贵的是用田里面的小螃蟹制成的螃蟹酱。吃各种生菜时用不同的酱,不同的菜蘸不同的酱。

腌制的食物也深为傣族人喜爱,有数十种之多,除了腌制蔬菜之外,最有特色的是腌制动物下水。牛脚、牛皮、猪脚筋、猪头、鱼、鳝鱼等都可以腌制,十分美味,当地人称为"酸皮"。腌制的方法是将要腌制的肉剔净、煮烂、并加入辣椒、花椒、姜等佐料一起煮好,出锅后放入瓦罐中,再撒上一些酒,封好后可以保存一年以上。

傣族食物制作丰富多彩,别具一格,难以用文字完美表述,如果有机会去到傣族的家乡,坐在芭蕉林中,享用着桌子上丰盛的菜肴美酒、听着芭蕉林沙沙的声响,那真是人生的一大享受。

饮食之所以被称为文化,这不仅是由于饮食制作反映了人的智慧及创造,还因为饮食与整个社会文化都有密切关系。饮食文化往往是社会文化的一个缩影。在傣族饮食文化中也反映了傣族文化观念,让我们透过不同的饮食习俗来进一步加深对傣族饮食文化的了解。

居家饮食习俗:傣族人吃饭时男女可以同坐一张桌子,但是方向不同,在过去男子面向火塘,女子则背对着火塘。西双版纳一带吃饭时每个人脚下放一碗茶,一边吃饭一边喝茶。

德宏一带的傣族吃饭时使用四方的桌子,在桌子的四个角放一个盘子或是竹箩,一边吃一边加,菜煮好之后只上少量放到桌子上,吃完后再添加。外地的客人初到时,总以为菜少而不敢放开胃口吃,吃到一半才知道其中的奥秘。在吃饭时按照傣族人家的规矩,要等到老人动筷子以后其他人才能吃。女子吃饭时不能披着头发,男女都不能把脚分开,这是人们所注重的礼节之一。

节日饮食习俗。傣族节日较多,最为盛大的是傣历新年,也就是泼水节。在这期间各家各户都要做大量的粽子。在一个地区过节的场所每年都不同,不同的年份在不同的村子过年,也就是当地老百姓称的"摆"。到哪个村子过年,这个村子杀猪宰牛,准备好各种食品。过年时,附近村子的亲戚朋友,甚至山区的哈尼族、布朗族朋友都会前来参加,反映了当地人淳朴的互助观念,作为主人,村子中家家户户都要摆出几桌酒席,从中午到第二天天明,人们围坐在桌子旁边,一边吃一边谈笑,或听歌手们通宵歌唱。当客人走时还要送一些食品给客人带回去。第二年过年又移到其他村子。

宗教活动中的饮食习俗。傣族地区既有原始宗教也有佛教。傣族人民每年不仅要祭祀各种自然神灵，也要祭佛。这其中也有相关的饮食习俗。例如每年一度的祭祀村神，村子中各家出大米、鸡、蔬菜等等，并凑钱买一头牛在祭祀的地方宰杀。祭神完毕之后架起大锅煮熟，全村参加祭祀的男人一起来吃，妇女和儿童不能吃。各家各户用于祭祀的食品，在祭祀完毕之后分给各家拿回家去，这样妇女也可以吃。

每年的祭佛以及祭祀塔时，各家都要准备紫米饭、粽子、肉及各种水果前去祭祀。各家的老人整天都在佛寺中，吃一些祭祀用过的食物，同时家中也会送一些好吃的东西去。在这期间也如同过年一样，家家户户都会准备好一些好吃的食物，请远近的亲朋好友前来。祭祀的时间也如同过节一样受到人们的重视，老年人、中年人、青年人及亲朋好友往往都要分不同的场合一起吃一次饭，以表示大家的团结。

生育的饮食习俗。傣族妇女生育以后的食物有很多特殊的限制。首先是在生育后的五天以内不能吃油腻的食物，每天只能吃烤米饭团子，五天以后便可以吃一些蔬菜及鸡、猪肉等，但不能吃牛肉及花色毛的鸡，也不能吃酸笋等腌制的食物。

从上面这些习俗可以看出，傣族的饮食文化不仅反映在制作中，也反映在社会生活中，这也是傣族文化中重要的组成部分。而傣族饮食习俗更多的是反映了人与人之间的一种和谐关系，如过年在不同的村子轮流，过年中不同的社会群体通过集中吃饭加强人们之间的联系，在宗教活动中大家出份子办伙食，全村子每年一度的集体会餐等等，通过饮食习俗使人们的关系更加紧密，更加和睦。

五　节日

傣族的节日大多数与宗教活动有关。傣族一年中的重大节日有三个，即关门节、开门节、傣历新年（泼水节）。这些与宗教有关的节日反映了人们对宗教虔诚，同时也折射出了人们对人生的热爱与幸福的追求。

根据佛教的教规，每年中有三个月为戒期，戒期的第一天及结束之日称为"关门节""开门节"。关门节和开门节是人们对于宗教虔诚的再现。关门节截止时间是傣历9月15日（也就是公历7月中）。在关门节这一天，各村子的人们都要到福寺举行盛大的祭祀活动，向佛像、佛僧们奉献各种美味食物、鲜花、钱物等。同时整整一天人们都要在佛寺里听和尚们念经，祈求佛的保佑。这一天晚上老年人还要在佛寺里住宿。在关门节后，每隔七天人们都要到佛寺里面进行一次大的祭祀活动，而这一天老人们也都要在佛寺里住宿。

在关门节后的三个月以内，人们认真地赕佛，修行养性、刻苦劳动，在这期间青年人不能谈恋爱，不能结婚，也不能出远门，由此表示对佛祖的虔诚，自觉地接受佛教对行为规范的约束。

傣历的12月中旬，也就是公历10月中，就到了开门节。开门节一般来说比关门节隆重。这一天是人们三个月修佛生活的结束，同时也是一年中农忙季节的结束，农闲生活的开始，人们的心情自然不一样。这一天村子里的老百姓首先要到佛寺里举行盛大的祭祀活动，也要准备大量美味的食物、鲜花、钱、日用品等奉献给佛寺，然后听佛爷念经。这一天举行盛大的"摆"，也就是传统的庙会活动，人们出售各种传统的食物及日用品，听歌手们唱歌，青年人跳起传统的舞蹈。在家中，家家户户都杀猪杀牛，准备丰盛的晚宴。

赕塔，是信仰佛教的傣族地区又一个重大的节日。但它的时间各有不同。让我们来到西双版纳的曼飞龙村。曼飞龙白塔远近闻名，每年赕塔的日期是11月中旬。在节日到来的前几天人们就开始做各种准备，包括打扫卫生、修路、制作各种祭祀的用品等。赕塔之日，远近而来的人们云集这里，在一些隆重祭祀的年份，前来参加的人达万人以上，不仅来自西双版纳地区，甚至还有从泰国、缅甸、老挝等国来的人。人们穿上自己最漂亮的衣服，妇女们打扮得花枝招展，迎接这一节日的到来。

赕塔的这一天早晨先在佛寺里听和尚念经，然后人们抬着各种祭祀的用品，排着队到白塔去。白塔在村子后的山顶上。在白塔旁男女老少都要拿着点燃了的香围着白塔一面祷告一面绕行。在赕白塔的几天内，老人们都住在塔旁边的寺里面。下午人们祭祀完白塔之后，就开始了在白塔旁广场上的活动，青年人围在一起跳起传统的舞蹈，村子里的人摆摊设点卖着各种各样的小食品，村子里的各个小组把自己制作的高升拿到广场外点燃，一支支高声尖叫着冲向天空，赢得人们的阵阵喝彩，热闹非凡，一直到深夜。

傣族最隆重的节日是傣历新年。每年的4月13日，傣族人民就迎来了一年一度的傣历新年，各地的傣族人民都会以极大的热情参与到一年一度的盛大节日中去。节日期间人们走进佛寺拜佛祈愿、身穿节日的盛装参加各种传统的活动，通过泼水狂欢尽情地宣泄幸福的感情、通过圣洁的水洗涤自己的心灵，求得一生的幸福。

泼水节一般是三天。在内容上各地傣族有些差异。在西双版纳，节日的第一天人们会很早就来到寺庙中，聆听和尚念经赕佛，祈求幸福、表达自己美好的心愿。下午各地的人们集中在澜沧江等江河边，参加一年一度的龙舟赛，同时西双版纳当地政府也举行一年一度的庆祝大会，向当地各族人民表达节日的祝贺。横跨澜沧江的龙舟大赛是节日里最为壮观的活动，一艘艘驶向澜沧江彼岸的龙舟在喧天的锣鼓声及人们的呐喊声中向前奔驰而去，每一艘龙舟上都有几十名好手，有男队也有女队，但在比赛时便不分男女，他们奋力拼搏，体现了傣族人民顽强奋进、百折不挠的民族精神。

节日的第二天，人们参加各种传统的节日活动，也就是当地傣族人所说的"摆"，一般可以翻译为赶集。人们穿着节日的盛装集中到公园以及乡镇政府所在地出售各种传统的小食品，青年男女们参加传统的丢包活动，会朋友、谈情说爱。男青年们最喜爱的活动是传统的斗鸡。

节日的第三天也就是人们期待已久的泼水狂欢了。这天清晨人们首先准备好一桶一桶清水，老年人及年轻人轮流用鲜花和橄榄树枝互相洒水表示祝福。到了中午时分，水的狂欢就正式开始，人们互相追逐，用一盆盆清水泼洒向对方，整个世界都变成了一个水的世界，男女老少都加入到了这泼水的狂欢中，忘却了一年中的辛勤劳动，沉浸在节日的欢乐之中。整个泼水狂欢活动一直要持续到日落时。

在傣族的另一个主要居住地区——德宏，泼水节的第一天人们带上各种食品到附近的山上采山花，尽情地享受山野的悠闲与浪漫。到中午时，人们就在山上点燃篝火，烧烤牛肉、猪肉等食品，饮酒高歌。人们敲锣打鼓抱着大把大把的鲜花来到城市中的广场以及佛寺中举行一个献花的仪式。

节日的第二天和西双版纳一样，主要是赶集活动。这一天是传统的节日集市，出售各种传统食物以及生活用具，人们跳舞唱歌欢庆节日。在德宏州的首府，要举行盛大的节日游行活动，来自各地各民族的表演队伍载歌载舞，欢度节日。这一天可以看到各民族人民不同风格的歌舞表演，对外地的游客来说这确实是大饱眼福的好机会。

节日的第三天，各地区的傣族人民要举行盛大的泼水活动，阳光下处处飞溅的清亮的水花洋溢着人们的欢声笑语。

今天的泼水节对傣族人民来说也是民族传统文化集中展示的盛大时刻，对于民族文化保持也同样有重要的意义。同时对于当地各民族人民来说，已经成为一个民族团结的盛会，在节日期间还吸引了大批的中外游客，增进了傣族人民和其他民族人民的相互了解，也促进了旅游业的大发展。

第三节 支系文化个案：红河流域傣族的文化特征

红河流域的傣族被称为"花腰傣"，并不是傣族的自称，而是其他民族对主要分布在红河流域的傣族的一种约定俗成的称呼。主要原因是这里的傣族服装上有一种独有的特征，那就是妇女的腰带是使用一条长长的彩色布带围成的，因此被其他民族形象地称为"花腰傣"。

红河流域的傣族与其他地区的傣族有较大的区别，这主要表现在两个方面，一是不信仰佛教，二是保留了较多傣族的古老文化。

居住在中国境内红河流域的傣族大约有15万人，人口约占中国傣族人口的13%左右，其中以红河上游的新平、元江两个县最多，人口占红河流域傣族的50%以上，花腰傣也基本分布在这两个县境内。这一地区也是云南著名的山系——哀牢山腹心地带，山水相伴，是红河流域傣族文化的中心区域。

在傣族的历史上，由于战争、自然灾害或寻求更为富裕的土地而迁移是十分频繁的，而傣族迁移又具有明显的特点，那就是沿着大江大河迁移，寻求水资源丰富的河谷地带定居，今天在红河流域的傣族基本都居住在海拔1000米以下的河谷地带。傣族在红河流域的分布与傣族的历史迁移有直接关系，因而今天在红河流域的傣族支系繁多，并且很多地区由于长期的封闭使傣族古老的习俗能够保留至今。红河流域的傣族有不同的支系，并且有自称，自称来自居住的地方名称、历史迁移的特点、服装的特点、生活习俗以及在迁移来之前所属的支系的名称等，但是共同的特点是虽然不同支系的傣族都有自称而相互被区分为不同的支系，但首先称呼自己为"傣"。下面首先对红河上游的傣族支系进行简单的概述：

红河上游傣族较集中的新平县大多数傣族是花腰傣，主要的支系有自称为傣洒、傣卡、傣雅的三个支系。其中傣洒分布在新平县戛洒乡、水塘乡，"傣洒"因为主要居住在戛洒一带而得名，"洒"的意思是"沙"，"戛洒"在傣语中是"沙滩上和街子"之意。

傣卡分布在漠沙乡与腰街乡，自称与其文化有关，"卡"在傣语中是"汉人"的意思，也被其他民族称为"汉傣"，根据传说这一支傣人在历史上曾与汉族相融合。

傣雅分布在漠沙乡，自称的含意是"历史上大迁移中被遗下来的傣人"，与历史迁移有关。

除了三个花腰傣支系外，新平还有一支称为"傣折角"的傣人，因为居住在平掌乡折角村而得名。

元江县有傣泐、傣仲、傣卡、傣雅、傣郎、傣得、傣涨七种自称的支系。除傣泐（水傣）、傣郎（黑傣）外都被称为花腰傣。

傣仲居住在大水平、大北田、龙洞、那路、荔枝村、大路新村、沙沟头等村子。"仲"是大头之意，因此也被称为"大头花腰傣"，原因是头上的装饰较大。

傣雅居住在西门村、鲁林村、新村、双高、高坎等村子。傣雅的含意与新平相同，但当地人因为其头饰小也称其为"小头花腰傣"。

傣德分布在整个东峨坝子，"德"傣语中东峨坝子的意思。

傣涨分布在整个甘庄坝子。"涨"是傣语中甘庄坝子的意思。

傣卡分别居住在撮科、南马、南洒、热水塘、西庄等村子。"卡"也就是汉族之意。

在中游地区分别有傣端、傣泐、傣尤、傣尤倮、傣倮、傣郎、傣亮等自称的支系。其中傣端（白傣）分布于金平县的米河、藤条江沿岸，这里是中国与越南的交界地带，傣端与越南白傣属同一支系。傣泐与西双版纳傣族自称相同，文化上也相近，如他们爱好装金齿、住房为干栏式建筑等都与西双版纳、德宏等地傣族相同，主要分布于元阳县、金平县等地。傣端、傣泐也被当地人称为"水傣"。除傣端、傣泐之外其他支系傣族被称为"旱傣"，分布于红河中下游沿岸的弥勒、泸西、个旧、建水等县。这些支系傣族则爱好染黑齿、居住用泥土筑成的平顶、两层或三层的"土掌房"。由于傣族与当地的彝族、汉族、哈尼族等交错杂居，这几个支系的傣族在生产、生活方式上与当地民族已没有大的差别。红河流域的大多数支系的傣族尽管自称不同，文化上也有一定的差别，但都有傣族基本相同的文化特征，其中大多数被称为"花腰傣"。

红河流域的傣族除了具有傣族共同的文化特征之外，也有自己的文化特质。

第一，让我们来看看红河傣族与其他地区傣族共同的文化特征。傣族典型的文化特征之一是选择平坝与河谷地带作为居住的场所，背山面水是傣族人观念中的最佳居住场所。红河流域傣族在这一观念上与西双版纳、德宏等地傣族是一致的，他们所选择的也是这一流域海拔1000米以下的河谷平坝地区作为居住的场所，面对江水背靠青山，由此也使得傣族的生产生活与其他居住在山区的民族有较大的区别。

第二，傣族是农业民族，不论居住在哪里的傣族自古以来都以水稻种植为最重要的生计方式。红河流域的傣族也是以种植水稻为生的，在历史上与其他地区的傣族一样，他们主要种植糯米，生活中也喜欢食用糯米。近年来由于需要提高粮食产量以满足市场和自己消费的需要，糯米的种植已经逐渐减少。

第三，染齿、文身是傣族最古老的习俗，自古以来各种史籍在记述傣族时都会把染齿与文身作为傣族典型的特征记录下来。这里的花腰傣染齿的主要是妇女。人们以一种名叫"臭藤果"的野草及崖硝为主要原料，加上未成熟的石榴等，捣碎放在芭蕉叶上，每天晚上睡前包在齿面上，数日之后齿面就会变成黑色。再用木柴焦油涂擦，让齿面渐渐发亮，成为妇女美丽的一种标志。文身多纹在手背上，图案有花、动物等，同样也是美的一种标志。

第四，共同的语言，这里的傣族与其他地区傣族一样属于同一语支，即壮傣语支，语言中有基本的共同要素，但由于不同的地域及不同的支系的影响，语言有明显的支系与方言特征。在红河流域的傣族中，不同的傣族支系中语言有一定的差别。如在新平县的三个支系的傣族中语言虽能相通，但有语音语调及表达方式的差别。

第五，反映一个民族归属意识最重要的是自称，与其他地区的傣族一样，红河流域的傣族虽然分为不同的支系，但是在支系的前面人们都无一例外的称呼自己是傣，然后才加上支系的名称，这一称呼自古就有，反映了不同支系的傣族人对傣族这一大的民族群体的认同与归属，这是居住在云南各地的傣族都共有的一种认同特征。

以上所举的几个方面的特征是傣族共同文化特征中的一些重要内容，尽管不能包容全部共同的特征，但是从中已经可以看出红河流域的傣族与其他地区的傣族有着共同的文化特征。

除了这些共同的特征之外，由于不同的居住区的影响，不同地区的傣族已形成了自己独有的一些文化特点，这在各个地区的傣族中都是很明显的。居住在红河流域的花腰傣人民由于内外社会环境的影响，在长期历史发展中已形成很多自己鲜明的文化特征，同时也有很多方面与其他地区的傣族人民在文化上有很大差别。这种差别就是花腰傣人民自己的文化特质，认识这种差别对于认识红河流域花腰傣的文化价值有重要的意义。

我们可以从以下几方面来看花腰傣人民与其他地区的傣族文化上不同之处：

服饰文化。第一个特征是这里的傣族妇女习惯于用一条色彩缤纷的长腰带系在腰间，这也形成了相关的文化，包括腰带的编织、使用以及它的内涵由此这里的傣族也被外界称为"花腰傣"。其他地区的傣族是没有这一习俗的。在西双版纳、德宏的傣族中，妇女们习惯用银制的腰带，因此银制的腰带也同样具有与花腰傣的腰带相同的很多文化内涵，它是一种用品，同时又是财富与身份的象征。

服饰文化方面的第二个重要特征是红河流域的花腰傣喜爱在服装上装饰很多银制品，有的妇女全套服装银饰品的装饰重达四五公斤，这在其他地区傣族中是很少见的。

第三个特征是红河流域的傣族人民普遍使用竹篾帽子，这里不同的是其他地方的傣族虽然也使用竹篾帽子，但是它的功能主要是遮阳光，当地的傣族妇女更多的是喜爱用大围巾包在头上。红河流域的花腰傣人民把竹篾帽子作为整体服饰不可分割的一个部分，并且是当地不同支系服装的象征之一。当地不同的傣族中竹篾帽子的造型也不同，被称为"鸡纵帽"（一种珍贵的野生蘑菇）的竹篾帽子不仅是当地傣族的识别特征之一，并且具有很多文化内涵，例如傣卡人在结婚时，新娘子来到新郎家，要很庄重地为新娘子戴上新的竹篾帽子，以此来表示一种新的身份与新生活的开始。

居住。红河上流的花腰傣在居住文化方面与其他地区有很大差别，当地的傣族人民居住的是被称为"土掌房"的屋子。这种住房是用土砖砌起来，一般是两层，平顶。这样的住房一般上层住人，同时还有一个很大的外阳台，可以晒东西、休息、制作农具以及土陶器等，下层则用来烧饭、待客、堆放杂物等。在红河下游地区的傣族中居住的房子也是同一种类型，但大多数只有一层。在云南大多数地区的傣族住房的类型都是被称为"干栏式"建筑的二层房，传统的干栏式建筑基本上都是用竹木建筑而成的，干栏式建筑是历代史籍中记述傣族的一个重要的文化特征。

婚姻家庭。红河上游的花腰傣与其他地区的傣族一样，恋爱是自由的，在历史上由于这一带的傣族居住于河谷热区，男女青年恋爱和结婚都比较早，一般到了十六七岁，就可以借助各种节日谈情说爱。这里最典型的就是"赶花街"。在每年赶花街的日子里，男女青年互相认识，谈情说爱，互相赠送礼物，或早已在日常生活中有情有义，借花街节表明爱慕之意，待爱情的果实成熟时定下终身。在20世纪五六十年代以前，花腰傣中早婚的现象很突出，男女青年十五六岁就恋爱结婚，往往不懂得婚姻生活的内容，这也是造成花腰傣中过去离婚率较高的原因，据老年人说，现年60岁以上的一代人中1/4的人都离过婚。

在过去，虽然同为傣族，不同支系之间是不通婚的，通婚的大范围限制在同一支系之内，同时在同一支系中通婚大多数是一个村子的人们通婚。在20世纪50年代以前，虽然青年人可以自由恋爱，但是往往父母不同意也很难以成婚，同时受到汉族文化的影响，包办，甚至买卖婚姻的情况也很多，不少青年人在父母的包办下被迫与自己并不相爱的人结婚，往往导致随后的离婚。据老人们回忆，包办婚姻与花腰傣自由恋爱的传统并不相符，是20世纪40年代才盛行起来的。新中国成立以后，随着婚姻法的实施，包办婚姻废除，青年人的恋爱完全由自己做主。与此同时，如今也有很多青年人打破了传统的通婚限制，与其他支系的人通婚，如在戛洒，傣雅与傣卡通婚的近年就有30余人，人数虽然不多，但这表明人们的思想观念已有了改变。除了支系之间的通婚外，近年来与汉族、彝族通婚也开始多见，尤其是在城镇中，青年人在通婚中受到传统观念的影响越来越小。

花腰傣的婚姻模式是结婚之新娘后到男方家庭居住。这其中一个很大的特点是在结了婚之后新娘不马上到新郎的家中居住，在行完婚礼的各种程序之后，戛洒等地的傣洒当天就回到娘家居住，而傣雅在举行完结婚仪式后虽然当天在男方家居住，但也不与新郎同宿，而是由自己的女伴们陪同而宿，第二天一早就回娘家去了。在随后的日子里，新娘要在农忙、家中有事、过年过节等时日才由男家去接过来住，每次只住两三日。这个过程有长有短，有的长达一两年，有的两三个月，一直到新娘有了身孕才被接回男家长期居住。这种不落夫家的婚姻习俗在红河上游的花腰傣中过去普遍存在，但是近年来也已有了较大的变化，大多数青年人在结婚后仅仅象征性地分开居住几天，长的住一两个月便到男方家长期居住了，有的青年人已完全放弃了这种婚姻习俗，如在腰街的一些傣卡人中，不落夫家的习俗目前已经很少见，青年人完全按照自己的意愿生活，只要家庭需要，居住在男方家还是女方家都是可以的。

新的家庭有了孩子并且长大之后，就有可能考虑与父母分家居住。在过去分家的时间一般视家庭的情况而定，如果家中需要有人照看老人或缺少劳动力，则分家的时间可能晚一些，如果还有其他兄弟则可能一两年后就分家，甚至更短一些。在80年代中期包产到户以来，尤其是近几年，经济上的因素对分家起了很大的作用，为了获得宅基地、耕地，大多数青年人一结婚就与父母分家居住，这样就有可能从村子里获得宅基地或承包地的调整机会。

花腰傣自由恋爱而组合成的家庭是平等的，男女双方在家庭中都有相对平等的义务权利，有传统形成的男女在劳作上和社会生活中的分工，一旦夫妻双方不和，离婚也是很自由的，并且手续很简单，往往是双方一旦分开居住，就算是离婚了。过去在离婚后小的子女由女方抚养，年龄大的留在男方家，离婚后女方无权提出财产的要求，最多只能要回自己的嫁妆。在新中国成立后随着婚姻法的实施，离婚后的财产分配中女方也有应有的权利，可以通过协商获得一份财产。

宗教信仰。红河上游的花腰傣信仰的是万物有灵的原始宗教。这一点是傣族共有的，人们认为世间万物都有灵魂，水有水灵、山有山灵、树木有其灵、农作物也有其灵。由此产生了人们对各种灵魂的祭祀与原始崇拜。种植水稻之前要祭祀，求神灵保佑获得好的收成，这一春耕之前的祭祀活动是每年的重大活动。收获之后也要祭祀感谢神灵。上山打猎之前祭祀，求山神保佑赐给猎物，打到猎物后也要祭祀感谢。每年村子中最隆重的宗教活动是祭寨神与祭龙。

每个傣族的村寨都有神，在村子中都立有一块石头或有一块被人们认定的石头为寨神石，有的村子也种植一棵大青树作为寨神，这也就是人们通常说的"寨心"。不论是过年、人们有病、出远门都要到寨神处烧香祭祀，祈求平安。在漠沙乡的关圣村，每年祭寨神在大年初三。祭祀之日全村成年男子一早就要上山打猎，不论打到什么动物都要用来作为牺牲。同时各家都要杀猪、鸡,用于祭祀。祭祀时将牺牲品供在寨神前,然后村中长老带领村中男人们行礼祭祀。妇女们不能参加这一活动。在祭祀之后,人们集体吃喝,说笑,直到很晚才散。

每个村子都有一棵大青树,当地人称为龙树,是村子的中心,每年又一最隆重的祭祀活动就是祭祀大龙树。每年春天全村人都要在大树下面进行隆重的祭祀活动,杀猪宰牛,称为祭龙,目的是求天神保佑风调雨顺、五谷丰登。漠沙乡的傣雅人每年农历二月的第一个属牛日是祭龙日。在此之前各家都要准备各种祭品,如竹编的神器、祭祀用的食品等。在祭祀当天的清晨,村中负责祭祀的主持者就将驱鬼用的竹神器插在大龙树下,布置好祭坛。村中每一家都出一个人前来参加,但是妇女不能参加。人们在大龙树下点燃香,搭起灶,杀牛杀猪,将猪牛各个部位的肉供在神台上,在主持者的带领下行礼祭祀。祈求龙神保佑来年风调雨顺,五谷丰登、人畜平安。在祭祀完之后,参加祭祀的人们便一道吃喝。这一天村中家家户户都杀猪杀鸡,摆下丰盛的宴席,请远近的亲戚朋友前来过节。

此外,花腰傣还有一些规模不大的祭祀活动:祭鬼。如果有人生病人们会认为是魔鬼作怪,也要进行祭祀活动驱赶鬼神,一般是杀一头羊,用羊头羊脚贡在祭坛上。

祭祖先神:各家都在房内设有一个祖先的小神台,除了平日要贡上水、饭外,年节或婚丧都要以酒肉祭之。

祭水神:家家户户堂屋里都有一个小土台子,上面放一个陶缸,平日盛上饮用的水,而在过年时要杀公鸡祭之,这样过江河时才平安。

祭灶神:过年时在灶台上点上香,供上酒、肉等祭祀灶神,祈求灶神保佑全家丰衣足食。

祭太阳神:在漠沙傣雅中,家家户户房子外都用木板搭一个祭台,有的还要插上两根鸡毛。在过年时要祭祀太阳神,祈求它保佑人们风调雨顺。

祭谷神:每年收完谷子之后,都要在谷仓的柱子上挂上几串谷穗,在谷堆上放上几个鸡蛋,由家中年纪最大的妇女来祭祀谷神,因为人们认为谷神是女性。祭祀谷神是祈求谷神保佑来年五谷丰登。

红河流域大多数傣族在宗教信仰上与其他的地区傣族的不同之处是不信仰佛教。红河流域之外的傣族对佛教的信仰使这两个地区的傣族之间在文化上显现出了鲜明差别,这从人们的思想观念、社会行为、日常生活、艺术等方面都可反映出来。但特别要指出的是，红河流域的傣族中，信仰的万物有灵的原始宗教在其他地区傣族中也同样存在，除祭祀的时间不同外，内容基本都是一致的，如祭祀祖先、地方神、寨神、谷神、水神、山神等。

节日文化。红河流域傣族的节日与其他地区傣族的节日有明显不同。红河流域以外大多数傣族人民由于受佛教文化的影响，节日基本上都是从佛教节日而来，如新年就是佛历的新年，也被其他民族称为"泼水节"，这一个节日是傣族人民最隆重的节日。其他隆重的节日也与佛教有关系，如每年7月进入佛教斋期的"关门节"，斋期结束时的"开门节"等等。红河流域的傣族人民节日文化受到了汉族文化影响，每年中主要的节日基本都与汉族的节日相同，他们过春节、端午节、中秋节等节日，但节日中也有一些自己的特点。

春节，农历正月初一。新年的清晨，在通宵的鞭炮声中守夜的人们很早就要担着水桶拿着点燃的两柱香到村子中的水井抢挑新水，据说哪个抢到新年的第一挑水，新的一年中就最吉利。而在大年初一，男人们要做平日由妇女们负责的挑水、做饭、扫地等活计，让妇女们休息，做些自己喜爱的轻活计。

端午节，每年农历五月初五。这天，各村的人们都要杀猪、牛鸡等。这一天，男人们上山去打猎，妇女们一般下江去捕鱼捞虾。

中秋节，农历八月十五日。中秋节之夜，家家户户都要在屋顶阳台上摆上一个盛满丰盛食物的竹篾桌子，上面供上干鳝鱼、鸭肉、糯米粑粑等食物，全家人一道祭祀月亮，祭完后一起赏月饮酒。

花街节。花街节是当地傣族人最具有民族特色的节日。花街节的时间各地与各支系有所不同。在元江县，一年有两次，另一次是正月初七的热水塘花街，一次是五月初七的大水平花街。在新平县，漠沙一带的傣雅一年中过两次，一次是农历正月十三的"小花街"，一次是五月六日的"大花街"；在戛洒、水塘一带的傣洒中，花街节的时间是每年农历二月的第一个属牛的日子。

花街节与其他节日相比更具有群众的广泛参与性。过节之日，远近的傣族群众打扮一新，尤其是年轻的妇女们更是把自己打扮得花枝招展，会集到节日的场所。这里人山人海，不仅有傣族群众，也有当地其他民族的群众前来参与过节，近年来漠沙、戛洒等地大的花街节参与的人数都有三四万人。人们跳民族舞蹈、做买卖、吃牛肉汤锅、会朋友、青年人谈情说爱。花街节中最重要的内容是男女青年的相会，男女青年在这个活动中结交朋友，无数青年人的婚姻生活都是从花街节开始的。节日这天男女青年都穿起自己的民族盛装，姑娘们成群结队来到花街上，早已等候的男青年们便睁大自己的眼睛寻觅中意的女孩。当姑娘们在树荫下休息时，男青年便上前与自己看上的姑娘搭话，并赠送小礼物。如果姑娘有意，也会回赠自己做的手绢、花带等，并与他单独到树林中寻一个安静的地方相会。姑娘将自己随身的小竹箩里的糯米饭、炸蟮鱼干、腌鸭蛋等拿出来一点点亲手喂给小伙子吃，并互述爱慕之情，相见恨晚之意，有的往往一次花街节就约定了终身。这个过程就是远近闻名的"吃秧箩饭"。当地老人说，在现年50岁以上的人中，50%的夫妻都是通过花街节认识和表达爱意，定下终身的，因为"文化大革命"时花街节被禁止，所以很多中年人都没有这样的经历。

　　花腰傣与其他地区傣族在节日文化上的明显不同，反映了不同地区接受不同文化影响的程度。红河流域的傣族受到汉族文化的影响，而其他地区的傣族则受到佛教文化的影响。两者间所不同的是红河流域的傣族明显反映出受到汉文化影响的要素就是节日，在其他方面接受汉文化的要素并不多，而在信仰佛教的傣族人民中，文化中融入的佛教文化非常广泛。

　　以上是红河上游的花腰傣与其他地区的傣族在文化上的差别。但是由于花腰傣也是由多个支系组成的，因此在文化上也有一定的差别，在历史上甚至各支系间不通婚，至今虽然有少数通婚者，但仍然不普遍。下面让我们通过几个侧面来看这种支系间的区别。

　　首先以妇女服装为例。服饰是花腰傣文化中最典型的文化特征之一。居住在新平漠沙的傣雅人妇女的头饰是首先用一条宽约两寸的青布头帕将头发层层包住，再用一条两头有红缨的青花布条将一块红条花布包扎在上面，扎成一个高耸的头型。上身着无袖右襟内褂，前胸饰有成排的银泡，衣领由一条宽约两寸镶满银泡的布条沿脖子往后反搭而成。外衣为无领无襟的青色短衫，可以将内褂的银饰露出。下面穿筒裙，裙摆有五色花边，这里的傣族妇女一次要将数条裙子叠穿，一条比一条高，将里面一条的花摆露出来。腰间系上一条花腰带。身后用一块镶满银饰、缀满红缨的布块叠成三角形围在腰上，用青色布包在腿上作为绑腿。外出时头戴一顶竹帽，竹帽的特点是外沿向上。

居住在戛洒乡的傣洒妇女未婚的头戴一顶镶满银泡的小圆帽，已婚的将头发结于脑后，缠上一串串银泡。上衣是用绸缎做成的，内衣为右襟无领无袖短褂，左前方镶满银泡。外衣为无袖无领衣，用红、绿、紫色绸缎制成。下着黑色筒裙，裙端有各种图案。腰间系有一条五色花布带。用白布在小腿上打成绑腿。头上戴的竹帽外沿向下。

除服饰这一典型的特征外，各支系间的文化也还有一些不同处。如在婚姻习俗上，在傣洒中，提亲要由男方的母亲亲自去，而其他的支系则可以请自己的父母或族中有威信的长者去。在漠沙的傣雅中，结婚时新娘被接出家门时是由自己的兄长从内房背出来的，迎亲的队伍在途中要吃一次饭才能到新郎家，就是两家人离得很近也要绕道到其他地方象征性地吃饭后才能前行进入新郎家的门。到新郎家后，婆婆要抱牛草带新娘去喂牛，并给新娘戴上从娘家带来的新篾笠。其他支系的傣族人就没有这些习俗。

在新娘新郎入洞房之后，要有一个吃饭的仪式，新郎家人将一个装糯米饭的甑子抬进洞房，上面横放一把钢刀，让新郎新娘从两边拿饭吃，表示夫妻从此要在一起生活了，但横放在甑子上的钢刀也表示双方如有背叛，手就会被砍断。在傣洒中，入洞房后也有吃饭的仪式，由主持者手拿两个包有蛋黄的饭团，表示金银，让新郎新娘吃下，意味着夫妻幸福，但不放钢刀。

第四章

东南亚国家泰人的一般文化特征

第一节 老挝泰人的文化特征

在前面的章节里,我们已经论述到老挝的泰人最早源于中国的云南省,一部分人迁徙到越南,再从越南迁入到老挝,这一部分被称为普泰人,另一部分人则是从云南的西双版纳直接迁入老挝的,主要是泰泐人。尽管老挝的国家语言属于泰语系,老挝的国家文化也融合了泰文化的很多特征,如节日、宗教等,但从民族的源流上来说,泰人作为一个少数民族在老挝仍然是清晰的。老挝主要的泰人是普泰人和泰泐人,普泰人是山区泰人的意思,包括了黑泰、红泰、白泰等不同的泰人支系,而泰泐人主要是从中国西双版纳迁徙过去的。根据1995年老挝的人口普查,普泰人有47万2458人,其中包括了一系列的泰人支系,泰泐人共11万9191人。①

老挝的泰人不论是哪一个支系都有以下一些共同的特征。

1. 传统的社会制度都是封建等级社会制度,社会分为不同的阶层,即贵族和平民。贵族阶层是统治阶层,他们分别领辖着不同的区域,即勐。封建领主以下的不同社会阶层向封建统治者尽自己的封建义务。

2. 居住竹木建造成的干栏式建筑,上面一层居住,下面一层堆放杂物以及养牛。

3. 种植水稻,并且以糯米为主要食物。因为种植水稻,人们广泛建造灌溉工程,并且形成了相关的水田灌溉技术以及管理制度,水沟及灌溉设施的管理也成为一种封建义务。水稻种植使用牛耕。由于水稻的种植,

---

① The Peoples of Laos: Rural and Ethnic Diversities, By Laurent Chazee, White Lotus Press, Bangkok, 1999.

泰人也形成了与水稻相关的文化，包括对稻田的祭祀、食用稻米、制作米酒，用糯米作为供奉神灵以及佛的供品等。

4. 居住地选择在河谷及平坝等以便于水稻的种植和对稻田的灌溉，选择村寨首要的是背靠青山、面对平地，这样背面的山可以提供丰富的水源以及用于砍烧柴、放牛等，而平坝便于种植水稻以及修筑灌溉水田沟渠设施。

5. 保留着被认为是泰人的一个普遍的文化特征，即在住房外面单独修建一个竹楼用于储蓄谷物。

6. 节日。泰人都过泰历新年，尤其是受到佛教文化的影响，各地的泰人都过与佛教有关的新年，在泰国、老挝等地被称为宋干节。在节日期间举行赛龙舟、放高升等活动。

7. 宗教。大多数泰人在都信仰南传上座部佛教的同时保持还着本民族的自然崇拜。由于信仰南传上座部佛教，各地都建有寺庙，佛寺在当地泰人的社会生活中扮演着重要的角色，男人的一生中必须要有一段时间到寺庙中去当和尚，出家几年以后才能还俗，成为一个为社会所认可的男人。根据宗教的要求，当地的人们在不同的时间进行各种佛教活动，人们使用香蕉、熟的米饭以及鸡肉、猪肉等供奉佛祖。在信奉南传上座部佛教的同时，所有地区的泰人都同时信奉万物有灵，认为神灵存在于天空、自然以及人类社会中的每一个角落。在自然界中，树有树神、水有水神、天有天神，而在人类社会中，村有村神、勐有勐神。因此不论新年、收获的时节还是婚礼、孩子出生以及死亡的时候都要祭祀神灵，神灵在人生礼仪的各种过程中以及社会生产劳动的各个阶段都发挥着重要的作用。需要特别指出的是，在老挝并不是每一个泰人支系都信奉佛教，黑泰、白泰等支系就仅信仰万物有灵而不信仰佛教，但近年来随着社会的变化在各民族间、各支系间互相影响，一些过去并不信奉佛教的泰人支系，如普泰的一些支系也开始信奉佛教。今天走进一些当地泰人的村落，不仅仅可以看到佛寺，同时也还有各种自然崇拜的象征物，如神树、村寨神、勐神等存在。每年人们还要隆重地祭祀村神及勐神。

以上是老挝各地泰人的一些共同文化特征。事实上由于民族渊源关系的影响，各地泰人的文化和中国西双版纳是有非常多的相似之处，甚至是共同的。尤其是老挝西北部与云南省接壤的地区，过去都属于西双版纳封建政权的管辖区域，当地的泰泐人文化与西双版纳基本相同。笔者曾经到过老挝靠近中国边境的泰人村寨以及琅勃拉邦考察，这些地区的文化与西双版纳傣族基本相同。如在语言上和西双版纳基本保持着相同的语言，目前由于受到了老挝国家文化的影响有一些变化，但是古老的语言仍然是相同的，文字也与西双版纳相同，使用相同的老傣文（兰那泰文）。由于受佛教的影响，各种宗教祭祀活动以及节日与西双版纳相同，原始崇拜活动也与西双版纳基本一致。

由于支系的不同，老挝各泰人支系之间的文化也有一些差异。在此对泰泐人、黑泰、白泰分别进行一个简单介绍。

1. 泰泐人（Tai Lue）。根据1995年的人口普查，泰泐人共有11万9100余人，主要分布在老挝的西北部。在宗教方面，泰泐人全部信仰南传上座部佛教，同时又保持着原始神灵的信仰，村村寨寨都修建寺庙，每年按照佛教的要求进行佛事活动，与此同时也保持着对自然的崇拜。人们生、老、病、死都要进行祭祀，还有对水稻神的祭祀以及播种、丰收以后的祭祀活动等，每年还要对村寨和勐的神进行祭祀。

在居住方面，泰泐人选择河谷、平坝作为建立村寨居住的理想场所。他们一般选择背靠青山，面对平坝的地点作为建设村寨的最佳场所。泰泐人种植水稻，因此每个村寨都有水田以及灌溉水田的水利系统。泰泐人的村寨中都有一棵菩提树，是在每一个村寨建寨的时候就种下的，作为寨神的化身以及村寨的中心。在家庭居住方面，泰泐人居住一楼一底的干栏式建筑，传统的干栏式建筑用木头制成框架，用竹子作楼墙，然后用茅草做成草排来建屋顶，现在大多数泰泐人的住房已经改为自己烧制的瓦片来建住房的房顶。在泰泐人的住房内部，有火塘以及与火塘相连接的较大的客厅，楼层的一半是被隔起来的卧室，卧室内部是相通的，没有隔墙，家庭成员不论结婚与否，他们睡觉的棉垫都是一个一个靠得很近并排在一起的。每一个床垫上面有一个蚊帐，蚊帐作为家庭成员睡觉的地方的隔断，也被认为是泰人独特的一个文化特征。泰泐人的竹楼周围都有一块自己的菜地，种植一些时常食用的蔬菜以及佐料植物，在周围还有鸡舍以及猪舍。

在饮食偏好上，泰泐人喜欢糯米及酸辣的食物。

泰泐人的水稻种植属于精耕细作的类型，农业生产以及居住、灌溉等都考虑到不破坏环境，与环境较好地相融合。泰泐人使用牛耕，养牛是重要的文化，牛不仅是农业生产的重要工具，也是每个家庭重要的财富。牛一般自由饲养，在生产劳动期间牛一般饲养在竹楼的第一层，而在农闲时间水牛则被自由地放养到村寨周围的山中，隔一段时间才去查看牛的情况。家庭副业包括种植棉花、撵制棉线，精心制作全家人衣服穿着所需要的布料。此外，泰泐人也编织各种竹子器具，包括生产劳动以及生活中用的各种竹箩、竹席等。

在政治制度方面，每一个村社都有自己的自治组织，也就是村社长老会来进行村寨的管理，在村寨里还有不同的事务分工组织进行不同的事务管理，如管理宗教事务的组织，管理水利灌溉的专门组织与专人，管理调解和各种社会事务的组织与个人。村寨的管理相对比较民主，大小事务基本上都是通过村寨中的人们进行讨论协商而决定。在社会生活中，两性有明显的分工，成年男性主要的劳作是负责砍伐木材建房，在水田中犁地以及收获等比较繁重的劳动，而妇女负责安排家庭生活、带孩子、洗衣服、做饭等。在泰泐社会中，妇女的地位较高，这与居住在当地的其他民族是不同的，妇女虽不能参加村寨的事务管理，也不能决定宗教事务，但是妇女在家庭中掌握并且支配着钱财，同时在家庭事务的很多方面都有支配权，如分配财产，到市场上出售农副产品，获取现金，妇女也有决定自己的婚姻以及离婚的权利。

2. 黑泰（Tai Dam）。黑泰在 2000 年估计有 5 万人。黑泰主要是从越南迁入老挝的。由于黑泰人不信奉佛教，他们的信仰主要是信奉祖先的神灵并保持着传统的自然崇拜，崇拜自然中的各种神灵，如水神、山神、树神，尤其是崇拜祖先神，这一点与其他泰人是不同的。这一部分人占黑泰人的95%，其余约4%信仰基督教①。近年来受到泰泐的影响，部分黑泰的村寨也信奉佛教。人们保持着自然崇拜的传统，主要的祭祀有：在每年的4月有3—6天的时间来祭祀父母的神灵或祖宗的神灵，在每年的6月举行一个祭祀村寨神的仪式，这个过程要花费两天的时间，并且要杀猪、杀鸡。在播种前要对水稻神以及水神进行祭祀，在每次建房之前，要祭祀祖宗的亡灵。

在居住方面，黑泰人较喜欢选择相对高的河谷地带，在东北流向的河流东岸建设村寨。在河流的上方，必须覆盖有茂密的森林，河流的西面作为墓地。黑泰人的住房是南北向的，在两侧共有两个阳台，有两道门进

---

① The Black Tai of Laos, www.bethany.com.

入，这和泰泐人的居住模式是不一样的。进入房间以后，南北两道门之间纵向的是一个公共场所，也就是房间的西面。房间的东面被隔开成为一个卧室，在卧室中放有祭祀家神的祭坛，房屋的结构以及楼板是用木头做成的，墙有的用木板，有的用竹子做成。房屋的顶用茅草制的草排搭成。在楼的下层，是谷仓和鸡舍、猪舍等，房子的周围有用竹篾围起来的菜园。

在生产方面，黑泰人主要种植糯米。人们开垦水田，修筑水稻种植的灌溉系统，并且使用水牛进行耕作。人们种植蔬菜，同时旱季在河边种植一些经济作物。在种植水稻的同时，黑泰人也还保持着刀耕火种的耕作方式，在村子背后的山地中种植苞谷、豆类等杂粮供日常生活及喂养牲畜。刀耕火种的方式是将山地上的杂木树砍倒、焚烧以后作为燃料，在上面种植谷物，种植两三年以后，将这些地抛荒几年再进行种植，这样不至于造成对土地的过分利用。黑泰人也在山地上种植棉花，纺线后织成日常制作衣服所需要的布。纺织是黑泰人重要的生产内容之一，主要由妇女来承担。黑泰人的传统服装主要是蓝色或黑色的布料所制成的，男人穿裤子，女人穿短裙，但是近年来已经发生了变化，年轻人更多地穿着一些从市场上买到的花色较为艳丽的服装。

在黑泰人传统的社会中，有对村寨事务进行管理的组织，主要由各个家族的老人们所组成，同时也有专门管理灌溉系统的组织，管理宗教事务的组织。由于黑泰人是从 300 年以来一直到最近七八十年来陆续从越南的奠边府等地迁徙到老挝的，因此黑泰人还保留着很多当地的传统，如与越南泰人相同的祭祀活动。在黑泰人的社会中，妇女的地位相对当地的老族及泰泐人相比要低，妇女没有支配经济以及家庭生活的权力。今天黑泰人的社会已经发生了一些变化，黑泰人接受老挝的国家教育以及政治制度，在宗教方面由于受到佛教的影响，有一些人开始信奉佛教，有的村寨也开始修建佛寺，但是他们仍然很顽强地保留着原始崇拜作为民族的传统。黑泰人擅于养蚕织蚕丝，因此丝绸的纺织是黑泰人重要的一项手工工作，几乎每家每户都有织丝的机器，丝绸的纺织是黑泰人现金收入的一个重要来源。

3. 白泰人（Tai Kao）。白泰人在 1990 年有 3.36 万人，1995 年有 3.91 万人，2000 年有 4.48 万人，近年来的人口统计不详[①]。主要居住在

---

① The White Tai of Laos, www.bethany.com.

东北部较高的河谷地带，尤其是一些河流的上部。白泰人称呼的来源与其妇女的服装有一定关系，妇女们喜好穿着白色的服装。

在建村寨时，白泰人比较喜好选择开阔的河谷地带，在上游有茂密的森林，并且有河流穿过的东岸地带，在河流的西边则保留森林作为墓地。选择村寨的地址没有特殊的传统祭祀的内涵，主要是考虑到这个地区有平坝可以开垦梯田，进行水稻种植，有利于修建稻田的灌溉系统并且背靠山可以种植杂粮，有充足的水以及森林资源。白泰人新建住房选址时要举行一个用稻谷决定的仪式，人们把随意数量的稻种埋在地下，如果稻谷的数量与这个家庭人数的单或双数等同，便可以在这个地址上建盖房子。住房一般用木头建成房子的框架，房子的墙用竹子编织成上下两层，楼下一层主要是用来放置用竹子编成的谷仓，以及养猪、堆放杂物等，上层住人，由两个楼梯进入住房，一个靠近睡觉的地方，一个靠近火房。白泰人住房内的格局没有分格，一边是煮饭的地方，而另外一边则是吃饭睡觉以及放置祭祀父母神灵的祭坛的地方，同时在住房的一边还会搭出一个台子，在那里置放另外一个火塘以备有客人来或者节日的时候使用，同时也是一个工作的场所，人们在这里制作食物及手工制品等。

在生产方面，白泰人主要是种植水稻，尤其是种植人们喜好食用的糯米。人们修筑可以引水灌溉的水田，使用水牛进行田间耕作，由于白泰人居住的村寨背靠山区，白泰人也在山区使用刀耕火种的方式开垦山地，种植苞谷、花生、豆类、棉花等杂粮，作为主食的补充及饲养牲畜的饲料。白泰人同时种植棉花供纺织，在村寨的周围山坡上、河边种植蔬菜以供食用。平时白泰人也进山打猎，下河捕鱼，从森林中获取各种食物。

在宗教祭祀方面，白泰人主要是祭祀祖宗神并保持着自然崇拜的传统，这一部分人占60%，其余38%的人信仰佛教，2%的人信仰基督教。白泰人主要的宗教祭祀活动有每年1—2月和越南相同的新年间的祭祀活动，这个活动全村人都要参加，同时还有对家庭神的祭祀及对祖宗神的祭祀。有人生病的时候，也要祭祀神灵。在建房的时候，要祭祀父母的神，在各种生产劳动中，也要对土地神、稻神、水神、山神等进行祭祀。白泰人在祭祀上一个很大的特点是在有人死后，家人要杀水牛，数量视不同的家庭经济能力而定，经济条件好的家庭，要杀数条水牛。今天白泰人也受到佛教的影响，与其他过去不信仰佛教的泰人支系一样，一些白泰人也开始信奉佛教，但是他们仍然保持着对家庭及祖先神灵和自然神灵的崇拜。

一般而言，对祖先祭祀并不是泰人固有的传统，而是在发生迁徙后人们为了对原居住地的怀念而进行祖宗神灵的祭祀，但对祖宗神灵的祭祀在泰人中并不普遍。

白泰人的家庭较为平等，在财产方面，不论是男女老少都平等地分配劳动所得，在生产劳动与家庭事务中有明确的分工，如砍柴、建房、煮饭、带孩子等。青年人在结婚之后居住在女方家中，几年后才能分出来自立门户。人们互相都十分尊重，老年人是社会中最受尊重的人，和睦、友善是白泰人社会的一个显著特点。

4. 泰阳人（Tai Yang）。泰阳人是一个人数非常少的支系，1995年仅有5000余人生活在老挝，居住于17个村寨，他们主要分布在琅南塔省一带。根据祖先的传说，他们最早是从云南的南部迁徙到越南北部，再从越南北部奠边府一带迁徙到今天的居住地的，最早来到这里的人是200年前，但是最近六七十年也有不少人陆续从越南东南部迁到现在的居住地。他们到这里来主要是为了寻找更好的生活环境，尤其是能够种植水稻的地方，他们中的很多人今天和发源地越南及云南都保持着较密切的来往。泰阳人是以种植水稻为主要生计的民族，他们的居住地主要是选择在便于水稻灌溉、耕作的河谷以及平地。与其他泰人一样，泰阳人选择村寨也注重有森林的地带，便于在森林里进行狩猎、采集、砍伐木材以及在山地中种植谷物，用于补充粮食以及饲养牲畜。泰阳人的主要物产是水稻，其中最主要的是糯米以及少部分的普通稻米，在山地里种植棉花、苞谷、花生等山地作物。泰阳人选择村寨地址的方法是由村子中三个从来没有离过婚并且家人都健在的老人按照传统的习俗，选择一个好日子，在将来可能要用于建造村寨的地方的中心地点挖一个小洞，然后在洞里埋一些肉，这样就代表这里成为了村寨的核心。选择村寨的条件是必须要靠近河流，背面有森林、有坡地可以供种植，同时也要有平地可供开垦稻田，引水灌溉，种植水稻。在选择村寨的位置时，由于受到了当地黑泰人的影响，也用六颗种子，分别来代表男人和女人、孩子和大人、猪和狗、鸡和鸭子、黄牛、水牛。放了六颗种子的小洞用石头和土埋上，到了第二天早上如果来放置种子的老人做了一个好梦，平安度过了一夜，或者说在这一夜这些种子没有被移动，那么这个地点就说明是一个可以建寨的好地点，如果这天晚上埋种子的老人们做噩梦，或这些种子被移动了，就说明这个地方是不理想的地方，不能用于建寨。如果代表人或动物的某一颗种子被移动了,尤其是动物的种子被移动了,那么这个地方还是可以建寨的,但这说明将来这里的动物很难受到神的保佑。在信仰佛教的村寨里,由于受到了当地泰泐人的影响,他们在选择村寨的时候,也使用傣泐的历书来挑选好日子。在村寨的中间,他们还要用木头、石头建造一个标志着村寨中心的寨心。

在社会组织方面,由于受到政府的影响,村寨的管理体系已列入政府的管理,受政府指派的村寨管理组织管理,有村长等。但是传统的长老会同样存在,扮演着一个非行政事务管理的角色,如安排结婚、离婚的仪式,决定村寨的扩大以及住房的建造等传统的事务,也包括整理村寨的历史,进行村寨的传统教育等,同时村寨中也存在宗教组织,在信仰佛教的村寨中,这些宗教组织和寺庙有密切的关系,它们安排全村寨性的祭祀活动,如祭祀寨神、播种前的祭祀以及收获前的祭祀等。

在传统信仰方面,过去泰阳人信仰万物有灵的自然崇拜,但是由于受到泰泐人,尤其是佛教文化的影响,大多数的自然崇拜已经消失了,剩下的自然崇拜主要是父母鬼,也就是家神的祭祀以及寨神的祭祀。在每年新年的时候,全村寨都要集中在一起祭祀寨神。当然在有病的时候,人们也会祭祀鬼神,以求消除灾病。新年是泰阳人最隆重的节日,也包含了对祖先神灵、对自然神的祭神活动在内的祭祀活动。

泰阳人的新年一般在公历2月份,要在黑泰人的新年之前七天或者十天、十五天,一般持续一个月的时间。在新年的头一天,每个家庭要出一个人,午夜的时候到河里去取水,在一些村子里,从河边取来的水要用来煮新年的饭,而在另外一些村子里,要由一个没结婚的年轻男子带着一个罐子到河里去取水,他取来的水必须要经过村子的量度,要和上年储存下来的水进行对比,如果新取来的水比去年取来的水多,这对新的一年来说是一个好兆头。第二个内容就是组织一个对村寨神的祭祀活动,这个活动在村寨的寨心周围举行,举行活动期间各家各户要供奉各种食物以及纸花等,祈求村神对于全村人的保佑,最后一个活动就是各家各户在自己家门前的神柱前祭祀自己的父母神,一般来说,每个家庭都要杀一头猪,作为对父母神的祭祀,同时要把猪头埋在神柱下面,在神柱下还要放两个木雕的神像,一个代表父亲、一个代表母亲。每年还要举行祭祀勐神的活动,祀勐神一般要在老挝的新年后最少15天才能进行。举行勐神的仪式,两年是用猪来进行祭祀的,每年杀一头猪,而在两年以后的连续三年每年要用一头水牛来祭祀。杀水牛祭祀的这一年，祭祀活动要持续三天，而用猪来祭祀的这一年，祭祀活动持续两天。这个活动至今依然存在。

人生礼仪方面。当一个小孩子出生以后，他的父亲必须要在三日内禁止喝酒和吃东西，而他的母亲必须要在靠近火塘的地方住30天，在这30天以内，丈夫每天都要照顾他的妻子，不去干活。在30天以后，妇女就去洗她的衣物，这标志着30天的休假结束，并给孩子起名字。起名字的方法是举行一个特殊的仪式，请一个村中有威望的老人将一个鸡蛋放进一个碗里，同时选择好一个名字，并且在名字上标注上一个单数或者双数，然后他用手拿起一把稻谷，一颗一颗数，如果这把稻谷数完了之后数字不论单或双正好和写在名字上的数字的单数或者双数相同，那么这个名字就可以用，如果数字的单双和写在名字上的单双不一致，那么就要重新选择另外一个名字。泰阳人年轻时的成长是比较自由的，婚姻也由青年人自己决定，父母不干涉，如果年轻人决定要组成家庭，那么就要由双方的父母举行一个订婚仪式，这标志着他们将来可以在一起。结婚的仪式在男子家中举行，但是新郎在结婚以后必须要在新娘家呆三年的时间，在这三年的时间内主要是为女方家劳动，三年以后，他们就可以视情况而搬到丈夫家或者是自己去建房居住。这三年的时间也可能被缩短，如果小伙子想要缩短未来的新娘家住的时间，只需要用一头猪送给未来的新娘家的父母就可以了。当一个人死的时候，如果死的人年龄还没有满17岁，那么他必须在当天就被埋葬，如果过了17岁，那么遗体要停留1—7天，供人们悼念，家庭的成员们在这期间不能出去劳动。尸体被埋在村寨的墓地里，如果是父亲或者是一个家庭中的大儿子死了，那么必须要砍一棵特别的树来做成一个棺材，这一天按照传统还要进行祭祀活动，在一些受泰泐人文化影响的村寨里，还要请和尚去为其超度。[①]

第二节　越南泰人的文化特征

越南泰族是一个单一的民族，正式名称为 Tay 或 Thay，在越南的泰族

[①] 本节主要参考文献：The Peoples of Laos: Rural and Ethnic Diversities, By Laurent Chazee, White Lotus Press, Bangkok, 1999。

中主要的支系是黑泰（或 Tay Dam）和白泰（Tay Don 或 Khao，其他还有一些称为摆彝、泰雅，中国称花腰傣）、泰泐的支系，人口约 104 万人。

首先我们概述越南泰族主要的特征：

在生产方面：泰族主要从事水稻种植。泰族在居住区修筑水田种植水稻，并在生产中使用相应的灌溉系统，农业生产的水平较当地山区民族高。过去由于人口不多，泰族每年仅栽种一季水稻，而现在每年栽种两季，种植的品种主要是糯米。在种植水稻的同时当地泰人也在村子后的山坡上种植玉米、豆类等杂粮及被用作织布的棉花、蓝靛和桑树等作物。人们将山地中的树木杂草砍伐割除、焚烧后开成农田进行耕作。

居住方面：泰族主要居住在平坝地区，选择山坝相间的地区建寨子。在选择居住地的时候，考虑到水稻的种植，因而有丰富的水资源是十分重要的，需要靠近河流或泉水。泰族居住在有脚柱的房屋，即干栏式楼房。屋顶分为不同的结构式样：一是像龟壳一样的，两边末端为圆凸形屋顶；二是平的屋顶，屋内拥有长方形的地板和走廊；三是长而高的屋顶，在房子两端都有被用作客厅的房间；四是低矮的屋顶，屋内较狭窄。

在建筑新居后，要举行上新房的仪式，巫师在新居里点燃新的火塘中的火，诵读宗教经典驱除厄运，祈求幸福，拜祭祖先，然后请亲朋好友前来庆贺，一般都要杀猪，准备丰盛的饭菜招待客人。

饮食方面：过去泰族主要种植与食用糯米，但今天在稻米品种方面有了较大的变化，普通的稻米已成为很多地区泰族的主食，过传统节日时食用糯米。他们通常的做法是把糯米放到水里进行浸泡后，再放进陶罐，在火上进行蒸煮。泰族人喜好酸、咸、辛辣的食物，而不喜欢含奶、蛋、糖的食物。泰族烹调食物的方法主要有烤、蒸、冷凝（如泰人爱吃的鱼肉冻）、风干、油炸和煮。

泰族人喜欢用竹制的水烟筒抽烟，用干竹条来点烟。在抽烟筒之前，泰族人依然保持着好客的传统习惯，常常会邀请其他人和他们一起抽；泰族人抽烟筒一般都在饭前进行。

服饰方面：泰族妇女通常身着带有美丽装饰的短上衣，并且着重在衣服前面镶嵌一排诸如蝴蝶、蜘蛛或蝉等昆虫形状的银制纽扣，短上衣配以黑色的筒裙，腰部系着一股染成绿色的丝带。在节日场合，白泰妇女通常会身着深黑的服装，这种黑色的衣服用一根腰带束着，而黑泰妇女则通常身着配有彩色刺绣的披肩。泰族男人通常穿着系腰带的短裤和一件开领的、左右两边都有衣袋的衬衫。而白泰男人的衬衫左方还有一个额外的上衣口袋，并且衣领上还扎着一根衣带。泰族的衣服颜色通常分为黑色、浅红、斑纹色或白色。在节日里，人们身着黑色长衣服，里面配以白色的衬衫，头上戴着作为头饰的头巾，在节日典礼上所戴的头巾通常会长及手臂。

社会组织方面：传统的社会组织是"阪勐"制度（Ban Muong），由于本书中已有充分论述，在此不再叙述。

婚姻与生育方面：过去泰族崇尚买卖婚姻和招女婿上门的习俗（这一习俗与西双版纳傣族相同）。当一个女孩和她的爱人结婚后，男方（女婿）首先要到女方家居住，据说这一步是为了考察他的人品和他努力工作的程度。在结婚典礼后，黑泰妇女会遵循传统习俗，很快把头发盘成曲卷状或戴上假髻。姑爷在女方的家里住上 8 到 12 年，才可以根据情况需要决定迁移出女方家自己建房居住或是到男方家与男方家庭一道生活。

妇女生育孩子在固定的地方，生育完孩子的母亲坐在火塘旁，烤着火、暖着身子，用竹管装着食物喂养婴儿，过期的食物是绝对禁止食用的。而喂养婴儿的竹管也通常被悬挂在树枝上。在孩子成长的过程中长辈要举行数次典礼对孩子进行性别教育，诸如教授男孩和女孩在社会生产生活中如何承担各自的责任和义务等。

丧葬：泰族的丧葬仪式主要分为两个部分：（1）称为棚（pong）：先用祭品对死者进行祭祀，然后再把死者抬到森林进行安葬，白泰使用土葬，黑泰使用火葬。（2）称为熊（xong）：举行仪式对死者进行召魂，在住宅内的一个地方对他们的灵魂进行祭祀和供奉，以示崇敬和缅怀。

传统教育方面：泰族拥有自己的梵语体例的文字书写体系，他们的语言通过口述来教授。泰族拥有许多诸如其古代历史、传统习俗、惯例法律和文学艺术等方面的经典著作。

娱乐活动方面：泰族有丰富的民族舞蹈，并能制作演奏多种类型的长笛。人们朗诵诗歌、演唱生动活泼的民族歌谣。泰族流行的游戏包括拔河、赛马、划船、射箭、抽陀螺等。

以上是越南泰人一些基本的文化特点，事实上在越南泰人各支系的文化是有一定的差异的，只有通过了解不同支系的文化才能真正了解越南泰人的文化。在越南主要的泰人支系是白泰与黑泰，其他还有较晚才迁移到越南的泰泐、从老挝迁入越南的普泰人等。下面我们分别就几个主要的支系的文化特征加以概述。

1. 黑泰人

黑泰称自己为泰,被其他的傣族群体称作 Tai Dam or Tai Lam,被越南人称作 Thai Den,被法国人称作 Tai Noir。一些越南人也把黑泰称作 Tho,但是黑泰更愿意被称为泰。在中国云南边境地区黑泰叫做黑摆夷。在泰国他们叫做 Lao Song Dam, Thai Song Dam, Lao Song。

(1) 居住与生计

黑泰人口大约 50 万人,居住在 Muong Than(Than Uyen),Muong Quai(Tuan Giao),Muong Thanh(Dien Bien),Muong Muoi(Thuan Chay),Muong Lo(Nghia Lo),Muong La(Son La),Muong Mua(Mai Son),Nam Ma(Song Me),Muong Vat(Yen Chau)。

黑泰的房屋建筑是干栏式建筑,在用泥巴和大板子搭成的框架上用竹子和硬木加固,房子较宽大,屋脊形状像龟壳,屋檐上有末端装饰。

黑泰的生计基础是水稻种植。人们定居在肥沃的峡谷地带、河盆地区和小溪旁,修筑灌溉系统、开田耕种,很多地区由于气候炎热还能种植两季。人们同时也在山坡梯田里种植苞谷、木薯、甜土豆、棉花、靛青、葫芦这些植物和豆类产品,劳作之余到河里钓鱼到森林中打猎。

(2) 婚姻和家庭

黑泰人婚姻由父母包办。当地的习俗要求男子到他的未婚妻父母家中劳动一段时间,贵族的孩子(Lo 和 Cam)期限为 8—10 年,平民阶层要求的时间短一些。"服务"期限之后,就可以结婚开始婚姻生活。结婚之后一般到男方家居住,但是如果未婚妻的家中没有足够的男劳力来帮助种植,在这种情况下新郎到妻子家中居住。一般来说,婚礼之后,长子婚后在家居住,其他的儿子在女方家居住。在越南北部的黑泰中,长子继承权决定了长子继承父母亲的房子和家庭土地的绝大部分。

(3) 信仰和宗教

黑泰相信超自然的力量,也就是原始崇拜,比如他们相信一系列称为"披"(pi)的神,在越南北部的有些地区被称为 fi。ten 是土地神灵,按级别顺序排列,Ten huong 是土地超灵,保佑土地肥沃和稻谷丰收,披勐(pi muong)则是勐神。在村一级有披阪(pi ban),即村神。每年人们都要举行一次祭勐神、村神的仪式,还有一些祭祀仪式是农户自己举行的,如开耕前的祭祀、祭奠祖先的仪式,丰收之后再次祭奠土地神。丰收后,每家农户宰杀一只鸡,邀请稻谷神(kwan kuu)来入住谷仓。人们认为一个人有 32 个灵魂,灵魂由 3 个灵塑成,其中的 2 个,po chang lo 和 po chang ty 是男性,而 me ban,第 3 个灵,则是女性。人们也崇拜祖先,祖先祭坛由一张桌子及许多蜡烛组成,安置在家中。

(4) 丧葬

黑泰相信人死后将在另一个世界延续生命。他们将葬礼安排成告别死者,到另一个世界再相见的晚会。他们还相信每个人的 32 个灵魂在死后离开身体。有些升入天空,有些存留于祖先祭坛。黑泰的社会阶层观念延伸到来生的观念中。平民和那些 5 岁前死亡的人进入 Lam Loi,即另一世界与现在生活差不多的村子。贵族 Lo 和 Cam 家族的"大头领"留在天上的 Tup Hoang No Fa 村,那里的生活是田园诗般的。次一级的贵族进入 Gien Pan Noi 村,那里的生活也是田园诗般的,但他们的灵魂最终回归土地。其他 Lo 和 Cam 家族的成员到 Gien Pan Luong 村,一个很像 Gien Pan Noi 的地方。一般情况下,妇女的灵魂到她的丈夫家中。Lo 和 Cam 家族的妇女到 Gien Pan Luong,但是,如果 Lo 和 Cam 家族的妇女与平民通婚,她的灵魂就将到 Lam Loi 村,像其他村民的灵魂一样,最终返回土地被湮没(拉芳 1955:804-07,引自 Lebar et al. 1964)。死后,要杀动物祭奠死者的亡灵,并为参加葬礼的亲戚朋友提供食物。尸体被放置在亲戚朋友聚集的屋子的架子上,然后火葬,骨灰收集后放在一个瓦罐中埋入地下。

2. 泰泐人

越南的泰泐人,人口在 2009 年的官方统计有 5478 人。泰泐人是一个人口较少的族群,但是人口增加较快,在 1959 年仅有 1254 人,在 1979 年为 4964 人[①]。泰泐人主要居住在莱州省兴贺(SIN HO)的阪洪村及佛陶地区。他们的祖先很明确是来自中国云南省的西双版纳,一部分来自老挝。老挝的泰泐人也是从西双版纳迁徙过去的。他们讲的语言是泰语,越南泐人 18 世纪以前已经住在现在的奠边府(DIEN BIEN),他们在那里开发了很多田地耕种,在 18 世纪由于战争的原因,泰泐人不得不重新迁移到其他地方去寻找更好的土地。也有很少的一部分人就迁移到现在居住的兴贺。

泰泐人种植水稻,主要种植糯米。由于他们有较高的种植水稻技术,

[①] Vu Quoa Khank. The Lu in Vietnam. NHT XUAT THONG TAN, HANOI, 2012.

所以每年可以种植两季。这些地方人们并不使用肥料，他们同时也保持着刀耕火种的山地农业方式，在山地上种植一些旱地作物，用竹竿在地上打个小洞再把种子放进去，这些方法是跟苗族学来的，同时在泰泐人中纺织业也有很高的发展。泐人非常善于制作刀具。他们制作的刀具远近闻名，同时他们也善于狩猎，尤其是捕鱼。泰泐人喜欢吃糯米，也喜欢吃用鱼做成的食物，尤其是生鱼酱、牛肉剁生酱。猪、水牛、黄牛等等只有在过节的时候才宰杀，宰杀的猪肉牛肉并不销售而只是自己吃。

在当地泰泐社会中，家庭扮演着非常重要的角色，泰泐在家庭里有相互帮助的习俗，如建新房或者有大的婚丧葬的时候，尤其是家庭的两方，父系和母系，互相间的帮助尤为重要。结婚后新郎要到女方家上门三年，然后再回到男方家住几年，随后就可以看情况需要搬出去自己建房子居住。在小孩出生的一个月里，他们就要请村子里一个德高望重的人来为孩子取名字，这人通常会带来一支用木头做的笔，一片白布，然后用这些工具取名，取名的人把一个鸡蛋放在一个盛满米的碗上面，然后洒一些谷种在鸡蛋上面，随后他就数谷种的数量，看看这些种子的数量是单数还是双数，如果数字和他事先要取的那个名字所预测的是相同的，那么这个名字就可以被选中了。他把选中的名字写在白布上，然后把白布交给小孩的父母作为出生的证明，长期保存。姑娘的名字通常有珍珠的意思在里面，而男孩的名字通常有黄金的意思在里面。

如果村子里有人死了，那么家里人和亲戚朋友都会穿着白色衣服前来服丧。这天要杀一条黑水牛来做一个简单的送魂仪式，死者的棺材要放在家里保存3天，然后由8个不是亲戚的男子抬着棺材送到神山上去。在那里棺材被放进洞里面，不是放在坟墓里面，参加葬礼的每个人都要在外边洗完澡才能回家，死者的亲戚要停止劳作3天的时间。

当地的泰泐人有佛教信仰，他们都有自己村子的佛寺和宝塔，每年进行各种各样的佛教活动。这里的佛教活动受到老挝佛教的影响。佛教已经对他们的灵魂世界产生了重要的影响。但是与此同时，当地人也有丰富的自然崇拜，包括森林、土地、水等等，在人们的观念中都有神存在，同时他们也崇拜传统的社区—勐以及村子、祖先的神灵，因此每年都要举行相关的祭祀活动，对神灵的祭祀活动在人们的日常生活中占有很重要的地位。这些祭祀活动非常有助于人们保持对自然的敬畏、对祖先的崇敬从而增强人们的社会凝聚力和民族认同感。

根据泰泐人的观念，宇宙有三个阶层构成：一是天堂的神（Muong Then），也就是万物的统治神和祖先神，二是人类的现实世界；三是居住在水中的小人的地下世界，同时也有蛇怪生活的水世界。根据泰泐人的观念，人的身体上有很多灵魂在控制着人身体的不同部位，主要的灵魂生活在大脑里，如果主要的灵魂离开了躯体，那么这个人就将死亡。所以当一个人生病的时候，就要请巫师来进行祭祀，把他主要的灵魂交换回来。如果一个人死亡了，要请巫师来指引他的灵魂回到他祖先居住的地方。

在这里，根据笔者的调查我们描述几个重要的祭祀活动。

上新房的时候举行一个隆重的仪式。这个仪式一般是在中午举行，在打扫完新房以后，房主人会邀请村子里的4个老人前来参加，这4个老人并不能是他们的亲戚。主人请老人喝酒，然后在房子中间放4个杯子，将4个杯子放在一个小桌子上，仪式开始后一个青年男子走进房里坐下并且说明他想买这个房子，而老人就会回答他：主人来了。在这时候那对早已经等候在外面的夫妇就走进房子，丈夫带着打扫房间的工具，妻子带着煮饭的餐具，丈夫在前，妻子在后一起走进屋子，这就证明他们已经搬进了家。随后有两个年轻妇女手持着两个火把，一个站在楼梯上手持一碗水，把第一个火把用水灭了，第二个女孩手持火把走进厨房，然后点燃了火把放在灶上，火把一直要燃烧三天三夜不能熄灭。与此同时房主人必须有一个祭祀的仪式来祭祀他们的祖先，通常是用猪头和其他一些供品来祭。在上新房的这天，主人要邀请村民们一起吃肉、喝酒。每个人都要唱歌跳舞，大家欢聚通宵达旦。泰泐人房子中间有一个祖先的牌位，称为"洪"，人们每年都要祭祀它。在傣历的一月，也就是公元的十月。祭祀的时候把很多食品放在盘子里，然后在盘子里插十根蜡烛，把它点燃，有一个男子来负责祭祀活动。在傣历一月份有一个全村称为"卡巴"的祭祀活动。"卡巴"这天要用30公斤猪肉做成一顿盛餐，把30公斤猪肉放到村寨的入口处，然后再把它抬到河边或者水池边上，在那里供大家吃喝。

每年的三月三日有一次祭祀森林的仪式，这天同样也做很多不同类型的食物。在每年的六月六日，也有一次要用60公斤猪肉做成盛大晚宴的活动，全村人一起来享用。当村里的负责祭祀活动的男人做完程序之后，全村人就一起吃喝，做战争游戏，唱传统的歌，在这个过程中从三号到九号，外面的人不能够允许进入村子里面，而本村村民也不可以到外面去。

在20世纪六七十年代以前，泰泐仍然保持佛教的仪式，泰泐的新年也被称为泼水节。泰泐人有自己的历法，他们每年一月也就等于是公历的十月，傣泐人他们用铁笔写贝叶经、历史传说或者故事，同时他们也有木笔，在白布上写字。在过去七八岁的小孩都必须到寺庙里做和尚，学习文字与佛经，经过几年后才能还俗①。

祭祀水神。水对于泰泐人来说是至关重要的生存资源，人们对水有非常深刻的认知，认为水是受神灵控制的，不论干旱少雨还是雨水充沛，都是由于神灵在起作用，因此必须要崇敬水神，每年都要举行祭祀活动来求水神保佑一年中雨水充沛，池塘里的水丰盈，保佑农作物、动物和村民丰收平安。每年祭祀水神的时候，全村人都要参加，人们准备好献给水神的供品，然后敲锣唱歌。仪式开始后，首先是要由主持人通过唱歌的方式歌颂水神无比的能量，祈求神灵给大地带来丰富的降雨，保佑人们健康、五谷丰登。随后人们会一面敲锣、唱歌，一面围绕着村子游行一周，在这个过程中，仪式的组织者还要不断地向人们泼水。最后人们游行到附近的池塘，在这里做最后的仪式。在仪式上人们还要再次听主持人唱颂水神的歌，然后各家各户将自己带来的供品放在水池边。随后人们敲锣打鼓，跳下水池互相泼水狂欢，一直到尽兴。当天各家各户还要准备丰盛的饮食。

勐神祭祀。人们每年都要对自己村子所属的勐神进行祭祀。在进行祭祀的当日，人们要准备丰盛的食物，包括鸡、猪、鱼等肉类，糯米饭等，然后分成12份，放在12个芭蕉叶等其他叶子打成的桌子上，12份表示感谢神灵一年12个月中对人们的保佑，主持祭祀的人要念诵祭祀词并邀请神前来享用美餐。活动结束后，所有用于祭祀的食物会按照村子里的户数多少分成相应的份数，然后每家一份，全村人集中在一起享用这些食物。这些食物不仅是美味同时也沾了灵气，人们相信吃了这些食物能够保佑人们身体健康并且生活丰裕。

村寨神祭祀活动。村寨神是一个村子的守护神，他是村寨头人的祖先或是这个村子的建立者，祭祀活动在每年的7月初，也是泰历的新年期间，同时是一个谷物的收获季节结束时。祭祀活动由村子的头人主持，全

---

① 本节写作主要依据 Introduction to Tai-Kadai Peoples, Edited by Institute of Language and Culture For Rural Development, Mahaidol University, 1998 The Cultural Mosaic of Ethnic Groups in Vietnam, Eductaion Publish House, Vietnam, 2001 并结合笔者在越南的实地调查所获得的资料写成。

村人要集体出钱购买一头水牛和一些鸡、酒，并且出一些大米作为祭祀的供品。祭祀活动的这一天，人们杀牛宰鸡，准备好各种食物和其他供品，然后集中到村子不远的一个神秘封闭的树林中举行仪式。在举行仪式的这一天，全村子所有的道路都要用白布条封闭，不允许外面的人进来，以免外面的人把邪恶的灵魂带到村子里面来。仪式的组织者首先要感谢村寨的保护神保佑人们一年来庆吉平安，同时也祈求保护神保佑人们在新的一年中身体健康、家庭财旺、牲畜无病、五谷丰登。还要邀请保佑神来享用人们准备的供品。同时，人们还要举行仪式祈求水坝安全、赞颂水牛的灵魂、驱赶疾病等。

第三节　缅甸泰人的文化特征

缅甸泰人主要居住在北部的掸邦。当地的泰人自称为泰（Tai），但是缅甸人称当地的泰人为掸（Shan）。1990年人口为272.69万人，1995年为303.44万人，2000年为336.12万人，占缅甸总人口的6.5%。99.4%的人信仰佛教，不足1%的人信仰基督教。[①]缅甸泰人在广阔的掸邦高地河谷地带定居，这里是自然资源十分富裕的地区，盛产木材，尤其是柚木以及金、银、橡胶等。在掸邦高地上今天的泰人构成已经较为复杂，因为泰人在掸邦的迁移一直到20世纪60年代仍然存在。在泰人进入掸邦以前当地居住有大量孟高棉人，在泰人迁入以后很多当地其他民族人民受到了泰文化的巨大影响，改变了他们原有的服装以及语言，接受了泰人水稻种植的农业，讲泰语、穿泰装，改信佛教，从而融合进了当地泰人中，成了今天的泰人，当地的克钦族等一些少数民族长期在泰人的社会环境中生活，通过通婚、做工等等，逐渐地融入了泰人社会，因此在历史上泰人和当地其他种族之间有非常深的种族融合关系。在长期的历史发展过程中，泰人受到缅文化的影响最深，居住在西部高地的缅泰人已经缅化，大多数人都能够说缅语，很多泰人接受缅甸国家的教育，同时和一些缅族人通婚。缅甸的泰人也受中国文化的影响，尤其是靠近中国一带的泰人，与中国傣族有民族渊源关系，也与中国傣族及其他民族通婚，文化习俗和当地傣族有很大的相似之处。靠近东部和南部的泰人受到泰国泰人文化的影响较大。

---

① The Burmese Shan of Myanmar, www.bethany.com.

因此今天的缅甸泰人由于居住地社会环境的不同影响在文化上也是有较大的差别的。下面是一些共同的文化。

1. 居住模式。缅甸的泰人与其他地方的泰人一样，选择居住的地方都是便于修筑农田及灌溉设施进行水稻种植的河谷地带，他们选择的定居地必须要靠近河流，选择建立村寨的最佳地点是山和平坝的连接地带，这样可以很容易地在平坝中种植水稻，而背靠青山便于砍伐木柴、建房用的木料以及在山上种植谷物、采集野菜等。泰人的村寨一般由200到500人组成。在村寨的布局上，除了要考虑到留一个村寨的广场或村子中的市场以外，在其他方面没有特别的考虑。缅甸的泰人与云南德宏的傣族一样，在建一个村寨的时候一般都要在村寨周围种上大量的竹子，将村寨包围在竹林中，这是一个比较典型的现象，同时也是一种生态文化上的考虑。泰人的住房一般是用木头和竹子建成的，居住的是干栏式建筑，一般下层不住人，用于堆放杂物、饲养猪、牛等，房顶是有斜坡的屋顶，用草排搭成。房子内部最大一个空间就是公共的客厅，这里同时也是人们做饭、招待客人、日常生活的地方，其余地方分隔为一间或多间睡觉的房间。每一座房子的周围都修建有园子，在中间种植蔬菜、水果等。

2. 经济生活。缅甸的泰人以种植水稻为生，同时也在山地上种植一些谷物等杂粮。水稻是当地泰人最重要的产物，同时家庭牧畜业也是一个重要的生计部门。人们选择居住的地区要考虑到方便水稻种植，因此在当地的泰人居住区内灌溉沟渠及水坝、水车等随处可见。人们在种植水稻的时候使用动物肥料。大多数的水稻种植采取移栽秧苗的方法进行，水田在雨季前首先使用水牛进行翻犁，犁好地之后就将在特定的一块田里育成的秧苗拔起来移栽到水田中，水田中的水一直要保持到丰收前的一个月才放干，也就是公历九月或者十月以前。十月是收获期，男女都一同出动到田里收割谷子，在田里脱粒，背回家储存在屋子下层巨大的竹箩中。当地的傣族除了种植水稻以外也在山上种植一些杂粮和其他经济作物，主要有旱谷、烟草、棉花、甘蔗等，同时也在自己家的园子里种植蔬菜、水果等，种植的蔬菜有豆类、白菜、木瓜、番茄等，水果有橘子、香蕉、柠檬、杧果等，也种植茶、咖啡等。在家庭中，当地泰人普遍饲养水牛、猪、鸡，有的家庭还养马。主要的家庭手工是制作陶器、纸张、纺织。过去泰人并不制作铁器，铁器主要通过与外部的商人贸易获得。

在劳动力的分配方面，妇女主要负责纺织、挑水、采集野菜、做饭、带孩子、到市场上出售产品；男人主要负责建房子、用水牛犁田、修筑灌溉设施及维修水田，男人和孩子们也同时负责照顾家中的水牛和黄牛。在栽种秧苗及收割的时候则是男女都同时做。

在土地的权益方面，土地名义上都是属于当地的封建头人所有，但事实上为村寨占有使用，在村寨里又再分配到不同的家庭使用，因此家庭对于村寨的依赖性非常强，只有作为一个村寨的成员才享有土地使用权，村民一旦离开了村寨就可能要丧失土地的使用权，土地的使用权可以一代代传下去。人们在长期的土地使用过程中已经形成了对某些土地习惯性的使用权，当然使用土地也要向当地的封建头人奉献一定的土地使用税、尽封建义务，在过去要出兵征战，一般情况下要轮流为封建头人砍材、挑水、饲养牛、象、马等或是在封建头人修建房子的时候义务出工，为封建头人出工种田。

当地的泰人有很长的贸易历史，他们走南闯北做生意，当然最重要的传统还是村寨内的集市，集市在不同的村寨中轮流举办，当地人称为"赶摆"。每15天赶集一次，为了避免时间上的冲突，不同的村寨选择不同的日期来举行集日，在赶集之日一个村寨做东而周围村寨的人都会去参加，包括当地的泰人、中国人、克钦人等。

3. 婚姻与家庭。当地泰人恋爱是自由的，在各种节日以及集市中，男女青年们都会在一起对唱情歌或者玩耍，在这个过程中选择到自己的恋人。男人们希望在本村子内找女孩做妻子，而不愿意和其他村寨的人结婚，在婚姻关系上，对于堂兄妹之间的通婚也没有限制。如果他们决定要组成家庭，就让自己的父母首先沟通，由男方的父母向女方家提亲，并且商议好嫁妆的价格。结婚时要举行隆重的婚礼，邀请亲戚朋友都来参加，婚礼首先是在新娘的家中举办，结婚之日，由村中一个德高望重的长老为新郎和新娘手腕上拴上白线，以表示祝福。随后就将婚礼移到新郎家去接着举行，将新娘从新娘家迎接到新郎家。当地泰人虽然信仰佛教，但是他们并不邀请和尚参加婚礼。结婚之后，新婚夫妇按照传统与女方的父母居住，两三年后才能自立门户。在家庭中，财产可能被划分为各个家庭成员平等拥有，女儿和儿子都有财产继承权，但是儿子比女儿拥有优先权，而大儿子又比其他的小儿子拥有优先权。离婚在过去是非常普遍的，也较容易。一个离婚的妇女可以从她离婚的家庭中带走自己的一部分财产，离婚后的孩子一般跟母亲生活。

4. 社会制度。传统的缅甸泰人社会与其他地区的泰人一样,有严格的社会等级制度,一般被分为贵族与平民两个等级。贵族是封建统治者,他们的家庭成员以及亲戚被分配到不同的地方政权"勐"中担任勐的头人,统治地方,同时享受当地的封建俸禄。贵族和平民间是不通婚的,婚姻关系一般都是在同等级中进行。土地名义上是属于贵族的,平民使用的土地属于贵族,因而要向贵族奉献封建义务,包括交纳一定的谷物,出劳务、出征等。社会的基层单位是村社,村社拥有土地,然后分配给村民使用,从而造成了村民对于村社的强烈依附关系。不同数量的村社组成一个封建地区,称为勐,很多勐组成一个封建地方王国。在泰人的历史上,每迁移到一个地区,人们就要建立勐,今天的缅甸泰人地区勐仍然较为普遍地作为一种传统的政治制度存在着,但是由于这些地区受缅甸政府的管辖以及历史上受英国殖民者的统治影响,实际上的行政管理功能已弱化了,勐在今天仅是作为泰人的一种社会传统而存在。在一般的社会生活中,人们较为敬重长者,因此男性年长者是传统社会中较为有威望的人。

5. 宗教。缅甸的泰人信仰南传上座部佛教,在缅甸各地都可以看到寺庙以及金碧辉煌的佛堂,缅甸泰人的佛教信仰主要是受到缅甸佛教的影响,因此其佛教文化以及佛教的经典都来自缅甸佛教。在过去男孩在 10 到 12 岁都要进入寺庙中过一段和尚的生活,然后才能返俗成为一个社会所公认的男人。在信仰佛教的同时,缅甸的泰人也信仰原始宗教,其原始宗教由两个方面构成:一个方面是万物有灵的自然崇拜,由此衍生了各种宗教的意识与观念,如人生病的时候,要进行祭祀神灵的活动,进山打猎、种植水稻、丰收以及人生各个阶段的人生礼仪人们也都要举行不同的传统宗教的祭祀活动;另一个方面是缅甸泰人的原始宗教受到了古代婆罗门教的影响,其中有很多古代婆罗门教的因素。

6. 其他习俗。文身:一个男孩子到 15 岁左右,就要请一个会文身的人为其文身。文身是一个男人成年的标志,在文身之后就可以和女孩子谈情说爱,甚至可以结婚。文身一般用植物的青色染料加针刺皮肤的办法进行纹制。文的部位是腿、背、手臂及胸部。

生育与丧葬习俗:婴儿出生没有特殊的仪式。妇女生育时要在家里靠近火塘的地方,生育之后要在火塘边住满一个月,这个月里,不做家庭任何的活计。小孩子满一个月的时候人们要用一盆水为小孩子沐浴,在这个过程中会来一些客人,人们会将一些金子、钱币等贵重的东西扔进水里边，表示沐浴以后未来能够富贵。满一个月以后，就要为孩子起一个小名，而当孩子成年以后，再给他起一个正式的名字。在当地泰人中没有姓，男人通常都用一个字为姓，通常是"艾"（Ai），女人常用"喃"（Nan），然后再在后面加上名。当地泰人去世之后，尸体一般当天就要在村子外边焚烧，没有固定的穴进行安葬。

食物习俗：泰人的主要食物是稻米和蔬菜，同时他们也爱好吃鱼、猪肉、牛肉、鸡肉等，尤其鱼是当地泰人最喜爱的食物，但是鱼并不是普遍饲养的，人们可以到河沟里去捕捞，现在大多数从市场上购得，当地泰人喜爱酸性的食物，腌制很多酸性的食品，而一些食物也通过放置一些酸性的野果等使其有酸味。

缅甸泰人十分长于经商，当地的集市十分发达。人们制作竹器、银器等手工艺品及棉纺织品到市场出售，也出售蔬菜及水果等农副产品。很多当地泰人还在泰国北部与缅甸东部之间进行贩运贸易，因此而致富。

居住在缅甸的泰人也有不同支系，不同支系之间文化的也有较大的差异。缅甸泰人中最大的支系是泰雅人（Tai Ya），泰雅人有自己固有的文化特点，其宗教信仰尤其是佛教深受缅甸佛教的影响，因此泰雅人的佛教与相关文化和缅甸的佛教文化基本一致。其他较大的泰人支系还有与云南相同的泰泐人（Tai Lue），他们是近几百年来逐步从云南迁徙到缅甸北部的。在景栋一带，文化特色比较鲜明的是泰昆人，下面我们以泰昆人的节日来对缅甸泰人支系文化的特点做一个简单的考察。

泰昆人（Tai Khoen）居住在缅甸的景栋一带，这里是过去古老的景栋王国的中心，因此泰昆人至今仍然保持着鲜明的文化传统。景栋一带的泰文化在古代与清迈的兰那文化及西双版纳的泰泐文化相比发展程度明显较高，因此景栋一带也是当时的文明的中心。在历史上，景栋地方王国王室和泰国清迈的王室之间有联姻的关系，因此在文化上互相有着影响，在第二次世界大战以前景栋一带成为英国人的殖民地，也受到英国文化的影响。尽管如此泰昆人仍然保持着自己很多固有的文化传统。泰昆人新年伊始的仪式就十分有特点。泰昆人的新年以敲击大鼓而开始，大鼓放在河岸边的沙滩上，用竹子支起一个架子，然后将大鼓悬在架子上，大鼓的高度被悬挂得比人还高。在新年仪式开始时，男人们就穿着红色的T恤衫在大鼓的两侧敲击大鼓，据说红色的T恤衫也是一种传统，是过去对于其他地区军队入侵的反抗。泰昆人的新年也被称为宋干节，这一点和其他地方的泰人相同，但是泰昆人的宋干节的意思是让生活中所有的坏事都走开。在新年敲击大鼓的仪式以后，人们要在敲击大鼓的地址上用泥沙塑一个巨大的青蛙，然后在青蛙上插上很多彩色的小旗子，在青蛙头前还要用竹子搭起一个很大的架子，在上面放上一些贡品，这个仪式是祈求河流能够给城市带来丰富的水和养分。在新年期间，人们还会在寺庙前堆起一堆沙，然后再插上各种各样的彩旗，这些沙堆的周围插上一些用树枝和纸做成的彩旗，而在沙堆的中间插上一棵棵带有叶子的竹子，在竹竿上挂满剪有花纹的彩纸，表示对佛祖的尊敬。泰昆人在祭祀中有一个很有特点的做法。其他泰人在节日或者一些祭祀活动中，要将一些树枝削去树皮，露出白色的枝杆，然后将这些枝杆放在菩提树下，以表示自己对于佛的信仰以及对树神的支撑，而泰昆人并不把这些白树枝放到菩提树的周围，而是将这些树枝放到寺庙中，表示对佛更大的诚心及支持。白树枝被放进寺庙中放置在佛像前捆成一捆立起来并插满鲜花，人们在整个对佛祭祀仪式中既祭祀了佛像也祭祀白树枝。在节日期间尽管青年人也会跳一些与其他民族相同的现代舞蹈，但是泰昆人也保持着最古老的孔雀舞。泰昆人的孔雀舞也很有特色，他们不是与其他的支系一样做成一个孔雀型的道具，包括很大的孔雀尾巴，然后粘织在人的身上进行舞蹈，而是把孔雀美丽的羽毛捆成一捆，每个人手持两捆孔雀尾毛进行舞蹈，身上穿着有孔雀造型意味的服装。

泰昆人又一个十分有特色的节日是糖水节。这个节日是为了使夫妻之间能够保持平和的关系，是泰昆人一年中最重要的几个节日之一。节日期间人们穿着艳丽的服装，敲击着鼓，抬着宗教祭祀活动中常用的纸伞等在街上游行，没有结婚的少女们挑着两个装满糖水的陶罐参加游行，十分可爱。随后结过婚的人们还要在自己的家里熬一锅糖水给客人喝，以祈求将来的生活甜甜蜜蜜。在这个节日期间，人们还会搭建一个特别的房子供和尚们诵经，房子用竹子搭建而成，呈四方形，在房子的顶上贴满漂亮的彩纸花，房子的四周还要拴上香蕉树以及一棵棵带叶子的甘蔗，这一做法在其他泰人支系中已经非常少见。[①]

本节参考资料

Ethnic Groups of Mainland Southeast Saia, by Frank m. Lebar, Gerald

---

① Tai Khoen Chiang Tung, Tai in Southeast Asia, By Teeraparb Lohitkun, Manager Publisher, Bangkok, Thailand, 1995

c. Hickey, John k. Musgrave, Muman Relations Area Files Prss, New Haven, 1964.

Tai in southeast asia, By Teeraparb Lohitkun, Manger Publishing, Bangkok, 1995.

Introduction to Tai-Kadai Epeoples, Edited by Institute of Language and Culture for Reral Development, Mahidol University, 1998.

第四节　泰国泰人的文化特征

泰国是一个以泰文化为根基的国家，但泰国的国家文化与泰人的文化还不能完全画等号。当代泰国的文化是以泰人固有的文化传统为基础，融合了包括中国文化、马来文化、远古的勐高棉文化、佛教文化、印度文化、缅甸文化等不同的文化所形成的，是以泰文化为基础的一种复合型文化。① 它是以泰国中部的曼谷地区的文化为中心形成的在传统的泰文化基础上的国家文化②，并且泰国各支系、各种传统的种族文化、地域文化都在向国家文化的一体化进程中融合，因此谈到泰国的泰人文化时已经很难将泰人的文化与国家文化分隔开来。尽管如此，泰国的不同支系仍然保持了很多自己的文化传统，尤其是在泰国北部、东北部地区和东南亚各个泰人支系渊源关系较近及迁徙频繁的地区仍然保持着很多地域性的文化，而这些地域性的文化也可以被看作是泰文化的基础性、原始性的文化，这包括了泰国北部的兰那文化，因此我们很难把泰国的国家文化与泰人的文化单独地进行概述，在此仅选择泰文化中一些典型的、与泰文化的基础文化关系较密切的方面来加以简单描述：

1. 饮食文化

泰国泰人的饮食文化和其他国家的泰人基本相似，水稻种植是其主要的生计基础，因此稻米文化是泰国食物文化的根基，并且在稻作的基础上创造出了丰富多彩的相关文化现象。泰国人的食物以稻米为基础，喜爱吃糯米，尤其是泰国北部、东北部，糯米饭更是老百姓每一餐必不

---

① The Tai Peoples, Chapter 1, By Major Erik Seidenfaden, The Siam Society, Bangkok 1963 The Tai People and Culture, Culture, By Sujit Wongtes, Bangkok

② The Tai People and Culture, Culture, By Sujit Wongtes, Bangkok

可少的食物。吃糯米饭一般是蒸好后放在一个小竹盒内，吃饭菜时用手拿一些揉成一个软团来吃，并佐以一些菜。泰国北部的泰人喜好食用生蔬菜，用一些如番茄、花生、酸果子做成的酱佐之，这些习俗与中国云南的傣族基本相同。泰国中部和南部则喜欢吃长颗粒的稻米，当地泰人喜欢食用酸性和辣的食物，酸性食物主要是发酵致酸的食物，同时人们喜爱使用一些特有的植物作为调料，使烹调出来的食品带有酸味。人们喜欢辣的食物，泰国北部的食物相对要清淡一些，而在泰国南部的食物是最辣的，中部地区的食物相对要平和一些，各地的泰人们都喜欢食用一些植物调料来吃生的蔬菜，泰人也喜爱在饭后食用苹果、香蕉、木瓜等水果。

2. 语言和文字

泰国有通行的泰语，泰国语是以曼谷一带中部地区的语言为标准语言的，但是泰国南部和北部、东北部等地区都有自己的方言。在泰国北部人们所使用的是被称为兰那方言的北部方言，北部地区最具独特性的是兰那文字，这种文字是受到当地的孟高棉人及缅甸人的文字影响而形成的，在20世纪60年代以前广泛存在于泰国北部、中国云南省西双版纳、老挝北部等泰人地区。在泰国东北部，由于当地的泰人是从不同的地区移民而去的，如越南、老挝、中国的云南省等等，在当地也居住了很多少数民族，因此当地的语言更呈现出多样性，当地的人们在互相沟通时必须要使用通行的语言，也就是标准语。泰国南部也是一个语言、文化大融合的地区，尽管以泰国的泰语为基础，但是融合进了马来语、中国语甚至欧洲语言的很多要素。泰国中部的语言，即曼谷语，作为官方语言成为泰国的标准语言，这种语言在泰国各地被人们广泛应用，作为人们在一个国家中不同的种族、不同地区方言之间沟通的标准工具。

3. 住房建筑文化

泰国北部的住房建筑与东南亚泰人的住房建筑较为相近，主要有三种类型的建筑：一种是临时的建筑，一般是用竹子建成的。人们用竹子搭成房屋的基础，然后在房顶上盖上茅草或者用芭蕉叶编织成草排，这种屋子主要是用于稻田中看守农作物的居住地，但使用十分普遍。第二种是用木头盖成的，这种房子在泰国北部至少可以使用50年，是人们最普遍使用的住房。第三种通常是富人才能够建的房屋，这种房屋有人字形的高顶，并且有多个顶交叉搭配组合成，同时还将漂亮的木雕作为屋檐的装饰。泰人的住房是典型的干栏式住房,泰国东北部的人们喜爱将自己的住房盖在相对高的地方,即山坝结合的部分以及河岸边,并且喜爱以村落的方式聚居,在住房的周围修建水田以及灌溉系统用于种植水稻,每一座房子都有较高的人字形顶,顶上过去是用草排做成,现在已经普遍使用瓦。房屋一共两层,下层是一个开放的空间,用于养牛及其他牲畜,同时也可以作为人们的一个工作场所,用于打铁、纺织、做一些家庭手工品等。柱子通常用较大的木头做成,并且把木头一直埋到地下。在靠近房子的地方还修一个较大的谷仓,这个谷仓也被盖成两层,下边是空的,上层用竹子围起墙作为谷仓,这样可以避免地上湿气对谷物储藏的影响。在房子前面同样有一个开放的空间,让人们休息以及做其他的杂事,建筑的材料依据当地不同的资源,如木头、竹子、茅草等等。泰国南部的住房由很高并且多级的人字形屋顶组成,屋檐向下延伸得很低,房屋的柱子由石头或者木头建成,但是房柱并不埋到地下,这样使得房屋容易移动,并且防止昆虫以及当地潮湿的湿气进入房屋,建筑房屋材料依据当地获得的材料,如屋顶是用茅草或者是棕榈树叶搭成的叶排做成,而房子的结构用木头建筑。

4. 宗教

泰国的国教是南传上座部佛教,但在泰国社会中由于种族的构成比较复杂,如穆斯林、华人、马来人及北部的苗、拉祜等山民,因此泰国国内的宗教也是多样化的,伊斯兰教、基督教、天主教等宗教在泰国也同时存在。泰人中普遍信仰佛教,但在与东南亚泰人有渊源关系的泰人中,除了信仰南传上座部佛教以外,还保持着原始崇拜的相关信仰及祭祀活动,南传上座部佛教与原始崇拜共同构成了泰国大多数泰人,尤其是与东南亚泰人有渊源关系的泰人的信仰体系。

5. 泰国的传统节日

泰国的传统节日起源于佛教及原始崇拜的信仰,因此节日主要是佛教节日及与原始祭祀有直接关系的节日,除了全国性的新年等节日外,还有各省各地方不同的节日,由于节日是较能反映文化多样性的因子,在此我们举几个主要的节日:(1)宋干节。宋干节在每年的4月12—15日举行,是泰国新年。人们在节日期间要举行各种宗教活动,其中非常重要的一项活动是用清水沐浴寺庙中的佛像,泼水祝福以及泼水狂欢是泰国新年中最典型的内容,人们在节日开始的时候用水互相泼洒,表示祝福,通过水表达对亲戚朋友以及客人的祝福,表达消除灾难的意愿,同时人们通过尽情泼水狂欢来庆祝节日，在泰国农村节日期间还会有很多村寨举行传统的集市活动，赶集、出售商品、唱歌跳舞，青年人在这个活动中互相交流，结交朋友。

（2）皇家的开耕仪式。这一仪式是泰国皇家每年必须要做的一个祈求丰收的仪式。每年的5月在曼谷的皇家田广场举行。在这个仪式中，人们要用几头牛作为神牛，让神牛吃谷物，如果神牛吃的谷物很多，那就预示着这一年农业要获得丰收。在这个仪式中，泰国国王往往还亲自主持并象征性地在一块地里进行犁地、播种，这一仪式是泰国农业社会的典型反映。

（3）升高节。升高是一种在竹筒里添置火药，绑上长长的竹竿而制成的土火箭。这个节日在泰国东北部的各省都普遍流行，目的是求雨。节日一般是在每年5月第二个星期六以及星期天举行，举行的当天人们聚集在广场上，各个村寨自己制作火箭升高在广场上燃放，以升高的高度来衡量哪一个村寨或哪一个地区的升高做得好，并且要评出奖项，升高升得越高预示着当年雨水量越充沛，谷物丰收。在节日期间人们还要杀猪宰牛，邀请亲戚朋友一起祝贺，唱歌跳舞，祝贺节日。

以上是对泰国一些典型文化特征的简单概述，事实上在泰国由于不同的种族构成，其文化是较为复杂的。尽管如此，泰国文化是一种以泰文化为基础的文化，整个国家的文化中基础的文化特征与东南亚各地泰人还是基本相同的。泰国北部是保留泰人文化传统最典型、最广泛的地区，但在泰国北部地区泰人的构成由于历史的迁移十分复杂，如有的泰人是从越南迁入泰国北部的，而有的从缅甸迁入，更多的是从云南的西双版纳直接迁入泰国北部，尤其是清莱、清迈一带，因此这些地区的文化也由于其历史迁徙及支系的不同在泰国北部构成了纷繁复杂的泰国地方文化，下面我们以泰国北部的一些典型文化的例子来加以说明。

1. 水灯节

水灯节是以泰国清迈为中心的地方性节日之一，每年公历11月初举行，也是当地的兰那阴历二月下半月，第14天人们就开始制作水灯，举行水灯节的目的据说与赛龙舟是基本相同的，那就是为了祈求苍天停止下雨，因为这个时候谷子已收割完毕。在过去举行水灯节的时候，人们要在河流中漂水灯船，制作水灯船一般用芭蕉茎或者椰子壳，在上面插满小蜡烛、香，放置一些糖果、鱼干肉、白布、盐及芭蕉等水果，现在的水灯则用泡沫制成。水灯节一般举行三天，第一天主要是开幕式，并且举行各种文艺表演；第二天正式漂水灯，人们将数万盏用芭蕉杆或泡沫制成、插有一支蜡烛的水灯放入清迈主要的河流滨河，让水灯顺着河流缓缓向下游漂去。这一天晚上数万盏小水灯漂在河流上，犹如点点繁星降落人间，十分壮观。第三天要举行水灯节的大游行，游行一般由清迈市政府组织，每个地区要制作一个由鲜花扎成的大彩车，各个地区选出的水灯小姐正坐彩车中。有数十部花车在清迈市区内游行，最后还要评出最佳花车奖，清迈的水灯节据说起源于数百年前的婆罗门教，但是现在已成为清迈的地方文化。

2. 清迈泰历新年宋干节

当地泰人的新年是依据佛教的年历来确定的，目前根据泰国政府的规定，泰历新年在公历的每年 4 月 13—15 日，这三天也是泰国国家的公休日。目前新年的活动一般持续三天。

1996 年 4 月我在清迈参加了新年节庆活动。在一年的最后一天，也就是新年的前一天，人们实际上已经开始做各种各样的准备了，因此这一天也被称为准备日。这一天人们要准备各种节日期间用以供佛的食物，如糯米做的粽子、米饭团以及糖果等各种甜的食品，同时还要准备节日期间用来进行宗教祭祀活动的各种供品，如彩色纸制成的纸花、纸旗，用于宗教活动的树枝等等，还要到寺庙前以及自己家的院子里用沙堆成一个佛塔，这是一种重要的传统。这一天晚上人们会集中在寺庙里，等待着新的一年的来临。而在清迈城里面，这一天人们会开着汽车在市中心集会，或者顺着大街欢呼游行，等待着新年的到来，同时送走即将过去的一年。

新年的第一天，人们起得很早，首先把自己的房屋以及庭院打扫得干干净净，然后带上糖果、米饭团等食品，到村子中的街道上向和尚布施。随后人们在家里进行祭祀祖先的活动，因为新年在人们观念中也是祭祀祖先最重要的日子。祭祀祖先主要的内容是向自己家庭的灵房献上鲜花、食品及清水。然后将纸旗插在沙塔上，洒上清水，插上菩提树树枝，放生小鸟等小动物。随后人们就带上鲜花、糖果以及各种食物，集中到佛寺中，在和尚的主持下，进行新年的祭祀活动。这一天男女老少都要穿上节日的传统盛装，行政村的官员要穿上白颜色的官方服装。这一活动主要是听和尚们诵经，并且向佛像献花，然后用水浴洗佛像，为佛沐浴是这一天最重要的活动。这一天的仪式结束以后，村子里要进行游行活动，人们抬着佛像以及各种有关的纸旗、经幡等在村里游行。在一些特别的时间，清迈城也可能在政府的组织下进行全城市的游行活动，如果是这样，全村的村民大多数都会到城里面参加游行活动。在游行活动结束后，全村村民们集中在寺庙里吃一次简单的午餐，这一次午餐象征着一个村子的团结。当天下午，村里进行互相祝福的活动。在这一活动中，年轻人给老年人祝福，群众为官员祝福，学生为老师祝福等，方式一般是用鲜花蘸清水洒向被祝福的人，并说些祝福的话。

第二天的活动，基本上就是泰人一致的新年节日的活动，那就是泼水。一大早仍然是在寺庙中，由主持的和尚主持一个简单的泼水仪式，村里各家的长者来到寺庙里，首先听老和尚诵经，然后由老和尚手持一个银盆，用一些树枝沾银盆里的水洒向跪在佛像前的人们。仪式结束以后人们就可以自由地在村子里泼水狂欢。

第三天，与第二天的内容基本相同，人们仍然沉浸在泼水的欢乐之中。尤其是年轻人不仅在本村子甚至到清迈市中心去参加泼水，去朋友家玩乐。这一天更多的内容是走亲戚，亲戚朋友相约集中在一个家里，或是一些要好的朋友集中在一起，从早到晚围坐在桌子边喝酒谈天，尽情地享受朋友相聚以及节日的闲暇所带来的快乐。

3. 水稻开播仪式

每年公历7—8月，也就是兰那阴历十月，这个时候要开始进行水稻的栽种，这也是每年雨季的开始，人们要举行水稻栽种仪式，水稻栽种仪式的主要目的是祭祀象征水田的稻神娘娘。祭祀的时候人们会在田里用竹子搭建起一间小小的房子形状的神龛，在神龛里供奉上一盘糖果，邀请稻神娘娘进驻到神龛中，让她在整个雨季都能够住在神龛中，保佑水稻茁壮成长，给人们带来丰收。开播仪式是在一块大约一平方米的水稻田上栽种水稻，人们从一捆稻秧中抽出九小束，然后三束三束地在神龛周围栽种起来，一共栽种九束，据说这与泰人的星相术有关系。在神龛的附近，还要用竹竿升起用竹子编成的神器，在上面挂上用竹子编成的鱼。在这个开播仪式之后，人们就开始让水流进入稻田中犁地，正式开始一年的水稻栽种。

4. 祭水牛魂

在每年公历的8—9月，也就是兰那阴历的十一月，这个时候水牛犁田的活已经干完，为了表达人们对水牛付出的辛劳的感激，人们要举行一个祭牛魂的仪式。由于泰人的生计基础是稻作，而水牛在稻作的过程中起着非常重要的作用，人们由此而崇敬水牛。祭牛魂的仪式由每个农户人家自行举行，一般不会有很多人参加，但是在有这一习俗的地区凡是有水牛的人家都要举行这一仪式。举行仪式时人们要用一个竹箕向水牛奉献上各种供品，包括一对煮熟的鸡或鸡蛋，一个槟榔，一支香烟，一些茶叶与糖果，一对香蕉，两个大米饭团和一杯水，如果是公水牛还要加带一件衬衣和一条裤子，如果是母水牛要加一件女上衣、一条裙子，这些供品是为了安慰牛魂的。举行仪式的时候，同时需要一个空的芭蕉叶做的杯子，两个用芭蕉叶包在一起的蜡烛和鲜花，一杯水以及刚刚割来的鲜草，举行仪式的过程中，人们主要是要对着水牛以及放在它面前的供品大声朗读用来安慰牛魂的长长的经文，这些经文主要是表示人们对水牛在耕田过程中付出的艰辛劳累的感激，并且希望牛魂能够得到安慰，让牛能够像人一样吃到各种各样的食物，享受人间的福气。在诵完长长的经文以后，人们从供盘上拿下一捆绿草喂水牛，这样招魂仪式就算结束了。人们相信通过这个仪式可以减轻自己对于劳累水牛而带来的罪过，并且让水牛的魂能安静下来。

除了上面这些地方性很强的节日与祭祀活动外，在泰国北部由于居住有很多不同支系的泰人，因此各个支系的泰人文化也是有差异性的，在此我们以居住在夜丰颂（Mae Hong Son，泰国西北部的一个府）的泰雅人（Tai Ya）的宗教特征来说明这一点。

夜丰颂的泰雅人是从缅甸的掸邦迁移到这一带的。泰雅是大泰的意思，和缅甸最大的泰人支系泰雅相同，他们在移民到夜丰颂一带以后仍然保持着固有的文化传统，这种文化传统主要是表现在很多佛教的特征上。众所周知，缅甸泰人的佛教信仰主要是受缅甸佛教的影响，因此这里的泰雅人所保留的佛教文化传统与缅甸的佛教文化相同，而与当地其他泰人的佛教传统又有相当的差异，这种佛教传统一直保持到今天而没有失去鲜明的特色。泰雅人佛教文化传统的特点首先表现在佛教建筑上，泰雅人的佛寺建筑与缅甸一样，建有"人"字形的寺庙庙顶，而寺庙庙顶是用波浪纹形的瓦，这种屋顶是泰雅人建筑文化的一个特色，这种屋顶用铁皮打制而成，或者用石棉瓦以及一些金属波形瓦所搭成。由于泰雅人在当地的影响较大，因此这种建筑风格也影响了当地建筑的方方面面，当地的民房甚至政府机构都采用这种波形瓦作为屋顶，由此而使这种波形瓦顶成为当地建筑的一大特点，为人们引以为豪。这种建筑风格也有别于其他的泰人支系。泰雅人除了佛教建筑以外，一些鲜明的物质文化也仍然保持着，泰雅人古朴的服装与草帽也是泰雅人文化的象征物，尤其是草帽，在草帽的顶部再次延伸出一个尖顶成了泰雅人草帽的典型代表。

泰雅人一种典型的佛教用品是一种叫哈那的佛龛。这种佛龛用竹子搭成框架，然后用彩纸进行装饰，在框架的四根支柱上还分别捆上芭蕉树、甘蔗等，上面则用彩纸剪成各种花纹进行装饰。佛龛的形状一般是四方形的，小的约有0.5米高，大的可能有1.5米高，尺寸的大小主要依据于人们的经济条件。佛龛在抬到寺庙里之前一般要在自己的家门口放置一个星期左右，人们认为制作佛龛是为了佛祖的降临，据传说佛祖在每年会降临人间为他的母亲讲经文，佛龛的制作可以是一个家庭也可能是一个村子，或者是村子里的某些人出资共同建造。在选择好了日子以后，人们就会将佛龛抬到寺庙中去，一路上人们会跳着装扮成孔雀模样的孔雀舞等舞蹈，欢天喜地地抬着佛龛游行到寺庙。人们相信在阴历十一月十一日夜间满月的时候佛祖会回到人间给他的母亲讲经。这种向寺庙敬献佛的活动可能内涵不同，但是与云南西双版纳、德宏一带的傣族是相同的，当地的傣族也有这样的传统。

夜丰颂泰雅人又一个主要的佛教传统是送小和尚的仪式。一个男孩子在8—10岁期间，都要进寺庙去当一段时间的和尚才能还俗。孩子进寺庙当和尚的仪式对他们的一生来说是非常重要的，不仅对小孩重要，对他的家庭甚至整个村寨也是一件大事。在送小孩子进寺庙的这一天，要举行隆重的仪式，这个仪式在当地非常有名。仪式一般在每年的三月或者四月举行，人们认为举行这个仪式对于人们保持他们的佛教信仰一代代传下去是非常重要的。在仪式的这一天，人们要把送去当小和尚的男孩打扮得像一个王子一般，让小孩子穿上漂亮的传统服装，头上戴上装饰复杂的花冠，骑在他父亲的脖子上，由父亲托着他和亲戚朋友及其他参加者一道游行，从家里走到寺庙。这个仪式还有一个意思就是要让孩子们看到当年佛祖在作为一个王子的时候也是受到相同礼仪的，从而增加孩子的自豪感。现在这个仪式每年都会吸引着大量的其他泰人以及外来的游客参加。

（其他泰国泰人支系的文化请参阅本书第五章第三节）

本节参考资料

The Tai People and Culture, Culture, By Sujit Wongtes, Bangkok.

The Lanna Twelve – Month Traditions, By Sommai Prechit and Amphay Dore, 1992.

Tai in Southeast Asia, By Teeraparb Lohitkun, Manger Publishing, Bangkok, 1995.

第五章

傣泰民族文化的当代变迁

第一节 当代傣泰民族文化变迁的特点

在当代全球化背景之下，傣泰民族文化在不同的国家都发生了变化。这种变化总的特点是以傣泰民族传统的文化为基础融合吸收其他文化，因此今天的傣泰民族文化变迁已经进入了一种传统民族文化与现代文化相融合的复合文化时期，但是傣泰民族文化总体上来说无论在哪个国家，也不论社会的变革有多么的激烈，都相对保持完好。

在中国自20世纪50年代以来，傣族人们经历了民主改革，进入了国家发展建设相同步的一个新时期。在这个过程中，傣族人民也同其他各个民族一样经历了历次政治运动的影响，在"文化大革命"中由于"左"的影响，傣族人民的宗教信仰包括佛教与传统宗教都被禁止，傣族的文化受到了摧残，甚至要求傣族人民穿汉族的服装，剪短妇女的头发，禁止傣族的各种民俗活动等。这些"左"的影响都是直接针对傣族人民的传统文化的，都是对傣族传统文化的直接摧残。但是在20世纪80年代以后，随着国家的民族宗教政策的落实，傣族的传统文化又得以恢复，人们又可以自由信仰自己的宗教，同时发展本民族的文化，虽然经历了长达20年的直接对民族文化的压制与摧残，但是基于数千年来傣族人民发展而形成的民族文化仍然具有旺盛的生命力，仍然得到了较快的恢复，而并没有随着几十年的政治压制而彻底改变。在经济制度上，中国的傣族在20世纪50年代以来经历了从传统的封建土地制度下的土地制度到合作社、人民公社时期的土地公有、集体使用、集体劳作、按分计酬进行分配的集体时期，一直到20世纪80年代初以后包产到户，将土地承包到家庭的过程。在这个过程中，经济制度发生了根本的变化并促使了相关的文化的变迁。

在政治制度方面，20世纪50年代以来封建制度下的勐阪制度发生了根本的变化，由封建管理体制过渡到了与中国其他民族相同的国家管理体制之下。凡此种种对于傣族社会来说，都是一种非常大的变化，这种变化的过程甚至是伴随着激烈的文化冲击而进行的，尤其是在"文化大革命"中。但是今天傣族的文化随着国家保护、尊重民族文化的政策的实施，仍然保持着基本的完整性。当然应看到在最近几十年来，尤其是20世纪80年代以来，随着中国改革开放政策的实施，边疆民族地区也同样发生了深刻的变化，傣族的文化和其他民族的文化一样也同样受到了外来文化的影响，与外界的文化产生了新的融合。

在越南，由于泰人的居住区对外开放较晚，交通、通信、文化传播等媒体的发展相对也较落后，因此越南泰人社会相对还较为封闭。地域与社会的封闭，使得越南泰人的传统文化保留较好，受到的改变相对较少。但是由于国家文化的影响，越南的泰文化也融入了诸多国家文化的因子，如青年一代使用越南的国家语言，在服装、居住以及生活方式等方面都受到了其他民族的较大影响。

在泰国，由于泰国是一个泰文化为主体的国家，泰文化的地位与其他国家不尽相同，但是在泰国也同样存在着泰文化的变迁，这种变化的特点是泰国境内各个泰人支系的传统文化正在逐渐融合进国家主体的文化。

在老挝，老文化和泰人的文化有相同之处。老挝是一个泰语国家，而老挝的国家节日等传统文化与泰文化都有相同之处，因此在老挝泰人的文化变迁的特点也与泰国有相似之处。由于长期的共同相处，各支系之间发生了文化上的融合，使得泰文化趋于本土化，这种几个支系之间发生融合的情况在中国等其他国家是不同的，这一点在后面将论及。与此同时，不同支系的泰人的文化随着国家的发展以及交通、通信、传播媒体的发展及社会的开放等，也同样在国家一体化的文化过程中进行着融合。

在缅甸，一方面泰人社会也同样由于地理环境以及社会的封闭性、交通、通信、传播媒体的不发达而造成了相对的封闭，泰文化保持较为完整，另一方面，泰人社会在缅甸的社会环境中有着独特的地位，尤其是政治意义。在泰人主要集中区——掸邦，泰文化还具有保持自己的独立性，作为一个独立民族而存在于一个多民族的国家中，争取自己的政治与社会权利的意义，因此泰文化的顽强性在缅甸也是非常明显的。

从上面简单的总结中可以看出，虽然傣泰民族人民居住于不同的国家及政治制度、社会环境之中,并且受到了不同国家的政治制度与社会文化的影响,但是最近几十年来,随着各个国家社会、经济、政治、文化的变化,尤其是社会的对外开放带来的文化融合,傣泰民族文化也受到了不同的影响。傣泰民族文化在当代的变迁主要有以下几个特点:

第一,在各个国家傣泰民族社会中,傣泰文化仍然占主导地位,傣泰民族文化在不同的社会经济、文化的融合和影响下,发生着不同的文化变迁,这种文化变迁是以傣泰民族文化为基础,融合吸收其他民族文化而变化的,并没有被其他文化所替代。

第二,居住在不同国家的傣泰民族文化受到了本国文化的影响。今天的傣泰民族人民居住在不同的国家,成为居住国的公民,其文化也必然地受到了本国文化的深刻影响,如中国的傣族受到了中华文化的影响,尤其是汉文化的影响,其他国家的泰人学习本国的语言、文字,接受本国的文化教育,必然也受到本国文化的影响。因此在当代傣泰民族文化的"国家化"也是一种趋势。20世纪70年代末以来,傣泰民族分布的大多数国家政治与社会环境趋于稳定,国家推动的社会、经济、文化、教育等事业得到了较大的发展,从而促进了不同傣泰民族文化与国家文化的融合。

第三,由于傣泰民族居住于不同的国家,社会、经济、文化发展和变迁的程度不同,因此也使傣泰民族文化在当代的全球化背景之下发生的变化程度有所不同。在有的国家中变化较大,如在中国、泰国等国家中。而有的国家中如越南、缅甸,由于社会的相对封闭,因此变化的程度较低,傣泰文化的保留程度更加完整。

第四,傣泰民族文化在不同国家地位有所不同,在老挝和泰国由于泰文化是主体文化,因此傣泰民族文化在这些国家其变迁的特点又与其他国家有所不同。在泰文化不是主流文化的国家中,如中国、越南、缅甸等国,泰文化的影响更容易受到其他民族文化的影响,而在老挝和泰国泰文化是主流文化,因此语言以及其他传统文化的保留相对有一个特殊的外部环境。

第五,一体多元化特征。虽然傣泰民族身处不同的国家与文化背景中,在当代也受着各种不同民族文化的影响,但是在各个傣泰民族的社会中,泰文化仍然是主体文化,仍然有文化上的共同性。也正是由于傣泰民族身居不同的国家与文化背景之中,因此傣泰文化又在这些背景之中保持着不同的特征，甚至向着不同的方向融合和发展，在传统的傣泰民族文化多样性的基础上形成了新的多样性。传统的多样性是由于地理环境、支系以及长期的历史迁徙所形成的，而今天的多样性则是不同的国家制度、社会文化背景以及与其他民族文化相融合而形成的。总而言之，傣泰文化在不同国家保持着鲜明的传统，在这种传统之上又发生不同的变化，这是当代傣泰文化的现实。

第二节 20 世纪 50—90 年代中国傣族社会文化的变迁

在 20 世纪 50 年代以前，傣族社会仍然是一个封闭的封建领主制社会，而后开始进入了较快的变革时期。推动其当代社会变革的主要原因有三个方面：一是社会制度的改变。以西双版纳为例：随着 50 年代初民主改革的进行，全国统一的政权体制取代了地方封建统治的政权体制。1953 年西双版纳傣族自治州的成立，结束了西双版纳地方封建政权长达 8 个世纪的统治。自此之后这一地区的政治、经济、文化都与全国更紧密地融为一体。二是现代物质文明的建设。在 20 世纪 50 年代以前，傣族地区交通闭塞，民族工业及现代教育设施、传播设施等几乎为空白。通过几十年的建设，这种状况已有了较大的改变。在傣族居住区，乡村公路的通达率已在 95% 以上，几乎每个村寨都办起了小学，义务教育得以普及。电视、广播的覆盖面积也达傣族居住区的 95% 以上。这一切都大大加快了傣族地区的社会经济交往及文化的传播。三是文化传播。通过教育的普及，电影、电视、书刊普及社会交往，傣族人民了解到了更多的异文化及外部的大千世界，封闭的传统思想观念受到了冲击与挑战，进而影响到了人们的行为方式。这在青年一代中表现得更为强烈。

由于以上诸多因素的影响而促使各地傣族社会发生骤变。在这种进程中，傣族传统的社会文化，包括宗教、婚姻、家庭、生活方式、人际关系、社会风俗等等方面也在发生着较大的变化。这其中有的方面与现代化的潮流格格不入而被扬弃，有的保留下来，有的则融合了新的因素而获得了发展。

一 几个主要方面的变化

1. 宗教方面

傣族宗教的当代变迁可以分为两个大的阶段。第一个阶段是20世纪50年代末到80年代末期，第二个阶段是90年代以来。这两个阶段都具有不同的特点，下面我们分别进行考察。

第一阶段20世纪50年代初中期，民主改革并没有波及傣族人民的宗教信仰。如西双版纳在1955年仅勐龙、勐混、景真、勐遮、勐宽等行政区内的230个自然村中就有佛寺183座，占这些自然村的79%，民众也保持着正常的宗教活动。而随后发生的社会变革使这一切发生了改变。

沿袭了数百年的傣族佛教信仰第一次受到巨大的冲击是自20世纪50年代末开始的"大跃进"运动，在此期间，各地的僧侣已开始被迫大量还俗，宗教活动被看作是旧习俗也受到限制。而到了60年代中后期，对宗教的压制到了极端。一切宗教活动都被禁止，不少佛寺被拆毁，佛像被推倒，佛经被烧毁，僧侣基本都被迫返俗。百姓在家中祭祀祖宗的祭坛也不能再设，没人再敢谈信教，甚至与宗教有关的民族传统节日，如泼水节等都受到了限制。

1979年以后，随着"文革"的结束，宗教信仰自由的政策又重新得到了落实，傣族人民的宗教活动又重新得到了恢复，并较快开展起来。首先是寺庙得到修复，很多"文革"中被占用的寺庙归还给了群众，并得到了修复。群众又可以自由地送孩子进寺当和尚，这一时期人们恢复宗教活动的热情十分高，如在西双版纳，入寺的和尚1981年为655人，1982年就猛增到4365人，1986年达到6000人。一时间，父母纷纷送孩子进寺当和尚，甚至有的青年人也为进寺当和尚而离婚。一些小学校由于男孩进寺而一时间成了只有女孩的小学，影响到了正常的学校教育。在人们的心目中当和尚是一件十分荣耀而且必需的事。

同时人们还恢复了各种宗教祭祀活动及与宗教相关的民族节日，如泼水节、关门节、开门节等。西双版纳的曼飞龙白塔，是一座远近闻名的古塔，自宗教活动恢复后，这里每年都举行隆重的赕塔活动，每次历时三日，每次都有远近百里的数千人参加，已成为当地的一个盛大节日。在赕塔之日，人们穿扮一新，尤其是妇女都打扮得花枝招展，来到塔前敬香礼拜，跳起民族舞，一些妇女还借机出售一些小食品及手工制品。入夜之后，青年人或唱起山歌或跳起舞，尽情玩乐。老年人集中在寺中念经、闲谈。

这一时期宗教热情的高涨是长期压制的结果，近20年的压制不仅使傣族人民失去了信仰宗教的自由，破坏了宗教及相关的文化，也使傣族人民的感情受到了损伤。因此在党的宗教政策重新得以恢复之后，人们的精神获得了解放，人们通过宗教活动的恢复而找回民族文化上的自信。很多父母就是在"没进过寺就不是真正的傣族男人"这一传统信念的驱使下把孩子送进佛寺的。由于大批男孩入寺，对教育产生了较大影响，于是在80年代中期勐海县开始试办和尚班，让小和尚们白天上学读书、晚间在寺中念佛，在这其中十分注重维护相关的宗教政策，如男女分隔、不在言行上歧视等，受到了群众的理解与好评。这一做法随后得到了傣族群众的认可，并很快推广开来，到了90年代，小和尚白天在学校接受义务教育，晚间在寺读经已成为十分普通的事。

20世纪80年代初中期宗教的快速高涨是由于长期压制的结果，因此经过几年之后信教热潮开始有所降温，宗教活动进入了一个正常稳定的发展时期。这其中还有一个重要的原因是宗教活动20年的中断造成了一代中青年未曾出家及接受佛寺的熏陶，他们对宗教的认识不深，观念上与老一辈有较大差异。这种客观的事实对于傣族的宗教发展产生了深远的影响。

第二阶段。20世纪90年代以来，傣族地区的各项建设事业获得了更快的发展，农村生产责任制的活力真正得到了显示。由于大多数傣族居住区地处亚热带，适宜经济作物的生长，因此傣族地区在粮食生产普遍得到稳定增产的同时，以甘蔗、橡胶种植为主体的经济作物种植业也较快发展起来，并给傣族人带来了可观的经济收入。如在景洪市，市郊的农民年人均收入已达1200元左右，而年人均收入达千元的村寨已占50%左右，农民收入的增高就是来自以橡胶种植为主体的多种经营。由于收入的增高，人民的生活水平有了较大的改善，如不少农户翻建了新房、安装了电话、购买了汽车及拖拉机等农机，80%农户购买了电视机，过上了安康的日子。今天的傣族地区经济正处于一个前所未有的较快增长时期，与此同时社会也进一步开放，如旅游业的发展，这一时期每年前往西双版纳旅游的人数达300余万人，前往德宏的游客也达到了60万人左右，对傣族社会产生了广泛的影响。在这种经济发展与社会开放的大背景之下，傣族的宗教也进入了一个新的变迁时期。

这一时期傣族宗教的变迁有如下几个特点：第一，宗教活动正常开展，人们能按照自己的意愿自由地参与宗教活动。人们按照自己的愿望送孩子进佛寺，参与宗教相关的节日，一些重大的节日都是与宗教相关的节日，如傣历新年、关门节、开门节等，这都是全民参与的节日。人们也可以以家庭为单位，按照自己的意愿进行祭佛活动，如西双版纳地区的赕"曼哈邦"等。一些村寨也重新修复或新建了寺庙、佛像等。如西双版纳景洪市的曼飞龙村就于1996年新建了一尊8米高的大佛像，相邻的大勐龙镇村子中也新建了5米长的睡佛像及新佛寺、佛塔。今天不论来到西双版纳还是德宏、临沧等傣族的主要居住地区，都可以看到傣族人民在按照本民族的宗教传统进行着正常的活动，并且在社会生活的很多方面都可以感受到宗教的影响。

第二，宗教观念在青老现代人之间的分化明显。今天的傣族社会中，老年仍然在按照宗教传统进行着信仰活动，如关门节期间不外出，每隔七天要祭佛一次，要住在佛寺中，也希望能多祭佛，新建扩建宗教活动场所。有病时既愿吃药也要祭祖祭鬼。一生中要按照宗教传统进行一两次大的以自己家庭为主的祭佛活动。而青年人在宗教观念上则出现了明显的淡化倾向。这其中主要的原因有二个方面，一是经历了近20年的压制，使整整一代人与宗教断了缘，未受到宗教的熏陶，这一时期40岁以下的青年人很多未进过佛寺当过和尚，不懂佛经。二是社会经济大环境的变化对人们的观念产生了深刻的影响，世俗的吸引力使人们的宗教观念发生着变化，由于这两个方面的影响，导致了中青年一代宗教观念的淡化。这最典型地反映在送孩子进佛寺当和尚的看法的转变上。在傣族的传统中，进佛寺当几年和尚是人生中一段重要的历程，但是这一时期随着人们宗教观念的淡化，很多家庭中已不再送孩子进佛寺当和尚了，尤其是在城镇周围的农村中及一些经济发展较快的地区。如在潞西市的城郊乡，已有70%的适龄男童未入佛寺当和尚，盈江县这一比例在一些乡高达90%。在西双版纳地区这一现象同样很普遍，很多适龄男童都已不进佛寺。景洪市大勐龙镇曼飞龙村，在佛寺中的男童有8人，但未进佛寺的同龄男童达50余人，超过了在寺男童。曼飞龙村的很多村干部认为，本村不当和尚的孩子多了是一种进步，而一些边远的村子还送孩子进佛寺是一种落后的表现。目前当地政府已就男童入学问题作了一些新的规定，即男童必须在完成小学学业后未升入初中或在初中毕业后才能进寺当和尚,这样进寺的男童将进一步减少,这已成为一种趋势。

上述现象是20世纪90年代以来才明显出现的。在前述大的社会环境的影响下,傣族群众的观念也在发生着变化,使宗教信仰的变化有了相应的思想基础。在调研中,笔者记录了大量傣族主要居住区人们对此的看法。中青年人普遍的看法是读书比进寺重要,不论发展经济、参加工作、外出,甚至看电影电视都需要文化,青年人没有文化就没有前途,而进佛寺只能学到傣文及一些行为规范,与发展的要求并不相适应,因此孩子应当进学校而不是进佛寺。

由于这种思想基础的存在,很多家庭都已不愿把孩子送进佛寺。在景洪的曼飞龙村,很多家长就明确表示不准许孩子进佛寺,而要他们进学校学好文化。曼飞龙村距景洪城58公里,经济处于本地区的中等水平,但近年来发展较快,自20世纪70年代以来村中有40余人外出参加工作,对村中中青年一代人的观念影响较大。在20世纪80年代初期重新落实宗教政策时,这一村子的宗教活动恢复很快,男童无一例外地进入佛寺,走过传统社会所认同的这一段重要的旅程。而进入20世纪90年代后,人们的观念已发生了变化,认为男童进学校读书比进佛寺更重要,读书之后外出可以参加工作,在家有利于生产致富,在佛寺中所学到的东西今天在社会上已没有多少用处。很多青年人认为,傣族的落后就是文化的落后,要使傣族的经济文化都获得发展就必须学习外部先进的东西,最重要的就是通过学校的教育而获得初步的知识。因此,这一时期这一村子送孩子读书的热情十分高。本村虽然办有小学,但一些家长还要将孩子送到几公里外的村公所小学上学,不少学生小学毕业后考上了初中。

在看待宗教与现实生活上,人们的观念也发生了明显的变化。对人们来说信仰宗教的目的在于祈求平安,来世幸福,随着人们观念的变化,人们更加注重现实的努力。在曼飞龙村,很多村民都说:"赕佛不论赕多少,赕成千上万,自己不劳动还是不能生活,要过上好日子还要靠劳动。""赕佛对于发家致富没有作用。"对于原始宗教祭祀,也与过去有了较大变化,今天祭祀地区神、村神的已较少,人们生病也不像从前那样求神驱鬼,而是服药或是上医院就医。从心理上讲,人们的宗教信仰已有明显的世俗化特征。如1996年这一村子修建大佛像,笔者就这一动机问过村中的很多人,只有很少的人认为是为了强化对佛的信仰,而大多数人认为是为了超过其他村子，使曼飞龙村更加风光，同时也带来好运。由此可见，这一时期随着时代的变迁傣族的宗教信仰也发生着深刻的变化，而这种变化有其自身的思想基础，与六七十年代受到压制而产生的变化有着本质上的不同，这种变化其影响将更加深远、深刻。青年人虽然宗教观念发生了很大变化，看待事物从较为现实的角度出发，但也并无刻意反传统的意愿，对于传统的宗教活动及礼教人们并不反对，同样也存有求得平安的心理，但与现实发展相抵触的事，人们往往选择顺应发展的一方。同时人们也是将宗教作为傣民族传统的一个部分来看待的，因此宗教在傣族人民中也成为傣族人民的象征，这一点也是傣族人民中越来越强烈的一种认同感。

宗教作为一种传袭了数百上千年、对傣族社会产生了广泛影响的文化，不论佛教还是原始宗教，都还将长期沿袭下去。不论在西双版纳、德宏还是其他地区，随着人民生活的改善，具有信仰与民族传统两重功能的宗教活动尽管由于很多观念及行为的影响内容已发生了变化，但是人们仍然十分严格地按照传统来举行各种宗教活动。在今天的德宏地区，人们已很少将孩子送到寺中当小和尚，但是人们在各种传统的宗教活动中参与仍然十分积极。在西双版纳地区，今天仍然有一些家庭将孩子送到寺里当小和尚，而各种宗教活动的举行也是十分严格而隆重的。随着人们生活的改善，人们还将更多的钱投入到了宗教活动中，在很多村寨中都在攀比做更大的"赕"，即做更大的祭祀，贡献更大的祭品，往往一次祭祀活动一个家庭就会支出3000—5000元，甚至更多。因此，这一时期傣族的宗教活动在经历了过去几十年的动荡后，已进入了一个平稳的发展时期。

2. 婚姻家庭方面

传统社会中傣族婚姻的特征是：（1）由于在傣族封建制度下人民被划分"傣勐""滚很召"等不同的社会等级，因而婚姻也打上了这种等级的烙印，通婚受到等级的限制，一般各阶层之间互不通婚，尤其是封建贵族阶层是不与其他阶层通婚的。在平民阶层中，等级较高的"傣勐"阶层也不与"领囡"等地位较低的阶层通婚。（2）婚姻具有封闭性。除了通婚的等级限制外，傣族还盛行寨内婚，通婚的范围多在本村寨内，很少与其他村寨的人通婚。其次也存在着民族的限制，不与居住在四邻的基诺、哈尼、布朗乃至汉族人通婚。至20世纪40年代才出现与汉族的少量联姻者。（3）婚恋自由。在傣族社会中婚姻及恋爱基本上是自由的，青年人可以自己选择配偶，但也必须遵守一些传统的限制。（4）离婚率较高，婚姻不稳定。由于性爱的自由，离婚较为普遍，手续也简单。双方决定离婚又经老人调解无效即可自行解除婚姻关系。再婚不受人歧视，甚至有的人离婚、再婚达七八次之多。

自20世纪50年代以来，傣族传统婚姻中的这些特征都已经发生了较大的变化。首先是封建等级的婚姻制度已经随着封建社会等级制度的消除而解体，通婚的社会等级已经不存在。尽管在老一辈人的观念中，尤其是过去等级较高的村寨的人们中，等级婚姻的影响还不同程度地存在着，但对今天的青年人来说，爱情才是衡量婚姻的价值标准。因此过去互不通婚的等级今天已普遍通婚，甚至过去的贵族后代，在择偶上也没有社会等级的约束。其次，婚姻的封闭性也已改变，寨外通婚如今已成为很普遍的事。如景洪县的曼飞龙村，1981年以前与其他村寨通婚者只有2人，但1981年至今已达18人。目前傣族除了与汉族通婚者大大增多外，与历史上不通婚的民族如基诺族、哈尼族通婚也不鲜见。通婚的地域范围也空前扩大。据不完全统计，景洪县自1981—1990年有近40名傣族少女嫁到他省，目前与外地通婚已十分普遍。最后，离婚率普遍降低，婚姻较过去稳定。50年代以来，民间的很多陈规陋习被革除了，尤其是传统社会中很多压制与歧视妇女的习俗被废除，傣族的家庭关系更加和谐。同时在六七十年代离婚被认定为一种陋俗，离婚者甚至可能受到生产队的处分。因此近30年来傣族社会中的离婚率大为降低。

今天，傣族青年恋爱自由的传统仍然保存着，但是择偶的价值观念已有了较大的变化。勤劳、为人憨厚的品质已不为青年人所看重。男青年看重女方的相貌及家庭条件，而女青年则喜欢男青年有公职、经济条件好、有文化、读过书，是汉族更佳。

傣族的家庭基本保持着传统的模式。结婚以后男到女家"上门"，待三年后才能视情况搬回男方家或是自立门户。子女有赡养老人的义务，钱财由当家妇女掌管，家庭较为和睦。家庭规模较小，基本上是夫妇构成的核心家庭，扩散型家庭较少。据曼龙扣、曼飞龙两个村的调查，平均家庭规模为5.3人。

3. 傣族妇女的文化特征与社会地位

傣族妇女的文化特征及社会地位与整个傣族的传统文化密切相连，从而构成了傣族社会文化的重要组成部分。传统社会中傣族妇女有以下文化特征：(1) 在恋爱婚姻方面，妇女有一定的自主权，恋爱时可以自主择偶，而婚后如果夫妻不和睦妇女也可主动提出离婚，这与汉族社会中饱受封建制度摧残的妇女的状况形成了鲜明的对比。(2) 在家庭经济方面，妇女起着重要的作用，并且有较高的地位。家庭的收入按人划分，女性不论年龄大小都可分得一份，离婚时可以带走。她们积私房钱，养自己的家畜。尤其是一个家庭的收支钱财由妇女管理，这都反映了妇女在家庭经济中的地位与一定的独立性。(3) 与汉族及许多少数民族不同的是傣族妇女是集市商品交易的主要承担者，她们出售蔬菜、食品及手工制品，甚至向土司交纳谷子及到市场上出售谷子也由妇女承担。(4) 在社会生活中，妇女没有接受教育、参与政治活动及决定社会事务的权利，在宗教活动中也处于从属地位，这又造成了男女在政治、文化及思维能力发展上的不平等。(5) 注重礼仪教养。傣族妇女爱美好洁，每日洗澡更衣。性情温柔，讲究礼节，是传统社会中衡量妇女品质的一个重要尺度，如从坐着的客人或长辈前走过必须躬身搂裙而不能直身挺胸而过。由上面这些特征可以看出：传统社会中的妇女具有亦受尊重亦受歧视的双重文化特征。在经济与婚姻家庭中妇女有较高的自主性，而在政治、宗教等社会生活中又是受歧视的。

20世纪50年代以来，随着新的社会制度的确立及社会变迁，傣族妇女在很多方面都已发生了变化。首先是妇女获得了受教育的权利，享有与男性同等的机会，使妇女的思想文化素质都得到了提高。目前在傣族聚居的村寨小学中，女童入学率已达90%以上。以西双版纳为例，20世纪90年代，25岁以下的女青年中，95%的人受过小学教育，50%以上受过初中教育，受高中教育甚至考入大学的也已不少。男青年中由于受宗教活动的影响，一些男孩出家当和尚而影响了学习。这就出现了一个前所未有的现象：女青年的汉文水平超过了男青年，并且在学校中也学会了傣文。这一变化不仅引起了妇女心理上的变化，对妇女劳动就业，参加公职等都产生了较大的影响。其次，在传统社会中妇女没有与男子平等的参加社会活动的机会，而今很多傣族妇女走出了农村，不少人成为县、乡、村级国家干部。此外不少妇女到城市中从事商业、文艺、教育等职业。最后，由于以上因素的影响，导致了妇女观念的深刻变化，对于旧的习俗形成了较大的冲击，过去一些歧视妇女的旧习俗，如妇女要侍候男人喝酒，不能比男人早睡，甚至妇女的枕头不能比男人高，男人不摸女人的衣物，以至妇女产后数日就要下水洗自己的东西等等，都有了较大的改变。这种变化对于提高妇女的社会地位，改善妇女的生活状况都有着积极的意义。与此同时，妇女作为传统文化的重要传承者，其传统文化特征的很多方面仍然保留着。

4. 生活方式方面

西双版纳傣族的生活方式自 20 世纪 50 年代以来有两次较大的变化。在 1980 年以前的这 20 余年中，由于经济制度的变革及历次政治运动的影响，傣族的生活方式发生了前所未有的变化。首先是生产资料公有制的建立所带来的劳动集体化改变了傣族传统的分散的小农生产方式。人们不再像过去那样自行安排生产与生活，一切都进入了高度集体化的模式之中。男女老少都要统一下地劳动、统一收工，方能计分得酬，而除此之外属于自己的时间甚少。其次由于政治的影响，傣族传统生活方式中的很多内容都被禁止，从宗教信仰活动到青年人恋爱过程中的丢包、对唱山歌、月下纺线，传统曲调的演唱、舞蹈，乃至于传统的节日活动，这一切都被看成是需要革除的封建货色，生活方式十分单一，情调低沉。

进入 20 世纪 80 年代，是傣族生活方式变迁中最为激烈、有生机的时期。自 1979 年开始，西双版纳地区逐步推行不同形式的生产责任制，直至 1984 年基本全面实行大包干生产责任制，土地又逐步由集体经营转变为家庭承包经营，农民们逐步摆脱了集体生产形式，转向自行安排生产。这一时期劳动效率也大为提高，例如每季谷秧的栽插在集体时期需要一个月左右，而目前只需要一周左右。农民们也由此而获得了享受其他生活内容与情趣的时间与自由。这一时期生活方式变化有三大特点：（1）传统生活方式的很多内容得以恢复。人们可以自由地举行或参加各种宗教活动。尤其对老年人来说，宗教生活是晚年生活中不可缺少的一个部分。村寨中又可以时常听到民间歌手"赞哈"的演唱，月光下又可以看到少女坐在大榕树下燃起篝火纺线。老年人不再下地劳动，而是在家看管小孩，好其所好，安度晚年。（2）传统的生活方式中融进了大量新的内容。从人际交往来看，由于交通发达，劳作时间自行安排，傣族农民的社会交往空前扩大，走村串寨逛县城，乃至于到缅甸、老挝、泰国走亲戚也十分频繁。青年人所选择的配偶往往在数十里甚至百里以外。从文娱生活来看，电影、电视、录像已在傣族农村普及，为农民所喜好，不少村寨中的青年人还热衷于跳交谊舞，在城镇的舞厅中到处可见身穿艳丽傣装的傣家少女。就消费生活而言，建新房，购置新家具、电视机、录音机、摩托车甚至汽车等高档消费品也进入了百姓家庭。这一切使傣族农民的生活增加了大量新的内容。以傣族女青年为例：在过去谁穿件好看的衣裙则可能遭到众人的议论，而这一时期追求时髦的穿装打扮已成热潮。（3）生活方式的变化越来越明显地呈现出青老两代人间的差异。20世纪60、70年代，由于生活方式的单一而难以显现出两代人间过大的差别，而这一时期这种差别随着生活方式的多样化已显得十分明显。老年人在思想上及生活规范中过多地遵守传统，除操持家务、做些传统的手工活计外，更多的时间花在宗教活动中。青年人除了劳作之外，则热衷于交际、各种文娱活动、打扮、学习等，对于宗教活动等并不感兴趣。

以上简要概述了以西双版纳为主线的傣族社会文化中几个重要方面20世纪50年代以来的变迁情况。尽管作为傣族的整个社会文化而言，这几点还难以全面概括，但在以上几点中我们已经可以看出傣族社会变化变迁的基本线索：从传统的多元到强制性的单一，这一段时期从20世纪50年代中期直至70年代末。20世纪80年代以来又从单一转向新的多元。20世纪80年代以来是傣族社会又一次激烈变革的时期，也是傣族社会文化选择性地恢复传统，融汇现代文化的时期，对于其社会文化的未来发展将产生重要的影响。

二 两个变迁的个案：红河流域与西双版纳

1. 社会变迁中的红河流域花腰傣文化

在花腰傣居住的红河上游地区，20世纪50年代以来社会环境的变化是巨大的。种种影响花腰傣文化的外部因素也在不断地增多。以对人们的观念影响最大的传播业的发展为例，在新平县及元江县傣族居住区20世纪90年代末电视的覆盖率已达到98%以上，90%以上的家庭拥有电视机，人平均每日看电视1.7小时，选择观看的节目排序前三位分别是电视剧、新闻、专题片，这些节目都能使当地人看到外部的生活方式、新闻事件等，直接对人们的观念产生影响。再以学校教育为例，自1952年秋在漠沙办起第一所傣族小学——省立漠沙小学以来，至今在新平傣族地区已有4所中学，4所乡中心小学、20余所村中心完小、50余所村普通小学。傣族小学生的入学率占应入学儿童的100%。教育的发展对提高傣族的文化、学习应用科学技术、接受外部文化及对外社会、经济文化交往等都起到了重要的作用，对傣族的发展影响十分深远。

在这个过程中，傣族文化也不可避免地发生变化，认识这其中的变迁规律对于民族文化保护发展有重要的价值。在傣族文化的变迁中，以保持本民族文化为基础，吸收其他民族文化加以融合发展是一个主要的特征，花腰傣文化的当代变迁发展也基本上是这样一种模式。

（1）20世纪90年代红河流域傣族的文化变化的特点是在保留传统的基础上的变化。新平、元江等主要的花腰傣居住区，仍然可以感觉到浓郁的民族传统。这里让我们选择一些典型的文化要素来观察：

传统服饰。不论是在家里还是在节假日的街道上，到处可以看到花腰傣妇女头戴传统的竹篦"鸡纵帽"，腰间带着花竹篓，身穿缀满银饰、五彩斑斓的传统服装。当然，由于传统服装不方便劳作、制作复杂等等原因，青年人普遍选择了穿商店里买来的衣服作为日常服装，大多数青年人往往只在节假日、礼仪、庆典期间才使用民族服装，但是老年妇女则仍然愿意在日常生活中穿着民族服装。

居住。花腰傣仍然保留着"土掌房"的传统民居，虽然有不少富裕的家庭已经在重新建盖新房子，但是造型与格局仍然完整地保留着传统的风格。可以看出，传统的建筑风格与居住文化已经凝固下来。由于如今经济的发展及农民收入的提高，越来越多的傣族农户开始建新居，在保留传统的建筑风格及居住格局的同时，人们选择了水泥、烧制砖、装饰用瓷砖等新型建筑材料，使传统的建筑得到了发展。

染齿、文身的习俗。花腰傣大多数中年以上的人，尤其是妇女仍然保留染齿、文身的习俗。也有很多青年人染齿、文身，反映出这一有别于其他民族的重要习俗仍然作为当地傣族的传统在代代传承着。与染齿习俗有密切关系的嚼槟榔的习俗也仍然保存着，仍然是当地人的一种嗜好，这种嗜好在青年人中也普遍存在。当外来的客人蹬上傣家的楼房时，热情好客的傣家人就会拿出槟榔果等来招待客人。

语言。很多人能讲汉语。尤其是青年人读过书或到过外地工作，都能讲流利的汉语，但是民族语言仍然是花腰傣人日常生活中的主要语言。

节日。传统的节日仍然保留着，春节、端午节、中秋节虽然源于汉族，但已经本土化，也是当地花腰傣的传统节日。这其中最典型的是具有花腰傣特色的"赶花街"。在过去花街节主要是男女青年们谈情说爱的集会，主要的内容是男女青年的交往活动，男女约会、跳民族舞、对歌等。

在20世纪50年代，由于被认为是男女之间的庸俗活动而被迫中止。规模较大的漠沙镇赶花街于1991年2月27日恢复，其他地区的花街节也于此前后恢复活动，目前已成为一年中当地花腰傣最隆重的节日。恢复后的花街节除了保留了传统的内容，如男女青年的约会、跳民族舞蹈、对歌等外，由于当地政府有意将它办成代表本地特色的节日，并以此来促进旅游、经贸的发展，因此也增加了很多新的内容。2001年2月4日作者在新平县漠沙镇参与花街节观察到的情况是：花街节已不是一个群众自发的节日，当地政府对节日活动进行了精心组织。在节日当天，前来参加节日的远近群众达四万余人，首先在搭建起来的舞台上举行了节日大会，并由几个傣族、彝族村子中的男女青年、当地中小学生等进行了传统歌舞表演。约两个小时的表演结束后，人们便在场子上围成一圈跳傣族舞。村子中，村民们搭起了一个棚子，架起了大汤锅，出售当地出名的牛肉汤锅及各种食品，十分受欢迎，人们玩累了就相约来品尝各种当地的食品。一些外地的民间表演队伍也不失时机地前来表演，同时也吸引了很多商人前来做生意，出售各种日用品等。由于当地政府有意将花街节作为促进当地旅游业的项目来加以发展，因此花街节已从过去以青年人为主的节庆发展成了既有男女青年集会娱乐等传统内容，同时又有商贸、旅游等现代内容的节日。

宗教。这一时期的花腰傣中，传统的原始宗教的主要活动仍然保留着，但主要是对自然的祭祀活动。这反映在每年仍然要进行两次大的祭龙活动，第一次在农历2月属牛和属虎的日子，第二次在属马的日子。其次还有祭祀江神，每年春天播种前的春耕祭祀等祭祀活动，这些活动的内容与过去相比基本没有多少改变。这些原始宗教中的祭祖活动反映了人与自然之间的关系，是人们为了获得丰收、平安的良好愿望的反映。然而这些活动在"文革"中都曾经被禁止，直到80年代中才又得以恢复，因此在观念上也有较大改变。鬼神观念、尤其是与人的生老病死相关的鬼神观念已经渐渐淡化，大多数年轻人已经不再相信它，生老病死相信科学，有病一般都到医院治疗。同时祭祀活动的主持者大多是中老年人，很多青年人并不对此有兴趣。由于这种祭祀活动的精神内容的变化，这种传统的宗教祭祖已经民俗化，变为一种民俗活动，每年的活动期间人们都会参与，但同时原有的宗教精神内涵已经淡化。笔者在2001年2月参加戛洒乡傣洒的春耕礼活动时，观察到人们都以过节的热情参加祭祀活动，在田边插上松树枝，并点燃香，妇女们下田进行春耕开始的象征性劳作。但当问及人们关于传统春耕祭祀的有关鬼神的内容时，人们一方面已不十分清楚，另一方面也表示并不相信有神灵存在，仅仅是把它看作民族的一种传统，并且表达自己的愿望，祈求五谷丰登。

需要特别指出的是，红河上游的这些对自然的祭祀活动在整个傣族地区属于保存较完整的。在其他傣族地区，尤其是信仰佛教的傣族地区，传统的原始宗教虽然也还存在着，但是从内容到形式上都已不能和花腰傣相比较了，较大的活动如祭龙等都已经不多见。

上面所选择的是花腰傣文化中的一些典型要素，事实上在花腰傣的社会生活中传统文化的要素保留要更多。今天的花腰傣人民仍然沐浴在自己祖先祖辈辈创造出、抚育了一代又一代人的传统文化之中。而能够被人们所代代保留着的文化，大多数都是人们所认同的精华。

（2）经济生活发生了较大的变化。花腰傣居住在亚热带河谷，自古以来以种植水稻为主要的谋生方式，其他农产品都是满足自己需要的副业，事实上稻作文化是花腰傣社会文化的重要基础。人们对自然的认识，包括利用土地资源、水资源、农作物生长的有关知识，以及祈求神灵保佑获得五谷丰登的各种农业祭祀活动、人们每天的生产劳作等都与水稻种植这一最重要的生存基础直接相关，这种单一的经济结构一直保持到80年代中期。

中华人民共和国成立以后花腰傣农业文化的当代变化有两个大的阶段。第一个阶段是传统水稻种植业的改良与发展。首先是种植水稻的梯田的建设，由于花腰傣居住区是红河河谷地带，并没有大面积的平坦地带，因此改造河谷建设水田就成了当地农业发展的一个关键。在明清时代，随着汉族人口的不断迁入，傣族地区开始了梯地的建设与改造。在1932年后，新平、元江等县傣族地区再次进行了相对较大的梯田建设热潮（民国《新平县志》）。自1951年到1970年间的20年间，花腰傣地区经历了50年代初及60年代"农业学大寨"两个改造建设梯田的高潮，元江、新平等县花腰傣地区的河谷、坡地、丘陵地带基本都被改造成了种植水稻的梯田。同时还修建了相关的灌溉系统，将哀牢山上的河流水引到了梯田中。今天当人们来到花腰傣居住区时，无不为村子四周层层叠叠从山顶到江边大片的梯田的壮观所折服，花腰傣人民将自己居住的河谷地带改造成了梯田层叠的人造景观，并且由于有哀牢山丰富的水资源的供给，今天仍然保持着良好的生态系统，令人叹为观止。梯田生态系统的建设是花腰傣人民在当代依据当地自然环境特点进行的一项重要创造，它使当地的水稻生产状况得到了前所未有的改善，同时也成为花腰傣居住环境的一个重要特征。

传统种植业发展的第二个内容是推广了双季稻及优良品种的种植。自1952年起在花腰傣地区开始推广双季稻种植，同时引进了"滇端410""汕优"等杂交水稻推广种植，同时推广使用了化肥、农药等，使水稻的产量得到了较大的提高。水稻的亩产量从1952年的200斤提高到了1982年包产到户前的平均900斤，目前也基本稳定在这一产出量。在这一阶段农业的改良提高了粮食的产量，满足了人们的粮食需求，尤其是人口的增长。

第二个大的变化是在80年代以后，随着农村生产责任制的实施，社会的开放，花腰傣族地区的产业结构发生了巨大的变化。这一变化主要反映在多种经营的发展以及产品由以满足自己消费为主转向市场需求为主两个方面。由于花腰傣居住区是亚热带的河谷地区，适合种植各种亚热带农作物与经济作物。在当地政府的帮助下，近年来这一地区在保持水稻种植不减产的情况下，积极发展种植热带水果和蔬菜，如水果甘蔗、荔枝、香蕉、杜果等种植。在一些地区政府还帮助少数民族引进种植番荔枝、台湾青枣、早熟优质葡萄等优质水果。与此同时积极发展蔬菜种植，利用当地气候炎热的优势积极发展冬蔬菜的种植，大面积种植豆类、瓜类及蔬菜，如辣椒、茄子、黄瓜甜菜等等在冬季早熟的优质蔬菜。尤其是在冬季这里的蔬菜供不应求，远销省内外。以新平县为例，2000年农产品对外销售额达到1776万元（新平县政府统计报告，2001）。

随着产业结构的调整，以水果、蔬菜的种植为主要内容的新产业的发展，给人民的生活带来了较大的改变。一方面，人们的收入有很大增加，生活得到了改善。以腰街镇的南碱村为例，1998年全村271人，农业总收入56万元，人均收入2157元，人均纯收入1627元。这一收入水平已经等于西双版纳傣族地区中上收入水平的村子。另一个方面，经济产业结构的调整也改变了人们的思想观念，增强了人们的商品经济意识。不少村民近年来都直接把农产品推销到县外、省外，同时也促使当地的农民学习新的生产知识，掌握种植水果以及蔬菜的技能，这一切都是在传统知识结构、生产技能、相关的生活方式与生产方式之上新的发展。

产业结构的调整已使花腰傣地区的产业市场化，与市场的关系十分紧密，生产的产品必须是市场所接受的产品，这种产业与花腰傣传统的自给自足的产业有实质性的区别。总体而言，产业结构的调整增加了农民的收入，也促使当地农民的思想观念、劳动技能发生变化，但同时也带来了明显的问题。这主要是市场风险的问题，由于外部市场变化较大，农产品总体上而言处于供大于求的状态，如当地有名的水果甘蔗，2001年1公斤当地收购价格仅0.3元人民币，而在1998年1公斤曾达到0.8元人民币。种植甘蔗的成本以种、化肥等计算每公斤已达到0.2元，这样一个甘蔗的种植季节农民的收入就很有限。其他如蔬菜的种植中也存在着同样的问题，时常出现由于市场波动而滞销的情况，造成亏损。在市场上有竞争力的产品必须是一些新产品，如1998年以来引种的台湾青枣，就十分受市场欢迎。市场中的起伏对于当地农民来说将会成为一个长期要面对的现实，农民在这个过程中还缺少开发种植新品种的技能及自主扩大市场的能力。

（3）社会开放大环境中的花腰傣文化。改革开放以后中国社会环境的开放程度是前所未有的，这就带来了民族文化走向外部以及外部文化更多更快地进入民族文化中的机会，加速了民族文化的变化。花腰傣文化也同样处于这一现实之中。下面是几个典型的方面：

第一，花腰傣文化受到外部越来越多的关注。由于花腰傣文化的独特性，花腰傣文化引起了外部越来越大的兴趣，知名度在不断地提高。花腰傣妇女的图片大量地出现在种种报刊上，同时也有大量对花腰傣风情介绍的文章与影视作品出现。花腰傣民族歌舞表演曾在全国性演出中获得过一等奖，多次获得省内奖项。2001年由笔者作为主要筹办人的"新平花腰傣文化研究国际会议"在新平县召开，8个国家的120余名学者及80余名新闻记者参加了这次新平历史上对外交流规模最大的盛会，花腰傣文化引起了包括80余位外国学者在内的专家及新闻记者的高度关注。随着会前会后的宣传影响，在国内外一定范围内造成了花腰傣文化热，很多国内外学者都认为花腰傣将成为国际傣学研究的一个新热点（泰国那塔龙教授，新平花腰傣文化研究国际会议总结词、2001）。首先，从外部来说，这种知名度的扩大将使花腰傣地区受到更多的外来文化影响，将会吸引更多的外地人去到花腰傣地区进行旅游、研究、文化体验、做生意等。其次对于花腰傣文化的影响也同样巨大，它对花腰傣人民的心理也产生了影响，传统的文化在这其中有了更多的复兴的机会。同时由于花腰傣文化受到外部的称道，强化了花腰傣人民对本民族文化的自信心。较前此前的二三十年而言，传统的文化活动不断活跃，包括女青年穿着民族服装的机会也已明显增多。花腰傣文化也将有更多走出去的机会，新平县的花腰傣歌舞在2001年就应邀到澳大利亚进行表演。

第二，旅游业在花腰傣地区发展较快。封闭的新平县也因为高速公路的修建而变得易于到达，从昆明只需要两个小时就可以到达新平县城，较过去缩短了四五个小时。元江县过去就因为昆洛公路的贯穿而易于到达，这样使花腰傣地区成为距离昆明最近的热带风景区。云南省旅游部门将漠沙的大沐浴村规划为民族生态旅游村，并投入资金加以建设，其他如戛洒等地的一些村子也规划为县级旅游开发点。由于花腰傣知名度的扩大，旅游业发展很快，新平县上半年就吸引了近二万名旅游者，尤其是在春节、五一等重要的节日，新平、元江都是旅游者云集，在新平的漠沙等旅游地的旅游设施已远远不能适应旅游较快发展的需要。

旅游业的较快发展对于当地的文化影响也将是深远的，民族文化往往将成为旅游商品而从传统的角色中转换出来，这一方面是使传统的文化有了新的发展机会，如传统的纺织、制陶、食物制作、歌舞等都在旅游业的发展中有了新发展机遇，很多出外打工的青年人近一两年来也因此而回乡参与旅游开发。一些民族风味餐馆也开张了，传统的迎宾习俗也成为了旅游项目。而在另一个方面，旅游业的发展也在冲击着传统文化，使传统文化商品化，人们的价值观也将受到影响，这将是一个不可回避的事实。2001年笔者在戛洒时曾遇到这样一件事：当笔者为一个身着传统服装的小女孩照了一张照片后，她的母亲马上走上前来要求付给一元钱，这确实让笔者很意外。

第三，人口流动加速。随着花腰傣地区的对外开放的加快，人口流动也在加速。首先是外地人进入花腰傣地区旅游、经商，在此不详述。有意义的是近年来花腰傣中也有很多人流外出。青年人普遍受过教育，成为有知识有文化的一代，能讲汉语、写汉字，如上面提到的南碱村就有5名高中毕业生，21名初中毕业生，这一水平与西双版纳、德宏等傣族居住区已经基本相同。他们具备外出的条件，与此同时在包产到户后农村也出现了劳动力的多余，这就促使很多青年人外出打工、做生意。青年人都希望出外打工，尤其是以女青年外出最多，因为女青年有更多的工作机会，如到餐馆、宾馆、旅游区做服务员，或进行歌舞表演等。在漠沙的大沐浴村,大多数女青年近年来都外出到昆明及周边城镇打过工。花腰傣中也出现了一批经商者,将本地的商品贩到外地,在外地长期居住做生意。青年人外出工作对花腰傣地区社会情况带来了诸多影响:一是使当地多余的劳动力得到了疏散,使一部分青年人有了就业的机会。二是赚了一些钱,使家中的生活有一定的改善,如一些做生意者赚钱建起了新房,一些做小工的也买了家用电器回家。三是促使人们的观念发生变化,尤其是青年人在外面受到的影响最大,很多青年人已不愿意下地当农民,而一心只想着外出。在婚姻观念方面,已很少受传统的约束,过去女孩十八九岁不结婚就会受到人们的议论,而这一时期结婚的年龄上升到了二十岁以上,有的女孩二十四五岁也还不愿结婚,并且不希望与当地人结婚。笔者在大沐浴村调查时曾问过十名女青年,她们愿意与本地人结婚还是嫁到外地,八个回答愿意嫁到外地,而全部人都表示与何种民族结婚都可以,只要双方愿意。在一些村子,甚至还有一些青年人不结婚就同居,这已不是个别例子。在结婚后,傣族计划生育工作容易开展是远近闻名的,大多数家庭都服从政府的计划生育政策,生育1—2个孩子,超生的现象很少。这一些变化与近年来的人口流动都有直接关系。

2. 西双版纳傣泐的文化变迁:以景洪市大勐龙镇曼飞龙村为例

(1) 概况

曼飞龙村位于西双版纳州府景洪市南58公里处,行政上隶属大勐龙镇曼龙扣行政村公所。全村有162户、823口人(2018年)。曼飞龙村地处勐龙坝子的南部,整个村子建在山脚下,面对勐龙坝,背山面坝,是傣族建寨最理想的地理格局。村前水田平整开阔,河流穿流其间,村后山脉相连,森林茂盛,在当地傣族人的心目中,这里是一块福地。远近闻名的曼飞龙白笋塔就坐落在村后的山顶上。

水稻种植是曼飞龙村的主要产业。目前全村共有水田663亩,此外还有山坡地200亩,种植玉米、花生等作物。橡胶种植是主要的副业,目前全村共有橡胶3万余株。种植橡胶树收入不菲。每一百株开割的橡胶树一年能有七八千元的纯收入,有的家庭拥有四五百株,其收入就相当可观。

曼飞龙村民的受教育条件较好。村中有一所村办小学,建在村佛寺后,为砖混结构平房,在村中属较好的房子。村中孩子在这里能读到四年级,五六年级到镇完小就读。考取初中的学生要到距村不足1公里的景洪市第二中学继续其学业。曼飞龙村办学的历史在当地较早,从1953年开始这里就开办了乡中心小学，这对曼飞龙村民接受现代教育有明显的积极作用。

20世纪50年代以来，曼飞龙村经历了与傣族社会相同的社会变迁，而自改革开放以来，这里社会变迁的突出之点主要有如下几点：

村民经济活动领域的变化。首先是产业结构的变化，变化的趋势是大力发展经济作物，改变了过去的单一稻作农业的状况。1985年以前，这里的农业以种植水稻为主。此后，村民在政府的倡导下开始注意种植经济作物。经过几年的摸索，至80年代末，村民们发现，种植橡胶树是一种风险较小的增加收入的方式。因此村中家家都在设法种植橡胶树，不仅在原有的荒山荒坡种上了橡胶苗，1996年初还因为集体开垦林地而被林业部门罚款2万元。由此可见村民积极性之高。值得一提的是，由于劳力不足，在橡胶种植中村民们纷纷雇用当地山区农民及四川民工开地挖穴，这一行为还引起了村中的一些议论，因为傣族历史上从来没有过类似的现象，这种做法与傣族的传统价值观是不相符的。

其次是农业科技含量的提高。曼飞龙村民的一个突出特点是很乐于接受新事物。在改变传统粗放式经营、增加农业科技含量方面，与邻村相比，他们的行动更为积极，成效也很显著。这表现在：第一，在使用肥料和除草剂上，村民十分热情，不论价钱多贵都要用，甚至一次发生过乡上调进的化肥被曼飞龙村一个村子全部买完的事情。此外，他们也积极使用绿肥、农家肥。当地傣族传统上种植不使用农家肥，认为不卫生。在曼飞龙村民抛弃这种陈旧观念积极积农家肥时，邻近村子的人们甚至说他们是没事干了才去积肥。第二，积极使用良种。承包以来，曼飞龙村的农户积极使用良种，如使用九香稻、三号旱谷等，并进行合理密植，双季稻年均亩产600公斤，较其他村子平均高100公斤左右，这与他们注重使用良种及其他农业技术直接相关。曼飞龙村还出了一个远近闻名的育种土专家波岩顿，由他选育出的稻种在当地推广达一万余亩。他在村中起到了很好的带头作用。第三，在使用农业机械方面，曼飞龙村也先于其他村子普遍购买了一些小型耕作机械，这减轻了农民的劳动强度，提高了劳动效率，也改变了使用水牛犁田的传统耕作方式。总起来看，农业科技含量的提高不仅提高了劳动效率，增加了收入，也使村民认识到教育的重要性。

最后是就业方式的多样。曼飞龙村民除去经营种植业、林业而外，还有一些村民从事其他职业，如有开小商店，有几户是金银匠，打制金银首饰，收入较高。近年来，村中的青年人一有机会就外出打工。打工的收入并不高，打工者处境也不一定好，但在村民看来，出去打工是有本事的表现，没有外出打工则表明此人没有本事。外出打工者多在餐饮业就业，除做服务员外，常常还兼表演傣族歌舞。目前，村中常年有数人在外地打工的年轻人一般只有小学文化，出去的目的主要是"见世面""玩玩"，挣钱多少倒在其次。当然，打工者中也有被人看中，嫁了人的，这种女孩子很让村民羡慕。

生活方式的变化。20世纪80年代后，随着联产承包责任制的推行和经济社会的发展，曼飞龙村民生活方式有了很大的变化：

一是活动半径增加，交往面扩大。村民们不仅时常来往于县城、省城，还到内地甚至走出国门做生意、打工、探亲访友、拜佛等。曼飞龙村的一些老年人每年都要到老挝、泰国等国走亲戚、拜佛、做生意。年轻的女性则出门打工，有的是到县城，而更多的是到昆明、上海、北京、沈阳等地。姑娘们常常出去一段时间回来，有了机会又出去，有的姑娘甚至走过半个中国，还有的去过日本。每年都有不少村民结队到省内外旅游。

二是建新房成为村民的消费热点。不少村民已建了新房，还有不少村民准备建新房，而现在的新房已不同于过去，虽然式样还是干栏式建筑，但所用建材及内装修已经更新，变为以砖及混凝土为构架，室内还铺上了地砖，这使得房屋外观更漂亮，居室更加干净、舒适，建新房往往需要花费10余万元，目前村中多数村民的住房都已重新建过。

三是现代家用电器及交通工具的普及。自20世纪中期以来，对村民生活影响最大的首先是电视机得到了普及。在曼飞龙村，100%的家庭购买了电视机。电视机打开了村民认识世界的窗户，使他们可以在遥远的西南边陲跨越关山阻隔直观便捷地了解中央政府及地方政府的施政精神以及西双版纳以外的不同地区的生活方式，特别是物质生活的样式，从而刺激了他们发展的动机。电视机对青年人的影响最大，外面的花花世界正是通过电视机的普及初步认识的，这是促动青年人想走出去的重要原因。此外，尤其值得注意的是，由于不少电视节目使用汉语，村民为了看懂这些节目，产生了自己及让孩子学好汉语的需求。在家中看电视节目时常常是不懂汉语的父母要懂汉语的孩子给自己作讲解，他们说："孩子上学后，电视看得懂了！"电视的普及激发了村民让孩子上学的积极性，这是意料之外的收获。

随着电视机的普及，其他家用电器及通信设施进入普通傣家。一些家庭购买了录像机、VCD、DVD机。最引人注意的是自20世纪90年代中开始安装了电话。1995年，邮电系统来村里动员安装电话（每部电话初装费为1000元），当时村中只有几户人家安装，后来大家发现电话能带来许多方便，安装的就多了起来，村中90%住家都安装了电话。村民安装电话的动机有三：①家中外出工作的人多，有电话便于互通音信。②生活方便：村内村外，邀请亲友来玩、吃饭、商量事情时使用电话十分便捷。③攀比心理。别人家有了电话，自己家没有说不过去，有电话就有了气派。

当前对于青年人来说最时髦的消费品是摩托车。只要家中有了十五六岁的男孩，家中一定要给他购买摩托车，甚至有的家庭是借钱购买。原因是如果没有摩托车，一个男青年就没有面子，不但小伙伴看不起，女朋友也不会有。今天在农村中，到处可见摩托车奔驰在街上，每到街天节日，摩托车更是川流不息。摩托车的增多扩大方便了人们出行，但也带来了严重的交通安全问题，不少青年伤亡于摩托车造成的交通事故，曼飞龙村近年已有多人因此伤亡。

积极健康的闲暇生活。这里指坚持经常性的文娱活动，特别是表演性傣族歌舞。傣族是一个能歌善舞的民族，曼飞龙村民更是如此。这个村傣族歌舞基础之丰厚从下面可见一斑：这个村最早出去工作的就是一批因擅长歌舞而被招到外面歌舞团做歌舞演员的几个年轻人。曼飞龙村民喜歌舞、善歌舞，但在推行承包制之初，曾因集体组织的解体而无人组织，处于低落期。近年来，全村140余户分成了10个村民小组，这种小组不仅进行必要的劳动协作，承担一定的社会互助责任，而且还是文娱活动的单位。遇有节庆，常以小组为单位出演节目，进行比赛。曼飞龙的节庆不但保留了傣族的传统节日如泼水节、开门节、关门节、赕塔节等，同时还吸收了全国人民共同的节日，如国庆节、元旦、春节、"三八"妇女节等。节庆如此之多，演出任务自然就重，为准备演出的排练就成了村民日常闲暇生活的组成部分。在我国广大农村，由于承包制的推行及农业机械的使用提高了劳动生产率，再加上人均耕地的减少，农民的闲暇时间明显增加，如何度过大量增加的闲暇时间是一个新问题。曼飞龙村这种积极健康的文娱活动不仅愉悦了精神，增强了社区的亲和性，还有排斥不健康的闲暇活动（如赌博）的作用。

(2) 曼飞龙村的文化变迁

20世纪80年代以来，曼飞龙村的文化变迁是多方面的，这里择其要者进行考察。

宗教方面。沿袭了数百年的傣族宗教信仰在"文革"中曾受到很大的冲击。70年代末，随着"文革"的结束，党的宗教政策渐渐得到落实，群众心中的宗教热情得到了释放，宗教活动得以恢复。村民们修复了"文革"中遭到破坏的佛寺及白笋塔，村中又开始热热闹闹地将孩子送进佛寺当和尚，傣历年、祭佛祭塔等活动也全面恢复。1982年，曼飞龙村恢复了"文革"后的第一次送男童入佛寺活动，1988年，村中住寺的小和尚达23人，是有史以来最多的。他们白天在公办学校上课，学习汉文，晚上在寺中学习经文，学习傣文及佛教中的做人原则。1996年佛寺中有佛爷1人，小和尚20人。2004年寺内有佛爷1人，小和尚8人。

傣族的宗教信仰从观念到行为都发生了深刻的变化。这一变化的根本点在于出现了宗教观念淡化的一代，而这一代又生活在改革开放的大背景之中。由于"文革"中宗教活动停止了十余年，使得一代人未进入佛寺当和尚以履行传统的人生义务，这些人今天已成为青壮年，他们不熟悉宗教教义，在他们形成对世界看法的关键年岁，未受到宗教教育的影响，是宗教观念淡化的一代。这一代人生活在以市场为取向的经济体制改革和对外开放的时期，现世幸福对他们的吸引力超过了傣族历史上任何一个时代。因此，强烈关注现世幸福是这一代区别于上一代的明显特征。而由于这一代正值盛年，处于傣族社会的中坚地位，他们的这种取向不可能不向傣族全社会辐射，以致影响到全社会的宗教信仰行为。下面所述及的曼飞龙村民宗教信仰行为的改变很大程度上是这一代人引起的：

第一，改变了男童均须入寺为僧的惯例。如今，曼飞龙的家长（正值青壮年）多不愿送孩子入寺为僧。他们说："我们傣族落后就是因为没有文化，因此进学校比进佛寺重要得多。"也有不少男孩子自己不愿进佛寺当和尚，他们的意愿也能得到父母的尊重。在曼飞龙村，80年代以后适龄未进佛寺的青少年已达70余人。目前佛寺中虽有小和尚20人，但未进佛寺的同龄少年多达30余人，超过了在寺男童。除去"文革"的特殊时期，这在曼飞龙村的历史上还属首次。特别是这属于村民自己的选择，其意义也就更为深远。现在男童之所以入寺，有以下几种情况：（1）家长说孩子太闹，读不进书，管不了，只好让他们进寺去学些礼貌，让佛爷来管他们；（2）孩子自愿去的，他们认为寺院生活有意思，不必受学校严格的管束；（3）男童的好伙伴入寺了，于是自己也要跟着去。以上三种情况，都已经是家长或本人选择的结果，不再是过去无须讨论的唯一出路。

第二，宗教观念趋于淡化。曼飞龙村寨的中青年人，虽然也参加宗教活动，遵循宗教礼规，大家拜佛他们也跟着拜，但由于不懂佛经，拜佛只是一种形式，膜拜者并不明其含义，问之则曰："拜拜求个心安。"就其对宗教的认识而言，淡化的趋势表现在以下几方面。

第一，来世观念淡薄。三世说是佛教教义的重要内容，如果对它产生了怀疑，就动摇了信仰的基石。现在，曼飞龙村的中青年中不少人对来世半信半疑，甚至明确表示不相信有来世。笔者在调查时问到今天拜佛能否给来世带来财富时，中青年人多回答："现在就想富了，哪里还等来世？也没有来世。""不相信有来世，只相信有今生。"不过，从他们赕佛的种种表现来看，他们朦朦胧胧还是有来世观念的，因而这里称他们来世观念淡薄。①

第二，心目中佛陀的权威性下降。佛陀究竟能给自己带来什么，在这一代中青年心中是不大清楚的。当笔者问青年人拜佛有没有用时，很多人都回答："有没有用不知道。"问到拜佛和致富的关系，他们回答：致富是劳动的结果，"拜千赕万，不劳动还是不得吃。"总之，对于佛陀能给予自己什么或不明究竟，或给予消极的回答，表明了这一代人对佛陀的淡漠，佛陀在他们心中权威性明显下降。

第三，对大宗宗教消费持否定态度。曼飞龙的中青年人不愿意把大笔钱用于宗教开支。西双版纳傣族有赕大佛（即赕曼哈邦）的习惯。通常人们认为，人到老了要好好赕佛，以"赕"来向佛赎罪，而且是"多赕多得福。"赕曼哈邦是曼飞龙村老年人的心愿，但中青年人对此持否定态度。

此外，在民间宗教方面，这一时期祭地区神、村神也已较少，人们生病也不像从前那样求神驱病，而是或服药、上医院就医，或就医和求神并

---

① 现在村里人对于赕（dan，向神灵奉献祭品）佛的作用如下理解：总的来说，是向佛表达自己的虔诚，具体来讲，可以：1. 求得佛的护佑，消灾免难；2. 赕给自己的先人；3. 给自己死后用。所赕的物品因场合不同而不同。在较大的赕佛活动中，还有化妆品、日用品（香皂等）、收录机。问其用途，说是给自己来世用。由此看来，村民还是有来世观念的。

重。民间宗教的重要性降低了。

总起来看，曼飞龙村的中青年人更注重现世的功利，对佛陀和来世都产生了一种疏离淡漠的倾向。当然，宗教传统在这里还颇有生命力，人们的宗教开支有时还可以很大（如集资建佛塔、造佛像），但细究起来，种种宗教行为的内涵却有了世俗化（这里指注重现世功利）的倾向。

曼飞龙村民宗教观念的淡化，有其深刻的社会原因。

在传统傣族社会，由于社会的封闭性和相对停滞的特性，使得下一代人总是重复上一代人的生活模式，上一代人的今天就是下一代人的明天，青年人可以预知自己进入中年、老年的生活状况。依靠自己的努力去改变命运几乎是不可能的，也是徒劳无益的。这样的社会，将自己的命运寄托给一种超自然的力量具有内在的合理性。20世纪50年代以来，特别是20世纪80年代改革开放以来，在曼飞龙村民面前展现的是一种完全不同于过去的生活。机会增多了，改变命运的可能性增加了，人们已经有可能通过自己的努力争来一种较好的生活。相应地，在人们心目中，神的权威下降，人的地位上升；对来世的向往弱化，对现世的追求强化。具体来说，引起曼飞龙村民宗教观念淡化的社会因素是：

其一，替代性功能系统的植入和被认同。这里的替代性功能系统主要指医疗系统的建立。傣族民间宗教的一个核心功能是祛病保安。自从村镇有了初级的医疗机构，渐渐地，村民们生了病就不再主要靠求神来驱病，而是服药或上医院就医。这种对宗教替代性功能系统的认同，自然引起了民间诸神的权威在村民心中的下降。

其二，出现了宗教以外的求得福祉的渠道。20世纪50年代以来，由于实行积极培养、使用民族干部的政策，通过受教育而进入政府部门、银行、企业去工作，从而获得稳定的收入、一定的社会保障和社会声望已不是可望而不可即的事情。曼飞龙村1996年就有47人在外面工作[1]，近年来仍然不断有人参加工作。由于对外联系的增多，近年来到外地工作的人更多，但与过去不同的是能够得到"财政饭"的固定职业者很少了，大多数是到外地打工，尤其是青年人，只要有机会就会外出，父母也十分鼓

---

[1] 这47人中，演员13人（小学文化），政府部门干部7人（初中、高中文化），电台工作人员3人（高中文化2人、初中文化1人），银行职员2人（初中文化），教师3人（高中文化），入伍4人（初中文化），县、乡企工人15人（小学文化）。在47人之外，另有一名退休医生（小学文化）。

励。对于傣族青年人来说，父母并不指望他们挣钱回来，因为此村大多数家庭的经济状况都不差，青年人只是想出去过另一种生活，见见世面。而今天的青年人的工作足迹遍及大江南北及东南亚一些国家。它向村民显示：通过现世的努力可以求得较好的生活。这就具有降低村民宗教热情、刺激他们关注现世的作用。

其三，新型消费品的引入增强了现世物质生活的吸引力。在曼飞龙村，中青年消费的热点已不再是衣物、较简单的干栏式住房等，而是彩电、电话、摩托车、钢木结构的新式傣楼等，男青年若无摩托车甚至谈对象都会受到影响。村民生活的均质性和观念的趋同性引来的攀比心理造成了村民心中潜在的消费压力，他们常会认为，某种消费品（如电话、摩托车）人家家里有了，自己家没有会显得不够气派。这使人们产生了强烈的劳动致富的欲望。显然，这种欲望是一种现世指向的行为动机。

其四，传媒的作用。电视机的普及使得村民坐在家里就能从视觉形象中了解到澜沧江以外的世界。这是一个不同于傣族社区的世界。这一世界中的生活方式、消费模式或多或少地起到了某种示范作用。曼飞龙村民本来就有接纳新事物的开放心态，在传媒的作用下，他们更倾向于认同这种消费模式，这也刺激了他们现世指向的一系列欲望。

婚姻家庭方面。改革开放以来，曼飞龙村婚姻方面总的变化趋势是通婚的等级性、封闭性规则逐渐失去约束力，通婚的范围逐渐扩大；女青年的择偶观逐渐远离传统而表现出功利的取向。民主改革前的傣族社会处于封建领主制之下，人们被划分为不同的等级，村寨也因由属于不同等级的人聚居而成也分为不同的等级。这种等级制对于傣族的婚姻家庭产生了深刻的影响。概括而言，傣族的婚姻家庭有以下特点：一是通婚的等级限制。通婚的范围限于等级相同的村子之间。等级高的村子的村民在过去是不与等级低的村子的村民通婚的。至于与被认定为"琵琶鬼"的村子及麻风病人居住的村子的村民通婚更为传统所不容。二是婚姻的封闭性。傣族一般盛行寨内婚，不与外寨通婚，这一点过去在社会等级高的村子尤为严格。同时，傣族也不与其他民族通婚。在傣族的四邻居住着哈尼、基诺、布朗等民族，但傣族历来不与之通婚，与汉族也一样。傣族与汉族通婚是20世纪70年代以后的事情。三是婚姻自由。在傣族社会中，男女通过自由恋爱结成伉俪，父母无权干涉子女的婚姻，男方家长出面向女方家长求亲也仅是一种形式。婚后如双方不和，则男女都可以提出离婚。高离婚率是傣族传统婚姻的又一特点。四是在西双版纳等地傣族中盛行婚后男到女家，即结婚后男子要到女方家居住一段时间后才能视具体情况决定继续留在女方家还是分出来自立门户。

民主改革后，傣族社会发生了深刻变化，但这种变化对于婚姻的影响并不明显。真正对傣族婚姻产生广泛影响的是80年代以来的社会变迁，它促使傣族的婚姻发生了种种前所未有的变化。

其一，是封建等级婚姻制对青年人的影响已不存在。人们认为通婚不应有等级限制，爱情才是婚姻的基础。在经历了青年人的反抗后，目前，村寨之间的通婚已没有多少限制。反抗的典型例子是：1986年曼飞龙村一少女与过去曾被认定与"琵琶鬼"寨的男青年相爱，虽受到父母亲朋的强烈反对，但他们仍然结成百年之好。此外，距曼飞龙村十余公里的"傣龙勒"村寨过去是曼飞龙村人最看不起的，但这一时期不仅有男子被招来上门，还娶来三四个漂亮姑娘。

其二，婚姻的封闭性已经改变。如上所述，傣族传统婚姻的封闭性表现在寨内婚与民族内婚两个方面。随着社会的开放与对外交往的增多，婚姻的上述封闭性也就渐渐被打破。在1981年以前，曼飞龙村仅有两人与外村人结婚，这一时期已有20余人与外村人结婚，而且越来越多的青年人不愿意与本村人结婚，认为从小在一起长大，很难产生恋爱的愿望。与外村人通婚的一个重要原因是曼飞龙村外出参加工作者较多，尤其是女青年，除参加正式工作外，还寻找机会到外地打工，或参加演出队到全国各地巡回演出。她们回来后看不起本村的男青年，不愿意嫁本村人。这自然也引起了本村男青年的不满。

曼飞龙青年通婚的范围不仅突破了村子的限制，也突破了民族的限制。村子中不仅有多个姑娘嫁给汉族男青年，有的远嫁到北京、上海、湖北等省，还有两名青年与哈尼族青年通婚：一名女青年到大勐龙乡参加了工作，与一名在乡上认识的哈尼族男青年结了婚；一名男青年娶了在村子中民族风情旅游点工作的哈尼族姑娘为妻。尽管村子里对此有一些议论，但也仅是议论而已，并没有影响到两桩婚姻的成立。

其三，离婚率有所上升。20世纪60年代以前，傣族社会中的离婚率较高。据1986年的调查，当时曼飞龙村298名妇女中就有41人离过婚，但大多数是60年代以前离的，在六七十年代这20年间只有10名妇女离婚。后一段时期离婚率的降低主要是宣传教育和行政手段并用的结果。一方面，离婚是一种不良行为的观点广为传布；另一方面，离婚者不仅要受到生产队的处理，还会受到众人的议论。20世纪80年代以来，随着社会的开放，傣族中的离婚率也逐渐上升，曼飞龙村在这一期间共有20余名妇女离婚。在傣族社会，由于离婚有其传统的基础，离婚后再婚率也较高，不论是否有子女，一般都不会对再婚有什么影响。如村中的一个女青年在1989年离婚后，尽管已有一个女孩，仍"娶"了一个其他村子的未婚小伙子来上门。

其四，女青年择偶观的功利色彩明显。在择偶观方面，笔者在1986、1996年分别对曼飞龙村的男、女青年进行过调查。在1986年的调查中，男女青年均把"心好""勤劳"列为择偶的首要条件，具有明显的传统社会择偶观的特点。而在1996年的调查中，女青年除了仍把"心好"列为首要条件外，"有钱"则取代"勤劳"成了仅次于"心好"的条件。他们并且表示，"最好是外地人，结婚后嫁出去"；"汉族最好，有本事，能关心人，本地村民没有文化，没有气质"。作为对女青年新的择偶观的回应，1996年男青年的择偶条件中，除了"心好""勤劳"外，明确表示"不找外出工作过的本村姑娘""姑娘不能太活跃"。由十年来的变化趋势看，曼飞龙村女青年的择偶观变化最大。她们把"有钱""外地人"列为重要条件，表明她们把家庭生活的物质基础看得很重要，特别想通过婚姻找到一条离开传统生活模式、通往五光十色的外部世界的道路，即通过婚姻实现社会流动。这种功利倾向已同内地对汉族女青年择偶观的许多调查结果十分相类而大异于傣族的传统观念。目前，曼飞龙村已有20余名女青年嫁给了外地人（其中嫁给上海人的有2名、湖南人1名、四川人1名、北京人1名、昆明人1名、景洪市区10名；其中上海、湖南、四川、北京、昆明的丈夫均为汉族）。这些婚姻无论其事实上是否幸福[①]，但一时都被视为"上升婚"，当事者颇有荣耀之感。曼飞龙村女青年外出开眼界、见世面之后，就会不满意滞留在家乡的男青年，这是一般社会开放度提高的常见现象。不少对内地女性流动人口婚姻观的调查结果都显示了类似的情况。总之，曼飞龙村女青年的择偶观强烈地表现出不愿再重复传统

[①] 在这种婚姻中的男方很多人无固定职业，不少人为农村户口，文化也低，婚后尽管夫妻关系还可以，但日子过得很苦。我在昆明常遇到嫁给内地人的傣族姑娘，常常是双方均无城镇户口，也无稳定收入，日子不好过，有时夫妻也不和。因此，这种婚姻是否能给傣族姑娘带来幸福是大可怀疑的。

的生活模式，追求幸福、追求发展的功利色彩，这种功利色彩有很强的时代烙印。

相比之下，男青年则处于劣势。他们较少外出打工，在"长知识、开眼界"上已经落后于女青年一步，又面对女青年择偶观的外部世界指向，只好以不选择外出工作过的本村姑娘作为回应①。

总体来看，曼飞龙村男女青年择偶观的这种变化折射出曼飞龙村社会生活的变迁，即从封闭到开放，从传统取向到发展取向。当然，女青年择偶观中的非传统因素并不一定会给他们带来幸福。甚至可以说，外嫁后的不幸福是一代女性为追求新的生活方式所付出的代价。

生育观的现代提升：一个民族文化因子与现代社会要求相协调的实例。

首先傣族在当代社会变迁中一方面吸收了现代性的因子，对本民族文化中明显缺乏现代理性的成分进行改组重构；另一方面，其文化中与现代社会要求相协调的成分又在新形势下得以提升。其中，最明显的是计划生育在傣族的推行和被认同。在西双版纳地区，与其他民族相比，傣族较易接受计划生育的政策与措施，计划生育工作在傣族中推行难度很小。就曼飞龙村而言，近十年来没有一个妇女超生，有40余名妇女生育一胎就做了绝育手术。其他村寨的情况也类似。究其原因，这与傣族的民族文化有直接的关系。首先是傣族的社会经济背景的因素。傣族社会在20世纪50年代仍处于封建领主制之下，但它是和农村公社制度相结合的。在村社中，土地为村社所有，私有财产仍然较少，人们还没有土地和私有财产的继承关系，因而财产继承的观念很淡。同时，傣族没有姓氏、宗族，也就没有子嗣传宗的观念，生男生女在傣族文化中基本不会有不同的价值判断，而若深究起来，似乎更喜生女。凡此种种都直接影响到傣族的生育观。

其次是傣族婚姻与家庭制度的因素。傣族社会的婚后从妻居制使傣族家庭不一定要生男。傣族青年在结婚之后，男方必须先到女方家居住一段时间才能视情况决定是否分家，这其中主要是看女方家庭劳动力的需要。只有在女方家庭不缺少劳动力的情况下才可以自立门户。所以只有女儿没

---

① 相应地，男青年认为女青年若有外出打工的经历，就受到城市生活的影响，心变了，不安心农村生活，甚至有"心花、心野""不想劳动只想玩""胆子大、不害羞"等负面评价。

有儿子也不会缺乏劳力。再者，傣族社会中抱养孩子的传统和淳厚的民风又使接受计划生育的村民免除了后顾之忧。在傣族社会，若一个家庭无子女，则可从孩子多的家庭中抱养一个孩子，孩子长大后一样会孝敬养父母。由于这种社会习俗的存在，使得子女有一定的社会性，只要家庭需要，就可以获得承担赡养义务的子女。在这种家庭制度及相应价值观念的基础上所形成的生育观念使傣族的计划生育工作易于开展。

最后，傣族社会中有很多传统习俗有利于人们认同节制生育。在傣族社会中有互帮互助的传统，不论是日常生活还是农作、建房、婚事，亲友都会前来帮助关照，在农忙时节，亲朋之间都结成搭档，轮流换工。此外，在傣族社会，孤寡老人同样可以得到村中人们的照顾。这些习俗的存在，也使得人们对于子女多少看得并不重要。

总之，在傣族社会经济因素、婚姻家庭制度的因素以及传统习俗的作用下，傣族群众对于子女的多少，是否一定要生男孩等汉族农民很看重的问题都有自己独有的、不同于汉族农民的观念。这样一种独有的生育观念含有与现代社会计划生育要求相协调的因子。在今天政府推行计划生育政策的时候，这种因子被注入新的政策内容，有了新的文化内涵，从而得到了提升。80年代以来，傣族社会的变迁使傣族妇女打开了眼界。今天，曼飞龙村妇女为不愿多生孩子还增加了新的理由：他们认为，孩子多了不但对自己的健康不利，而且也影响自己从事生产劳动，影响家庭经济。

傣族文化中类似的这种良性因子还有许多。例如，傣族群众互帮互助的传统在今天新的村民小组的形式中找到了依托，得到发扬。如前所述，今天的村民小组已经承担了劳动协作、社会互助、开展文娱活动等职能，成为一种颇具生命力的组织。又如，曼飞龙村的节日，不但保留了传统的节日，还吸纳了全国各族人民共同的节日。从内涵上讲，又增添了发展旅游业、增加收入的内容，从而形成了新的节日文化。再如，传统的干栏式建筑很适合亚热带湿热的气候特点，今天他们保留了这种样式，但更新了建筑材料。

(3) 变迁过程中的传统文化与现代化

20世纪50年代以来傣族社会变迁的过程实际上就是一个传统文化与外部社会、政治环境既对立又融会的过程。传统文化在其社会变迁中是一个既深沉、稳定但又十分活跃的因素。因而在少数民族的现代化进程中也将是一个在较长时期内产生着影响的因素，傣族社会文化自20世纪50年代以来的变迁中有以下三个明显的特征：

第一，长期激烈的社会变革并未使傣族的传统文化消失。在60—70年代这20年中，傣族固有的传统文化受到了激烈的冲击，而这种冲击往往就是针对其传统文化的很多方面而来的，试图改变原有的很多文化现象，如宗教信仰、生活方式等。但是尽管经历了长达20余年的变革，青年一代也在这种变革中成长起来，进入80年代后，傣族的传统文化又再次恢复，原有的服饰、语言、道德规范等仍旧保持着，青年一代也认同这种传统。值得注意的是：同样经历了20余年的变迁，与傣族为邻的哈尼、基诺、布朗等族的传统文化较之于傣族则较多地消失了，相反在接受汉文化方面较之于傣族快。这表明傣族传统文化具有较强的稳定性。这种稳定性来自于傣族在悠久的历史发展中形成的较为完整的传统文化体系，致使传统文化在现代社会变迁中也能得以沿袭，并在社会生活的各个侧面依旧起着较大的作用，同时也具有对异文化的排斥性。

第二，在传统的社会文化中吸收融入进了大量现代文明的内容，使傣族的传统文化获得新的生机。例如在傣族地区已较为普及的电影、电视、广播等，不仅是人们生活中一个不可缺少的部分，同时也开阔了人们的思想及眼界。今天人们的住房尽管建筑材料已由竹木转向用砖瓦，但其风格仍然保留着传统式样。可以说，今天的傣族文化中正在融入越来越多的外来文化。而与此同时傣族的文化也正受到外部世界越来越多的关注，傣族文化也正走向世界。傣族地区每年有数以百万计的游客光临，是带动傣族文化走向外部的一个重要因素，与此相关的是傣族的传统餐饮、歌舞、手工艺品，以及以傣族文化元素的影视作品、音像制品、书籍等等不但在当地走红，在国内各地也受到欢迎。这其中一个典型的例子是曼景兰村旅游饮食业的兴起，此村紧靠景洪市区，在20世纪90年代初，该村的农民办起了10余家傣族风味餐馆，傣家传统的食品，每天都吸引着大批中外游客，成为到景洪旅游必到之处，同时还带动了作为旅游纪念品的传统手工艺品的开发。目前虽然这一个村子的餐饮业已为四处开花的餐厅所取代，但它的客观存在代表了一个时期傣族文化的产业化。

第三，通过对当代傣族社会文化变迁的考察，我们发现其传统社会文化很多方面与现代社会发展并不相悖，相反还能成为傣族现代发展的良好基础。傣族的生育率变化及生育观是一个典型的例子。近几年来傣族的生育率已经明显下降，一对夫妻一般只生育两至三胎，并且对女婴没有歧视观念。据1985年对大勐龙乡的统计，傣族出生率为2.3%，而哈尼、拉祜、布朗族的出生率分别为2.5%、4.1%、2.8%，生五胎也很普遍，均高于傣族。到目前，傣族中生育一胎已较为普遍，成为边疆地区计划生育较易于开展的一个民族。这种变化除了今天傣族妇女的生育愿望能够得到尊重等原因外，更深刻的原因在于西双版纳傣族社会文化方面。首先西双版纳傣族传统的婚俗中，结婚后男到女家居住，三年后视情况才可搬出，如需要亦可留下。这样，就无需顾虑家中无劳力或无子女照顾年迈的老人。其次是农村公村人们互帮互助的遗风。不论是建房、耕作或有其他较大的劳作，总是村邻相互帮助，子女多少作为劳动力的优势来讲也不是绝对的。再次傣族社会中赡养老人是一种社会公德，老年人子女少也能得到亲戚及乡邻的照顾。由于这些原因，傣族社会中多子女对于获得劳动力优势、赡养老人、继承家产等的意义都不大。最后汉族农村中，多胎生育，尤其是生男儿与这几点都有紧密的关系。因此今天随着社会的变迁，傣族妇女希望从繁重的家务劳动中解脱出来而少生育，同时人们也普遍认识到子女多的家庭难以过上富裕的日子，促成了西双版纳傣族社会中生育率的下降与生育观的转变。如上所述，傣族文化中的不少因子还能为外界所接受，如民族餐饮、歌舞、手工艺品等，并有了新的发展。

第三节 21世纪以来中国傣族社会文化的变化

一 居住环境与生活方式的变化

自2000年以来，中国傣族地区社会经济都有了较快的发展，人民的生活有了明显的改善，这一切对傣族人民的社会生活也产生了很大的影响。

首先是傣族人民居住条件的进一步改善。在20世纪90年代以后，很多傣族民众开始新盖房子，但是那个时候主要还是在老的宅基上翻新，就算是重建大多数也是原有的风格和建筑材料。近年来傣族地区重新建盖住宅已经蔚然成风，并且70%—80%已经改建完成，靠近城镇的村子，新的住宅建设已经超过90%，甚至100%。不论在哪里完全传统的傣族木结构住房建筑已经不多见了，取而代之的是水泥框架结构的建筑，在外观上保留着一些傣族传统的风格，大多数都不能完全按照传统的风格建设，尽量满足现在的生活需要。住房的改造一方面是老百姓经济收入增多的结果，另一方面政府也给了很多的支持，尤其是2000年以后新农村建设工程的推进，有很多地方建设新房子政府会给予补贴，对于部分贫困户的房屋修缮还会有更特殊的照顾。如在临沧市，传统村落中老百姓进行房屋改造，按照政府的要求统一使用一种颜色的房顶，材料由政府免费提供。在西双版纳州，目前新房的修建每一户政府补助2万元人民币，如果是贫困户在住房改造的贷款中还有更多的优惠。在德宏州遮放镇，2016年政府实施了高速公路沿线村庄等美化工程，打造旅游新形象，对于这个镇沿线村庄的外观改造，政府都给予了补助，例如坝托村是龙瑞高速公路沿线"穿衣戴帽"工程之一，政府将投入1000万元，民间投入500万元。除此之外，遮放镇的芒令村、南么村等进行村容村貌整治，让农村的村容村貌焕然一新。改造费用由政府承担总造价的60%，农户承担总造价的40%，公共场所建设费用由政府全部承担。村民李双全家也是这次改造的受益户之一，2016年他家花费了5.8万元进行了改造，让瓦屋变成了钢架，土瓦变成了彩在德宏州，开展了一系列美化农村的工程，例如依托公路沿线，结合重大项目建设，规划打造一批体现傣族农耕文化、清洁、生态、宜居，农旅文结合的美丽傣家村落景观带。同时在边境一线村寨根据自然资源、民族特色，因山就势，分类规划，打造边境新农村和谐示范带。

  其次，在政府的支持下傣族农村的村容村貌建设有了明显的进展，傣族人民的居住环境进一步改善。在西双版纳，政府也对于民族特色村寨的基础建设进行补助，针对每一个村子的特殊情况进行奖补，实施"美丽乡村"财政一事一议项目补助政策，并且取得了较大的成效。勐龙镇曼龙扣村委会曼飞龙村民小组成功申请到2013年度"美丽乡村"财政一事一议项目。该小组以"美丽乡村"建设项目资金为主，发动群众投工投劳和筹措资金为辅，建设规划投资150.07万元，其中，申请国家补助120万元，群众捐资、投工投劳等30.7万元。完善村内交通道路、村内排水沟建设，实施村寨美化亮化绿化工程。村干部通过群众一事一议，决定把通往白塔的路由4米扩宽到8米，次干道设计为6米宽，道路面积增加近两倍，花池增加一倍。160多户村民中有80多户为了项目的建设让出了部分宅基地，达2000多平方米。项目完成以后，村寨的基础设施得到了完善、村容村貌更加美丽、人民生活品质得到了较大的提升，也为进一步发展旅游业奠定了基础。再如勐腊县2016年"一事一议"财政奖补传统村落保护建设项目在勐腊镇曼龙勒村民小组和曼旦村民小组启动，曼龙勒村民小组和曼旦村民小组都是拥有几百年历史的傣族村寨，周边自然环境保护良好，环境优美。为更好地保存和修复传统民族民居，促进非物质文化遗产的传承与发展，2015年成功申报为中国传统村落，财政分别奖补资金75万元。曼龙勒村民小组规划建设了一栋傣族文化文物展览馆，建设面积354.33平方米，并将对古井、古树等进行修复、维护及挂牌。目前走进这个村子，到处洋溢着浓郁的热带傣乡风光，同时更有傣族传统的居住文化可以让游客尽情体验，品尝傣族美食，每年都吸引大量的游客前来旅游。曼旦村民小组修缮了一栋傣族文化贝叶经及章哈传习所，建设面积166平方米；新建一栋傣族非物质文化、文物展览室，建设面积260平方米。

随着农民住宅的改造，对于傣族地区的村容村貌的建设，政府尽了较大的努力，通过新农村建设项目以及各种特色村寨建设保护专项资金的投入等等，今天在傣族地区农村中，传统的村貌已经有了较大的改变，大多数村子里面，都已经修建了水泥道路、路灯、自来水系统、排水沟、垃圾收集公共设施，有的还修建了广场、球场、公共活动室等公共娱乐设施，一些靠近城镇的村寨还安放了自动收寄快件的设施，有了超市，使傣族村寨洋溢着一种传统和现代相融合的生活气息。在农村的村容村貌整治中，大部分的资金都是由政府投入的，尤其是道路、下水道、公共厕所等公共设施，大多由政府投入建设，受到了老百姓的欢迎。

最后，在农村基础环境建设中，注意保留了傣族传统文化的元素。在2000年后期以来实施的新农村建设过程中，不仅使得傣族地区农村的村容村貌发生了较大的变化，同时也注意了保存傣族传统村落的元素。比如在傣族地区普遍都建设了具有傣族传统特色的村寨门头，大多数是金色和红色两种颜色构成，显得金碧辉煌。在很多村寨，对于传统的水井这一个村寨中最有代表性的地方进行了修缮，修建了新的水井设施，使水井成为村寨的标志和景观。加上新建的寺庙等宗教设施，今天的傣族村寨传统和现代相融合的特色很突出。

尽管在傣族地区，人们居住环境的改变仍然还没有彻底结束，但是较过去相比已经有了较大的变化。生活环境的变化不仅提高了人们的生活品质，也给傣族人民的社会生活和家庭生活带来了较大的变化。例如家家户户都有了独门独户的沐浴间和厕所，满足了人们的卫生需求，改变了过去在户外大小便、在河沟中沐浴的传统，应该说这一切在很多地处偏远的傣族村寨中是近十多年来才发生的，这种变化提高了人们的生活品质，也提高了健康水平，有效地防止了疾病的流行。住房条件的改善，使家庭成员都有了自己的生活空间，很多年轻人都认为家里现在的生活条件和城市已经没有什么差别，有自己的房间和生活空间，学生可以安静地在自己房间里面做作业。老年人过去都没有自己独立的房间，在住房改造以后大多数家庭都会为老人留出房间，这样老人的健康水平也得到了较大的提高，这点也是较为明显的，很多老年人可以在自己的房间中念经拜佛，按照自己的生活习惯起居。

随着人们生活水平的提高，人们的社会生活也发生了很多变化，这主要表现在以下几个方面：

一是农民的收入有了提高，生活有了改善，这一点在傣族农村中是普遍现象。例如景洪市周边的农村，2008年农民人均纯收入只有4000元左右，2017年已经提高到12000元左右。因此农民们建了新房，很多农户购买了小汽车，家庭中的家用电器等都有更新。

二是农民有了更多的闲暇时间。由于近年来这几个主要的粮食产区，很多傣族农户都减少了粮食的种植，而将土地转为经营经济作物，这个过程中更多的是承包给其他人经营。土地承包出去以后，除了力所能及地做一些多种经营，人们有了更多的闲暇时间。除了休息以外，大量的闲暇时间被用于宗教活动或者各种亲戚朋友的集会活动中。人们除了每年都要参加很多宗教活动之外，村民之间日常也互相邀约集会，吃喝聊天。包括一个村子中的同龄人组织、生产小组等都经常轮流聚会。

三是人们的生活方式有了较大的变化。随着人们生活水平的提高，人们已经不再满足传统社会中围绕着农业生产的生活方式。在傣族地区，农村文化活动变得丰富多彩，很多村子里面都有各种各样的表演队和手工艺传承组织，日常村里面都会组织歌舞培训等学习活动，而在逢年过节往往都会组织全村性的表演活动。景洪市勐龙镇曼飞龙村，每年的傣历新年都会组织规模较大的演出晚会，全村各个小组都会出节目进行表演。在每年11月的白塔祭祀活动中，村子里的每个小组都要出节目，年轻人也要组织排演，演出节目内容丰富多彩。这些文化活动一方面丰富了大家的生活，另一方面也传承了传统的文化。传统节庆活动多、文化活动丰富，是傣族农村一个很鲜明的特点。这几年，傣族地区组织外出旅游蔚然成风，很多村民组织前往北京、上海等内地大城市旅游，甚至前往泰国、缅甸旅游。

近年来对村民的日常生活影响较大的另一个因素是互联网络和微信等现代通信工具的普及，尤其是微信对大多数傣族农民的生活产生了影响。除了现实生活之外，微信群的虚拟社会生活也成为人们生活中不可缺少的一部分。人们都参加到各种的群中，享受信息生活。在傣族社会中微信群的设置和传统的社会组织和文化传统也有对应关系，这是傣族社会中微信生活特殊的一面。在傣族的传统社会中，一个村子可能有生产性群体、也可能有同龄人群体和其他社会关系群体，这种传统的群体延伸到新中国成立以后，延伸出了民兵组织、妇女组织、生产小组，党团组织、同龄人圈子、好友圈子、宗教等不同的群体。今天微信群和这些社会小群体也对应起来，形成了线上线下现实生活虚拟生活结合的一种新的生活方式。例如一个村子里面有多少个生产小组、就可能有多少个微信群，老年人团体、共青团、家庭亲戚、好朋友圈子、妇女组织、学习老傣文、佛教知识等都有自己的微信群。人们沟通信息、交流思想感情，对于包产到户以后人们分散的生活来说，微信群的出现无疑增加了人们间从感情到信息间的沟通联系，成为社会生活中重要的润滑剂。信息消费已经成为人们日常生活中必不可少的一个部分。人们不仅通过微信了解了更多的身边或者更广阔社会空间的信息，也增加了知识。今天傣族社会甚至因为微信有了更紧密的联系，很多微信群的人们，不仅包括一个村子、乡镇，甚至包括了国外，例如缅甸、老挝、泰国甚至美国的傣族亲朋好友都可以通过微信群及时沟通信息，因此很多信息都会迅速得到传播，包括节庆活动、社会活动、日常生活、生产活动乃至于突发事件。它改变着傣族社会的社会关系、社会认知、思维方式、知识结构、信息渠道、交往方式、生活习惯等等。

中国傣族地区生活环境的变化、人民生活水平的提高除提振了傣族人民的自豪感之外，对外也显示了中国的国家发展实力和制度的优越性，尤其是在边境沿线地区。傣族是一个跨境而居的民族，在境外有大量的亲戚朋友，近年来他们对中国的发展变化都非常羡慕，通过对比，中国的傣族人民对于国家的发展和自己生活的改善感受明显、自豪感明显增强，甚至经常也会拿自己的生活和境外傣泰民族地区的发展做比较，获得了作为一个中国人的自豪感。这一切，对边疆地区来说对提升边疆各民族人民的国家认同是非常重要的。

二 生计方式的变化

今天在傣族地区，人们的生产方式有了更大的变化，产业更加多元化，在很多地方传统的水稻种植规模在缩小，取而代之的是多元化的经济作物种植。不论在西双版纳还是德宏，很多农地都已经被外地人承包用于种植季节性蔬菜及香蕉、火龙果、西瓜等水果。也有很多村子中稻田由几户人集中承包，扩大种植面积。在很多地区尤其是靠近城镇的农村，传统的水稻种植减少较快是一种明显的现象。很多农村中农民已经不种植水稻，更多的是种植橡胶、甘蔗等经济作物。农田大多数承包给别人，一部分农活往往在农忙的时候也采取请临时工的方式。很多傣族人家参与旅游业经营、开饭店，制作手工艺品等等。总之在城镇周围，甚至在一些相对偏远的傣族村寨中，农民下地种植水稻越来越少，取而代之的是种植经济作物、做些小生意、打工等。在西双版纳的景洪市、德宏州的芒市、瑞丽市周边的农村，大部分农民都已经不下田种水稻，有很多都已经变成了城镇居民。西双版纳景洪市勐龙镇曼龙扣村委会的几个村子，这里距离城市虽然有60多公里远，但是自2000年以来，尤其是近年来人们已经基本不下农田种水稻，村子中的农田都是承包给外地人种植经济作物，一些村民也承包其他村的农田种植水稻，聘用劳工。2018年6月本人前往这个村子考察的时候，看到很多过去种植水稻的农田荒芜着，这都是外地人承包以后放弃种植造成的。目前村民的生计主要靠旅游业和橡胶种植，传统农业正在发生着较大的改变。当然，多种经营给老百姓带来的仍然是收入的增加，近年来傣族农村地区人民收入有了较快的提高，生活有了较大的改善。

景洪市勐龙镇是一个较早调整产业结构，与外来企业合作开展高价值农产品种植的乡镇，几乎每个村子都种植高品质蔬菜瓜果。曼康湾村委会曼康湾村民小组的岩艳与西双版纳的一个公司合作，在曼龙扣村委会租地500亩种植了"墨茄""大龙""布利塔""702"4个品种的茄子，2016年出售了300多吨，利润达600万元。如今的勐龙镇，冬季农业已经形成"公司+合作社+基地"的龙头企业带动型、"合作社+农户+基地"的专业大户创办型、"农户+农户"的自发组织型。仅曼别村委会曼景法村民小组就成立了两个蔬菜合作社，西双版纳又一家农业科技公司也入驻了该村民小组，走向了集团化、集约化、企业化、品牌化的发展轨道。2015—

2016年冬季农作物种植面积超过3.1万亩,同比增长30%以上;目前勐龙镇冬季农作物占景洪市全市冬季农作物计划种植面积的30%。其中,冬季蔬菜种植面积达2.53万亩。2017年勐龙镇傣族农村人均纯收入已经达到了1.3万元。

傣族地区风光秀丽、民族风情浓郁,发展旅游业的资源丰富,在过去几十年来旅游业得到了长足的发展,游客逐年增多。近年来很多傣族村寨都已经和旅游业挂上了钩,很多历史悠久、风光秀丽的村子都被打造成旅游特色村。景洪市勐龙镇的曼飞龙村由于拥有历史悠久的、作为西双版纳标志的白塔,2013年以来和一家旅游公司合作,将村子打造成一个旅游村,目前已对相关的设施进行了建设,每年吸引数以万计的游客到这个村子旅游,带动了这个村子餐饮、手工艺制作、民族舞蹈表演等相关产业的发展。旅游公司每年向村子支付20万元人民币,可以作为全村的公共开支。

这种情况在各地傣族地方都十分普遍,尤其是在游客较为集中的西双版纳和德宏地区,旅游业给傣族村民带来了收入的同时,也带动了很多民俗活动和手工艺的复兴。例如在临沧市耿马傣族农村中,原来传统的造纸业在很多村子中得到了复兴。在景洪市勐龙镇曼飞龙村近年来随着旅游业的发展,带动了传统的制陶业,目前村子里面有七八家制陶专业户,制作传统风格的土陶制品,很受游客以及当地一些用户的欢迎,2017年这个村子制陶业产值就达到40万元左右。景洪市勐罕镇曼塔村委会曼扫景村民小组是景洪远近闻名的"高升村",全组81户人家,家家户户男子都继承制作高升的传统手工技艺。高升是傣族自制的一种烟火,每年傣历新年节,高升成了不可或缺的节庆文化。由于这个村子有制造这种高升的传统,并且品质优良,景洪、勐海、勐腊的许多村寨每年都要来定做高升,每年制作销售近万枚。

景洪市嘎洒镇曼丢村寨距离景洪城9.5公里,全村共88户人家。这是一座上千年历史的傣族村寨,古塔、古井、古树、古寨是这里的特色,这个村子风光秀丽,古朴、傣族传统建筑保存较好,有着发展旅游业的较好条件。目前由一家企业投资,采用"公司+村委+农户"的投资管理模式,实现从"观光型"为主向"观光度假体验型"为主的转变,2015年以来接待游客总人数达10万余人,日平均接待旅游团30余个。旅游带动全村70户人家致富,全村每月约有42万元营业总额。同时曼丢村有70

户经营水果、农副产品、傣家小吃、手工艺品、服装缝纫的农户,每年可创收 100 万元。他们还组织传统文化的传承培训活动,每年举办制陶、织锦培训 600 人次,创作作品 100 余种。

在很多地方,旅游业推动的最直接的产业就是餐饮业,今天傣族的餐饮很受欢迎,在景洪市周围有一些傣族村寨已经发展成专业的餐饮村,传统的傣族饮食也被不断开发出来,获得传承。总之,在未来旅游业对傣族地区的影响会越来越大,参与其中的民众也会越来越多。

当然,尽管有了多种经营,但是近年来农民的收入也变得不稳定。尤其是过去几十年来很多傣族农民依赖橡胶、甘蔗种植,市场价格较好的时候人们的收入是比较可观的,但是这些产品的市场价格波动较大,尤其是近年来橡胶的价格已经跌到了较低的水平,影响到了农民的收入和种植橡胶的积极性。很多农民都出售橡胶树,或者将橡胶树砍伐后再种植香蕉等其他经济作物。尽管如此,在粮食价格较低的情况下,橡胶、甘蔗和其他经济作物的种植仍然是农民基本稳定的收入。

三 宗教文化的变迁

大多数傣族人民信仰南传上座部佛教,同时人们也保持着自然崇拜,信仰万物有灵,因此宗教文化的变迁是傣族社会文化变迁中最生动的一个部分。在进入 21 世纪以来,仍然有很多的变化在发生。这些表现在人们的信仰观念、宗教生活和宗教场所等方面。

1. 在宗教观念方面,多数傣族民众仍然对宗教抱有信仰的态度,认为信仰宗教不仅对现实的生活有好处,能够保护自己和家人的平安,而来世则可以进入天国,这种观念尤其在中老年人中较为深入。值得注意的是年轻人对宗教了解不多,宗教观念相对淡化,并不主动学习宗教知识,但是在村子里也会认真地跟着其他人一起参加活动。现在的信徒中很多人是在 80 年代党的宗教信仰自由政策恢复以后才参加宗教活动的,尽管如此他们已经经历了 30 余年的宗教生活,目前也慢慢步入中老年,因此他们对宗教的热情相对 80 年代后出生的中青年人来说要高得多。这个过程是宗教在改革开放以后得到恢复的过程,也是他们从不信仰宗教到信仰宗教的过程,这个过程中宗教信仰活动开展正常,内容更加丰富,使人们获得了更多的宗教熏陶。这是今天傣族地区宗教信仰得到进一步巩固提升、宗教热情比过去高的一个重要原因。在 20 世纪 80—90 年代,由于宗教信仰的中断使得很多人在青少年时期并没有受到过宗教熏陶,宗教典籍缺乏,同样造成人们的宗教知识缺乏,人们参加宗教活动相对被动,往往就是跟着参加活动,并不真正懂得宗教的内涵和教义。但是在随后的岁月里,随着宗教活动的正常开展,人们接受的宗教教育和熏陶比过去有较大的增强,也懂得了更多的宗教知识。因此在 20 世纪 80—90 年代人们信仰宗教主要还是为了祈求平安,而 21 世纪以来这个变化就是人们愿意按照宗教来约束自己的行为,很明确宗教要求自己做什么不做什么。

21 世纪以来,傣族社会中的宗教信仰活动一个明显的变化是在信仰南传佛教的同时,人们对于传统的自然崇拜有很大的增强。在 20 世纪 80—90 年代,宗教的恢复主要指的是南传上座部佛教的恢复,而对于传统的自然崇拜人们有信仰,但是相关的活动规模并不大,内容也并不丰富,很多时候局限于个人的活动。近年来,这种情况有了较大的变化,对于自然神灵的崇拜不仅意识得到了强化,而且规模也越来越大。无论是在德宏、西双版纳、临沧还是普洱等地的傣族地方,近年来自然神灵崇拜活动规模都越来越大,在一些地方活动的规模和内容的丰富都已经和南传上座部佛教活动相差无几。在西双版纳的很多村子中,近年来人们非常重视祭祀村神,每年祭祀村神的时候全村人都会参加,甚至在外面工作的人都要回来参加活动。活动的当日,人们会制作各种供品,集中在村子的大神树或者是"寨心"标志周围供奉,举行各种祭祀活动,同时也会请和尚来念经祝福,将两种宗教融合在了一起。另外一个特点是内容越来越丰富,包括了多年不进行的祭祀活动如勐神、水神祭祀的活动都恢复起来。在西双版纳的一些地区勐神祭祀活动近年来规模越来越大,包括勐海县勐蔗神、勐龙镇的勐龙神祭祀活动近年来规模都较大,吸引了当地很多村子的人参加。近年来也有一些村子举行祭祀河流中的河神、山里的山神等活动,也从过去较小的祭祀活动演变成今天全村人参加的具有一定规模的活动。人们认为信仰佛教主要是为了考虑到来世,在未来可以进入佛国,在现世佛教信仰可以让人行善、约束自己的行为。但是对于自然崇拜的信仰人们更多的是抱有一种敬畏,认为在人间还有很多自然的神灵和人类同时生活在一起,如果不加以祭祀,那么这些自然神灵将会危害人类,给人们带来不幸和灾难。因此信仰并且祭祀自然神灵,可以消除灾害、获得神灵的保佑,这对于现实世界中的人们来说是非常重要的。今天的社会变得越来越复杂、自然和社会的风险也越来越大,包括天灾人祸,要消除这些,就必须要祭祀自然神灵,这是这几年自然崇拜发展较快的重要原因。笔者在过去的30多年中连续观察了西双版纳景洪市大勐龙镇曼飞龙村,在过去自然崇拜的规模都很小,就算是全村子的祭祀村神,往往都是各家各户供奉些供品,点燃一些蜡烛。然而今天已经演变成了全村性规模较大的活动,2018年的活动前后持续了两天,有明确的议程,各种内容也丰富多彩,和过去相比有了较大的变化。

2. 宗教场所建设。近年来随着傣族地区经济发展、人民生活水平不断提高,傣族人民对于宗教生活也有了新的要求,这主要就反映在宗教场所的建设上。这几年在傣族地区大多数村寨的佛教寺庙都已经进行了新的建设。这种建设往往都是在原有的寺庙地址上重新修建,使之更加宏大、金碧辉煌,在外观上有的改建为泰国或者缅甸佛寺的式样。很多寺庙在修建的过程中对原有的菩萨塑像不进行新的修建,而是保留原有的塑像。很多村子的寺庙修建,民众还有攀比的心理,一个村子修了,另外一个村子必然要重修,甚至要更为壮观堂皇。除了寺庙之外,一些佛塔也进行了新的修缮,同时佛塔周围修建新的附属建筑,包括一些小的寺庙、菩萨像和佛教的象征物、吉祥物塑像等。2017年景洪市大勐龙镇曼飞龙村的白塔旁边就由泰国的信众捐资在此处修建了一座新的佛像,并于2018年举行了隆重的开光仪式。总之,修建新的宗教场所是人们自觉的愿望,人们都很愿意捐资修建宗教场所。例如在修建一座寺庙的时候,其中的柱子、门或其他的主要构成部分,基本都由家庭或者个人认捐。

在重新修建的宗教场所中,规模较大的是位于德宏州芒市勐焕大金塔,这个大金塔的原址在1966年被毁。2004年这座金塔开始重新修建,2007年5月1日,主体工程竣工,并举行了开光加冕大典,总投资5500万元人民币。主体塔位于潞西市东南城郊的雷牙让山顶上,整座塔高76米,塔底基座直径50米,造型为八角四门空心佛塔,下三层为空心大厅,在芒市坝子四周远远就可以看到。建设规模为目前中国南传上座部佛教建筑之首。新的宗教场所的修建,一方面反映了中国傣族地区宗教信仰活动的正常开展,另一方面也满足了信教群众的心理要求和信仰生活的要求。

3. 在宗教生活方面,近年来也发生了一些新的变化。在过去的傣族传统社会中,每一个男子在一生中都要有一段时间到寺庙里面修行,男孩子一般在五六岁的时候都要到寺庙里面做几年小和尚,修行并学习相关的文化知识。在20世纪80年代党的宗教政策恢复以后,男性少年儿童进入寺庙做和尚曾经在整个傣族地区风靡一时，但是随后人数有所减少，更多的家长送孩子到学校中去接受教育，担心进寺庙会影响他们在学校的学业。21世纪以来，进入寺庙做和尚的男童越来越少，目前在很多地方已经基本没有儿童进入寺庙。这就造成了很多地方的"空寺"现象，也就是有寺庙没有和尚。例如在2018年德宏州有南传佛教宗教活动场所613处，有僧侣住寺的寺院仅有86处，占寺院的14%。再如瑞丽市姐相乡共有33所佛寺，只有4所有佛爷主持，有29所空寺没有和尚。这样使很多地方不得不从其他国家聘请和尚前来住持寺庙，满足民众的信仰生活需要。因此近年来在傣族地区，有很多来自于泰国、缅甸、老挝的和尚在寺庙里做住持。在景洪市的大勐龙等乡镇，近年来不少村子都聘用了来自缅甸和泰国的僧人住持寺庙。他们组织各种日常的佛教活动，但是要服从村中的管理。聘请外来的僧人按照村民的要求是有相应的佛学造诣、没有不良习性，一旦发现有不良习性就会被解聘。近年来随着国内宗教人才的培养力度加大，有很多年轻人毕业于云南省佛学院等相关的佛教培训机构，这种状况有所改变。

近年来，宗教生活又一新的变化是人们学习佛教经典的自觉性有所提高，形式也多元化。各个地方的傣族社会中人们相对过去更加自觉学习佛教的经典，而不仅仅是到寺庙里听和尚讲经，人们更看重能够阅读经文。一个很典型的现象是妇女们也很积极学习佛教经典的念诵和阅读，这在过去是很少的。由于这个原因，在西双版纳，近年人们来学习老傣文的热情很高，很多人通过自学学会了老傣文。目前学习的形式也多种多样，除了在寺庙中学习以外，有很多村子都有教授老傣文和佛教经文的晚间课堂。最新的方式就是微信，有很多和尚及有知识文化的傣族人组建微信群，传播教授佛教经文以及老傣文，有些微信群有四五百人之多，微信已成为宗教文化传播的重要渠道。

4. 在对外交往方面。近年来傣族地区的宗教对外交往日益频繁。官方在促进南传上座部佛教的对外交往中做了很多有效的工作，如2016年2月18日中国南传佛教史上最高规格的国际盛会——"首届南传佛教高峰论坛"在景洪市隆重召开。多国僧王、海内外上百位高僧莅会，包括了柬埔寨大宗派僧王、斯里兰卡阿斯羯利派僧王，老挝、泰国、缅甸、孟加拉国、尼泊尔、美国佛教代表团等海内外高僧。2月19日，西双版纳总佛寺还将举行"帕松列""帕祜巴"升座庆典法会，这是南传佛教最殊胜法会之一。更为难得的是，此次升座法会是西双版纳总佛寺12年来首次举行的佛教盛会。2017年4月9日由云南省佛教协会和云南省宗教学会主办，德宏州佛教协会承办的第二届南传佛教高峰论坛在云南省德宏州芒市召开，除了中国佛教界的高僧大德以外，还有来自泰国、缅甸、斯里兰卡等国的高僧出席了会议。这些活动都有效地推动了中国南传佛教交流的开展。与此同时，在民间佛教交流活动也较为频繁。目前在国内边境沿线的德宏、西双版纳、临沧、普洱等州市只要有大的佛教活动，往往都会邀请缅甸、老挝等国的宗教人士前来参加，而更多的是周边国家的群众自发前来参加。相应地，如果周边国家有重要的佛教活动，中国边境一线的傣族民众也会自发前往参加，甚至远到泰国人们都会相约前去参与。在中国的很多寺庙里今天都可以看到来自境外的信徒和寺庙赠送的佛像和其他供品。由此可见，近年来中国傣族地区和周边国家的佛教交流活动无论官方还是民间的交往都有了较大的发展，为边境地区的和谐注入了新的活力。

5. 宗教文化的传承。近年来有关南朝佛教的经文文献整理出版工作有了较大的进展，各地政府都投入了较大的人力和财力，收集整理民间的文献和馆藏文献，编校出版。目前规模较大的是由云南人民出版社2010年出版的100卷《中国贝叶经全集》，其他的诸如《耿马傣族历史古籍典藏》等书籍，都有较高的文化传承价值。

第四节　东南亚国家泰人文化的变化

近一个世纪，尤其是在20世纪中叶以来，东南亚泰人的文化也发生了较大的变化。这种变化主要是在社会的开放与文化传播的加快中发生的，在此我们以泰国与越南为例来进行考察。

首先我们考察泰国。在20世纪中叶以后，西方文化对泰文化产生了较大的影响，泰国社会文化的各个方面都吸收了很多西方的文化。

1. 饮食文化。过去泰人吃饭是用手抓的，并且他们没有特定的吃饭时间。一天中想吃的时候就吃，因此一天可能会吃很多餐，在1938—1944年期间，泰国第三任总理颁布了一个法律：要求泰国人每天吃饭不能超过四餐，与此同时，泰国人也必须要改变用手抓饭的习惯，开始使用刀、叉以及碟子作为吃饭的工具，这样不仅仅能够显示文明，同时也可以避免手上的细菌被吃入口中。在今天，最普通的泰国餐饮是一个盘子、一勺饭，外加一些调料和小菜、一碗汤，就成为大多数城市居民的一餐普通的饭。

2. 语言。今天的泰国语言已经夹杂了大量的西方语言词汇。这些西方语言词汇是由外国商人与传教士通过经、传教商传教以及电影、电视、出版物的传入和影响而造成的。在泰国人中使用英语甚至成为了一种时尚，尽管很多词汇用泰语已经足可以表达，但人们仍然愿意用英语，人们相信这是一种表示现代化的方式以及受过良好教育的表现，这种英语的词汇甚至已经本土化，成为泰语的一个部分。

3. 在服装方面。第三任泰国总理的文化改革，也要求泰国的妇女改变她们传统的装束，比如说要求她们把自己的长发扎起来，也不能随意的裸露胸部，过去使用一块布围裹住胸部的习俗也被不允许，被认为是不文明的，要求妇女们要更多地遮盖身体，同时也鼓励人们穿上鞋子，这一改革刺激了人们去关注时装，使时装能够流行。当然在今天泰国政府为了保持和发展泰文化，鼓励人们去穿着丝绸和其他自然原料制成的衣物。

4. 教育方面。在过去佛教寺庙是唯一的教学场所。佛寺的设立扮演着教学的角色，学习的内容主要是阅读、写作、天文学知识。大多数的学生都是男孩子，因为父母们并不能看到女孩子学习文化有什么好处，他们仅仅想女孩很快就要出嫁，因此待在家里面做家庭事务以及未来照看孩子更为重要，一直到 20 世纪早期，由于西方世界的影响，泰国妇女才开始有机会平等地和男人一起学习文化，走进学校，甚至受到鼓励去接受教育。1844 年在曼谷的一所寺庙里，第一次设立了面对普通大众的学校。在 1877 年泰国的大皇宫内设立了第一所学校，对贵族子女提供教育。

5. 婚姻。泰人传统的婚礼仪式在泰国目前仍然频繁。但是其中的很多内容都已经受到西方文化的影响。如新郎和新娘穿着西方式的婚礼服装，这就是非常典型的一种变化。

6. 社会性别方面。在泰国的传统社会中，一些泰国男子会被允许同时拥有几个妻子，但是一个妻子是不能拥有一个以外的丈夫的，甚至在丈夫去世以后，她也不可能再次出嫁。由于西方价值观念的影响，社会平等观念也逐步进入了泰国社会，泰国妇女被鼓励接受教育，同时出外工作也能够享受社会的利益，和男人们一样获得社会的承认。更多的妇女都愿意从事自己的工作，而且在家里边照看自己的丈夫和孩子。目前一夫一妻制在泰国社会中已经根深蒂固,同时妇女们也有权利提出离婚或者是再婚,当然,大多数的泰国妇女一方面要在外面工作,同时仍然承担着在家里照看孩子以及照顾丈夫的传统义务。

7. 传统的宿命观念。在过去,由于泰人社会是一个等级社会,泰国人坚信任何人的生活都是前世所注定的,并没有一个人能够改变它,因此成功或者失败,都是一个人过去的命运所控制的,他们相信命运,做任何事情都要听从于上天的安排,如果他们做什么事情失败了,那么他们相信这将会带给他们不好的运气。由于受西方文化的影响,这些传统的宿命观念也渐渐被改变,西方人相信一个人可以通过自己的努力去改变命运,西方文化赞赏一个人通过自己的努力工作,去改进自己的能力而不是不劳而获,这些现实存在的有影响力的观念对泰国社会产生了较大的冲击,尤其是给那些在社会底层的人一个很大的机会,让他们改变自己的观念,通过自己的劳动而改变自己的社会地位,而不是等待着命运的安排。

8. 社会等级观念。泰国社会是一个等级社会,泰国社会可以被分为不同的阶级及层次。如因为年龄、社会地位、职业等等。在年龄方面,年长在传统社会中是非常优先的,人们遵循长辈,一切都要让长辈优先,甚至有一句典型的谚语说道:如果你不想被狗咬,你最好走在比你年长的人后面。孩子们对于长辈的话言听计从,不能够有超越的想法。同时社会也鼓励人们对于更高的社会阶层以及有更高职业的人的来进行遵循,这种社会等级观念长期存在,是造成泰人传统社会人们自信心低下的重要因素。例如在学生中,学生们从来也不能怀疑自己的老师,对老师的教学提出问题,因为他们认为这样做,是对老师权威的一种挑战。当然现在这种传统的约束力也有了较大的改善,年轻人接受了西方的文化,他们喜欢西方文化中的鼓励、挑战,因此今天的泰国人被鼓励去创造,并且对不同意的事提出自己的看法,西方文化在泰国的文化中产生了较大的影响,这表现在有形文化和无形文化等诸多的方面。很多观念如涉及性别、宿命观念等都已经在当代彻底改变,人们越来越科学的考虑问题,墨守成规已经不成为时尚。今天人们愿意自己安排自己明确的生活目标,而不是让自己的生活漫无目的等待着好运的到来。无论怎么说,泰国文化受到了西方价值观的影响,但是泰国人仍然保持着自己的固有的传统以及泰国的精神价值。①

---

① Westen Influence On Thai Cultures By Ninart, Thaiway 10 March 2003, Thailand.

以上是泰国泰人社会的一些总体性的文化变迁侧面。在这其中傣泰族群的文化变化也是相同的。为了了解这种变化，下面我们深入到泰国农村社会中来加以考察。泰人过去600余年间从云南迁徙到今天东南亚、南亚的居住地，在历史上形成了不同支系与文化。在泰国的国家民族Thai中，仍然存在不同支系的泰人，其中泰国北部有不少人的先人是从中国直接迁徙而去的，有自己支系的文化。由于受到泰国国家文化的影响，这些不同支系泰人的文化都已经和泰国的国家文化发生了融合，尤其是近几十年来融合的频率更高。尽管如此，在这些变迁中仍然保留着很多本民族支系的文化。自20世纪90年代中期以来，笔者曾经多次到泰国北部，尤其是清迈一带进行调查研究，并且选择了一些不同的支系作为调查点，在此以清迈府的两个村子为例来考察泰人文化的变迁。

1. 勐龙村

勐龙村距离清迈城约20公里，是一个在600余年前从云南省西双版纳大勐龙地区迁去的村寨。据村史记载，这个村寨是在距今610多年前从西双版纳迁徙去的。当时西双版纳地区发生了战争，人们不愿意参加而移民到了今天的勐龙村，而当时地处泰国北部的兰那政府也向周围召集人口到兰那居住，以充实兰那的农业人口。勐龙村今天已经发展成为两个村寨，共有农业用地760来莱（泰国的面积丈量单位，每一莱约2.49亩），生活用地250莱，有人口约2000人，已经发展成为当地一个较大规模的村子。

由于这个村子过去是从西双版纳迁来的傣泐人村子，因此过去的名字就叫勐龙傣泐村，但现在官方称为勐仑村。由于这个村子迁徙到这里已经有600多年的历史，在这个过程中文化已经发生了较大的变化，融入了当地的泰人社会中，很多村民都与外地泰人通婚，不少女孩嫁到外地，也有不少女孩被娶进这个村子，因此在文化上已经和清迈泰人社会越来越靠近，人们仅仅知道自己过去是从西双版纳搬迁来的，真正典型的傣泐人是几户在"文革"期间从西双版纳搬迁到村子里的人家。这个村子的先民尽管600多年前就已经从云南省的西双版纳迁徙到这里，但是人们一直和西双版纳保持着经常性的来往，甚至在"文革"中还有一些人因为中国政治的不安定而从西双版纳迁徙到今天的勐龙村，因此在勐龙村还有不少人能讲西双版纳傣语。笔者在寨中调查时遇到的一位老人波岩勇就是在20世纪60年代才从西双版纳迁徙来的，而后他在这里结婚有了4个孩子，6个孙子，形成了一个大家庭，有了自己的土地及房子，孩子们也大多在清迈工作。一些"文革"时期中从大勐龙迁到此地的人们在村子里做不同的营生，如制作农具、农村日常用品、食物等出售。由于与西双版纳有渊源关系，村子里的村民也还经常到西双版纳去走访亲戚，西双版纳的亲戚们也经常到这里来走访，尤其是在一些重要的宗教节日期间，都会邀请西双版纳的亲戚朋友前来参加，同样西双版纳有大的宗教活动也邀请这个村子的人们一同到西双版纳去参加，双方之间在民族渊源以及民族关系上仍然保持着较强的认同以及较密切的关系。

这个村子的营生以农业种植为主，其中水稻种植是主要的产业。全村种植水稻的面积约400莱。从气候条件来看，这里可以种植两季水稻，但是由于近年来水稻价格较低，农民们并不愿意多种，每年只种一季，并且目前村寨周围还有很多土地荒芜，甚至多年不种，与西双版纳相比较这里的耕种谈不上精耕细作，显得较为粗放，农田的规划和西双版纳相比也较差。经济作物种植主要是辣椒，种植辣椒是这一个村寨主要的现金收入来源，种植面积已经达到400莱。在第四社有85户人家1999年辣椒种植收入达到425万泰币，而种植水稻的收入在当年只有6.37万泰币。前这里也曾种过烤烟，但不成功，因此才改种辣椒。制约农业发展的主要原因是这里缺水，河流来自清莱省，但是在中途由于各个地区用水较多，截流的水量较大，当河水流到本地以后水量已经很小。村中建有一个水库，但是水位较低，每月仅有6天的时间能够从水库中放水。村中又一个主要的特色产业是制造草纸，人们用特殊的树叶、树皮制成草纸，然后在草纸中夹上一些花瓣，这种纸是当地工艺品市场上非常受欢迎的包装纸，这个村寨成规模的小型造纸厂有多家，雇有数十个工人，每天用传统的方法加工草纸，销往清迈等地的工艺品市场。这里靠近清迈，有很多人也能够到清迈市区去工作。近年来村中的一些土地被出售出租给外地人建盖别墅。这里土地可以自由买卖，一亩土地150万泰币。今天在村子周围可以看到多处新建的别墅群。村周围有不少村民开设了餐馆、商店等。

勐仑村经济发展水平显然高于附近的一些村子，尤其是比更为北面的清莱等地农村要富裕得多。由于属于清迈市，能得到清迈市政府的很多资助，清迈市政府每年都资助很多钱给村子中修公路、水库甚至补贴用于建新房等。在1999年村中从政府获得1100万泰币用于公路的修建，在2000年获得了5000万泰币的贷款用于建设村民的新房，大多数村民生活水平基本一致，但也有一小部分的村民由于缺乏子女，生活相对贫困。在村子里还保留着一部分传统的干栏式木楼，与西双版纳的风格还有一定的相似之处，但是大多数村民如今已经建起了一层或二层的小洋房，有的房子甚至非常奢华，如1999年建成的一幢木结构的房子在村子里非常显眼，耗资500万泰币，木料都是从外省购进的，有的一根大木料就需要2万泰币，建筑也非常艺术化。村中大多数家庭都有皮卡车，有的家庭还有轿车，在2000年全村共有265辆车，还有不少家庭有摩托车。电话机、彩色电视机等已经非常普及。

村子有一所条件较好的小学校，有160多名学生，学生1—6年级都可以到村子中的小学校读书。学校有12名教师，这些教师都大学毕业，由政府指派而来。学校每年从政府获得400万泰币的资助，学生在毕业以后可以全部升入中学，学费也全部免除，学生在学校可以有一个便宜的中餐，每个中餐每个学生花费8泰币。学校除了有较好的校舍以外，还有较好的教学设备，如电脑室目前有10台电脑，还有语音教学室，电教设备都比较好。学校的开设解决了村民子女入学的问题，也提高了村民的教育水平，使村民们在未来的发展中能有较好的教育基础，因此也有不少学生能够升入更高的学校，毕业后到外地工作，目前村子里有超过200人在清迈的工厂、商店、政府机构工作，有一些人开设了自己的商店。

在宗教方面，勐仑村的村民信仰佛教，同时也保持着泰民族对于原始崇拜的信仰。村中有一座佛寺，已经有数百年的历史。据村民介绍在600年前勐仑村建村的时候就建造了这座佛寺，但是由于年久失修在20世纪中期已经很破旧，于是村民们集资在1980年重新修建了目前的这座佛寺，是典型的泰国小乘佛教佛寺，修建得规模宏大、金碧辉煌，1998年又重新建了一个佛寺的侧堂，同样也修建得金碧辉煌。村中目前有7个和尚，其中有1个佛爷，现年70多岁。村民们按照佛教的传统，每年履行着各种佛教所规定的祭祀活动，如佛教的新年、关门节、开门节等，但是今天佛教的信仰已经有了较大的变化，男性村民们已经普遍不再进佛寺当和尚，这种变化发生在最近二十余年来。在此前男性村民的一生中仍然要在少年时代或者儿童时代到佛寺里面做几年和尚才能还俗，成为一个社会所公认的男人，但是最近几年来大多数的村民已经不再进佛寺。人们对于佛教的信仰仍然是非常认真的，每年仍然在忠实地履行着各种佛教祭祀活动，享受着各种佛教节日。1999年12月24日，村中的大和尚获得了新的佛教等级晋升,成为村中一个较大的荣耀,当时笔者正好在村里做研究。这一天村中全村的村民都到佛寺庆祝这一盛事,村中的各级领导人很早就乘车前往清迈的大佛寺去迎接本村的大佛爷,领取证书并且将佛爷接回。在进村的时候数十部汽车排成长队,敲锣打鼓行入村里,第一部车上坐着获得晋升的大佛爷,而村中的各种官员都身着泰国政府官员的标准服装,十分隆重。当佛爷来到佛寺前时,学校的学生轮番表演泰人传统的舞蹈,青年们敲起象脚鼓,载歌载舞,表示庆贺。随后在佛堂里举行了隆重的庆祝活动,庆祝活动结束后全村还按照泰人的传统,在佛寺前的广场上举行了一次全村共同的聚餐活动。村里的人们认为信仰佛教还可以使人的道德高尚,使人们能够约束自己的行为与观念,不去做坏事,从而使社会更为和谐。

村民们在信仰佛教的同时也保持着泰人对于原始崇拜的信仰,在村子里建有村子的寨心,人们在现实生活中遇到各种灾难,需要获得神灵保佑的时候,都会向寨心求助。每个村子还有自己的村神,当人们生病、出生、结婚或者是离开家的时候,或有什么重要的事项需要决定,有重要活动,人们都会去拜祭寨神,村子里的村民甚至每天都会到村神的神坛前拜祭,更换神坛前的祭品。在村民们看来信仰佛教主要是为了来世得到好的结果,而现实中的种种问题,种种福与祸,都要依赖于传统的神灵的保佑,每年人们还要有较大的全村性的活动来祭祀寨神。

村子里保存着很多过去泰泐人的习俗。本村泰泐人的很多习俗与周围其他非泰泐人的村寨是不一样的,如在节日,本村的村民要放升高,但是在其他不是泰泐人的村子就没有这个习俗。在每年新年的时候有一个很重要的活动是祭祀老人,这个活动中全村的人们都要用一些衣服、钱物等献给自己家的老人,祝老人们健康长寿,但是其他不是泰泐人的村子也就没有这个习俗。在过去,本村男子结婚以后一般都要到女方家上门3—4年,才能够决定是否离开女方家自立门户居住,这一婚姻模式与西双版纳完全相同。在西双版纳的傣族中,男子也要到女方家去住3年才能自己独立门户居住。在结婚的时候,村中年长者要为结婚的人手上拴上白线,表示祝福。据村中老人们回忆,在20世纪40—50年代,本村的语言和其他非泰泐人的周围的村寨还是有很大的区别的,保持着很多过去原始的语言习俗。

最近几十年来是泰国北部文化变迁较快的一个时期,很多习俗都随着社会的开放与泰文化,尤其是由于以泰国中部文化为标准的国家文化的传播而受到了影响。本村也不例外,很多文化都发生了变化,如传统的语言已经慢慢融为当代标准的语言,尽管人们也保留着泰国北部的地方语言。很多过去传统的习俗也已经改变,如过去在结婚以后要上门3—4年的传统在今天已经发生了变化,结婚后男子上不上门都已经无所谓,主要是要看女方家需不需要,女方家需要可以去,如果不需要就不需要再上门。最大的变化在物质文化方面,传统的建筑习俗以及建筑风格基本上都已经改变了,由于经济条件的改善,大多数的村民都已经重新修建了现代风格的小楼,当然这些楼还是与泰国整个泰人的建筑风格相一致的,但是与过去传统的兰那式建筑风格已经相距甚远。在服装上,人们只有在逢年过节才穿着传统的民族服装,而平日大多数时候都是穿着从商店里买来的服装或与其他泰人基本相同的服装。妇女也不再留长发,大多数剪成了短发,甚至烫卷发。据老人们回忆,在20世纪50—60年代,很多妇女和男人在劳作以后仍然要到村边的河流里洗澡,这一习俗与西双版纳的傣族相同,但是现在已经看不到这些习俗了。由于经济的变化,今天耕作稻田已经不使用牛耕,而是使用机器,牛耕以及养牛作为泰人一种重要的文化延续了数千年之久,但是这种文化现在已经基本被淘汰,为了保持对这一文化的记忆,很多农民家把犁地的木犁放在自家厨房的顶上作为一种收藏品。与此同时,村寨里由于广播、电视及电话的普及,交通工具的改善,加之靠近清迈城区,村民们的思想观念、生活方式都已经渐渐融入城郊的模式中。青年一代受到城市文化的影响很大,人们喜好现代的音乐,接受现代的观念,生活方式也与上一辈人有了较大的改变,尤其反映在婚姻生活中,本村的青年人与外地人通婚已经非常普遍,因此很多老人担心再过几十年本村人将失去对于自己民族传统的认同,尤其将不知道自己的村庄是一个在几百年前从西双版纳迁移来的村寨,它有一些什么样的传统也不再为青年人所知晓。相反很多青年人受到了现代社会的不良影响,在过去5年中就已经有5个人死于艾滋病,吸毒等不良社会现象也在村中时有发生,这一切都是村中的宗教人士以及老一辈人所担心的。笔者在这一村子做田野调查的时候曾经多次与村中的大和尚畅谈,他一再强调信仰佛教以及强化佛教观念对于当代社会和谐、稳定,尤其是青年人的行为规范十分重要。他认为今天社会的变化带来的消极影响太大,青年人更看重的是现实社会中的物质生活享受,而不愿意规范自己的行为,使自己成为一个高尚的人,这样下去,传统的泰人社会将会被逐步瓦解,因此他希望泰人的传统能够在社会中保留下去,而对宗教的信仰,尤其是对佛教的信仰就是这其中重要的一个步骤。事实上学校以及村里的领导者们也都十分重视保持对民族传统的记忆,他们除了每年重视各种民族传统的节日活动以外,在村子里也想一些方法来让青年人记住传统,如在学校里建盖了一座房子,村民们把过去使用过的农具、生活用品、经书、衣物等都放置在这一座房子里,形成了一个小小的村寨民俗传统博物馆,平时也要求学生们有一定的时间去参观这座小收藏馆。

总而言之,最近几十年来是泰北文化变迁最快的时期。这种变化过程的主要特点是当地各种传统的习俗以及不同支系泰人的文化传统逐渐融合进一种相对统一的国家文化中。虽然在泰国泰文化是主流文化,但是泰文化已经形成了一种有一定国家规范的文化模式,不论是在语言、音乐、舞蹈、价值观念、文字等各个方面都有一定的模式性。在泰北固然有地方文化,但是这种地方文化也随着文化的传播和融合,逐步趋于统一化、标准化,各个支系的民族文化在这种融合中逐渐改变、丧失,从而向一种标准和统一模式化的泰文化靠近,而在这种文化的融合中又加入了很多外来的文化,甚至是西方的文化,这一切随着今天的通讯、交通、文化传播等变化得更为快捷。泰北的文化也从一种多语言的地方文化逐渐在最近几年向泰国国家文化的模式文化而变化。

2. 阪巴腾村（Ban Pa Tan, San Kamphang district, Chiangmai）

泰勇人村,距清迈市区约 20 公里。此村据说是在 100 多年前从西双版纳迁徙到今天缅甸的勐勇,然后再从勐勇迁徙到本地的（Mr. Boontham Chai-in, 2002）。从勐勇迁到这里来的村寨目前在这一地区有 13 个,形成了一个传统文化有相互关联的社区,很多仪式都在这 13 个村寨中轮流举行,也都有泰勇人自己的文化传统,例如每个村子的寺庙后都建有一个火化塔,火化塔在村子中有非常重要的地位。与其他泰人不一样的是这个村寨的人对于自己的祖先有很强的记忆观念,他们每年都要在佛寺前举行追记祖先的活动,这个活动在当地的 13 个泰勇人的村子中每年轮流举行。每年 12 月是举行祭祀祖先活动的时期,在这个时候举行活动的村寨要在佛寺前的广场上搭起很多竹棚供人们在这里集会、吃饭、诵经,同时很多老人们还会在竹棚里边住几天。活动一般要举行 5—7 天,每天的早晚人们都要向佛寺敬献食物,整天都要集中在一起追记祖先。在当地泰勇人的家庭中，也都有祖先的牌位以及家庭的神堂，表示对祖先的祭祀。这种文化特征与泰人传统的文化是不相同的，据当地的老人说，这一切主要是源自当地的泰人在历史上从西双版纳到缅甸，再到泰国北部的一个长期的迁徙结果，人们希望一代代人能够记住这一迁徙的历史。泰勇人有自己纪年方式，人们根据自己的年龄来确定祭祀祖先的日子。人们信仰佛教，在村里建有佛寺，严格按照佛教的规律每年进行着不同的祭祀活动，过各种与宗教相关的节日，但是同时人们也保持着对传统宗教，即自然神灵的崇拜。在村寨中除了有表示村寨中心的菩提树外，在菩提树旁也还能发现村寨神的小神房，与其他很多泰人村寨相比，这里的小神房修建得相对要大一些，可以看到神房前有很多供品以及祭祀的痕迹，反映出当地村民对于村神的敬重与祭祀。村里的村民认为，佛教与原始崇拜有相同的重要性，原始崇拜能够管到人们现实生活中的平安、快乐、幸福，而佛教则关系到人们的未来与来世，因此信仰传统宗教人们可以获得现实的利益与幸福，而信仰佛教人们有一个好的来世。在泰勇人很多活动中，佛教与传统的原始崇拜已经有了一定的混合，如祭祀家神、祭祀祖宗神是通过佛教的方式来进行的，在佛寺中举行，这一点与其他的泰人村寨是完全不同的。再如在开耕农田的时候，首先要依据佛经写好日子，然后人们拿着一个装有10壶酒等供品的竹篮子到田里去祭祀稻神及土地神。人们在生病的时候也都要首先到佛寺里进行祭祀，然后到村神的神房前去祭鬼，因此两者之间的很多方面在人们的观念里已融为一体。村子里每年都要进行一次村神祭祀，祭祀的时间在每年的泰历新年，也就是宋干节前进行，这一活动也可以反映出佛教与传统的原始宗教相融合的一个过程。

在泰勇人的村寨中过去都有自己的语言，但是今天的年轻人不再会讲这些传统的语言，只有老人们才能够讲，年轻人主要讲曼谷话。过去泰勇人的住宅形式也与当地其他泰人有所不同，有自己的风格，但是今天这些传统的建筑已经逐步为新的建筑所取代，传统的泰勇人建筑已经逐渐消失。据老人们回忆，过去古老的住房形式、语言都与西双版纳的傣族相同，但是这一切都发生了变化。在泰勇人的村子里，当代的文化变迁也同样呈现出这样一个特点，就是自己支系的很多文化传统逐渐丧失，取而代之的是泰国社会的一体化模式，逐渐融为当地的泰人文化与社会中，文化与其他村寨、支系的泰人逐渐趋于一致。

尽管全球化使得泰国北部不同支系的泰人逐渐丧失了很多本支系固有

的文化传统而逐渐趋于一种统一的文化模式之中，一方面因为文化的融合使这些支系的文化中融入了很多过去没有的新的文化因子，但是另一方面文化的传播以及社会的开放又使泰人在对待自己的文化传统上有了一些新的认识并找到了文化传统新的价值，这从旅游业的发展中可以明显地反映出来。泰国北部现在是旅游业发展较快的一个地区，旅游业已经逐渐在当地形成规模，带来了大量的游客，尤其是西方的游客，从而也带来了很多西方的文化观念及文化因素，甚至是消极的文化，但同时也使泰国北部的泰人们认识到了自己的文化危机以及保持自己民族传统的重要性。泰国北部的文化传统在旅游业中找到了一个特定的市场，很多旅游工艺品的开发带动了农村的工艺产品发展，泰国北部旅游工艺品的开发规模之大、层次之高是其他很多国家不能相比拟的，旅游品的种类数以千计，并且都有非常鲜明的地方特色。在泰国北部的很多地区都形成了较大的旅游品生产及销售基地，其中有很多就是以传统的村寨为基地的。在清迈周围的村子中有很多木雕村、传统雨伞制作村、纺织品及其它工艺品村等，这些村子都已经形成了较大的规模，每天吸引着大批游客。与此同时由于旅游业的发展，泰文化中的很多因子都在旅游业中有了新的价值，泰国的餐饮与烹饪深受欢迎，传统的舞蹈、音乐、服装等也深受旅游者喜爱。很多学者都认为在旅游业的发展以及文化的传播中形成了一种比较效益，使人们在比较中认清了自己的传统的重要性，也认清了如何去保护自己的传统，认识到了自己的传统也能够在经济发展中找到自己的价值。因此他们认为泰北人非常重视自己的传统，在今天尤其是这样，这应该说是今天全球化带来的另外一种效益，如果没有旅游业的发展就带动不了传统的手工艺品的保护与开发。

在今天泰人居住的几个国家中，越南泰人的文化是保存较好的，特别是在越南的边远地区。这其中的原因主要是因为地理环境的封闭、交通的不发达以及越南的对外开放较晚等，在过去大多数泰人居住区外国人都不能去，在抗美时期这些地区受到外界的影响也很小，一直到20世纪90年代以后这些地区才逐渐对外开放，受到一些外来文化的影响。在这些地区泰人与其他民族的融合主要是表现在泰人与居住地其他民族的相互影响上，如当地泰人与越南的主体民族京族之间的相互融合较大，过去泰人基本上都住干栏式住房，现在受到京族的影响，有很多地区尤其是靠近城镇的地区，住房的模式已经深受京族的影响。人们开始建筑京族风格的住房，但是在早期京族以及当地其他少数民族受到泰人的影响是较大的，因为农业生产技术以及诸如纺织等手工业泰人的技术水平要远远高于当地其他民族。

由于社会环境的封闭，在越南的泰人中老人们很少会讲越语，尤其是在20世纪60年代以前，99%的泰人都不会越南语。1955年越南各地成立自治地方政府后，随着政府的教育的推广才逐渐有一些年轻人开始学习讲越南语，现在大多数青年人都会讲越南语。由于越南国家鼓励各民族发展自己的文化并且保护自己的民族传统，对于民族文化的发展也进行了必要的资金投入，因此越南各民族的文化保护与发展仍然是较好的。在宗教方面，由于越南的泰人普遍不信仰佛教，宗教主要还保持着万物有灵的原始崇拜，这些崇拜除了是一种宗教意识以外，同样也成为对社会各个方面产生着广泛影响的节日以及伦理。

越南泰人每年7月14日过中秋节。中秋节主要是从京族中吸收而来的，而京族过中秋节又是受到中国文化的影响。在每年载秧的时候，人们都要进行农业祭祀活动。在丰收的时候要过一次新米节，各地的泰人都要杀猪宰牛，品尝新米，欢歌起舞，庆贺节日。在每年3月，要祭祀水神，在祭祀水神的当日全村人都会到水源林或者河流边用鸡、猪、牛以及水果、糖果等进行祭祀，希望水神在给人们带来丰富的水资源的同时也能够保护村民的平安，不至于造成河流的泛滥而危及人们的安全。每年的7月还要祭水牛，这一天人们都会将自己家的水牛洗得干干净净，甚至给水牛戴上花，让水牛吃好吃的，拜祭水牛神，保佑水牛身体健康，能够给人们带来丰收。水神和水牛神的祭祀都与泰人种植稻米的传统分不开，都是为了乞求神灵保佑人们获得丰收。此外在越南的泰人中，不论是住房模式、服装，生活方式以及人的行为等都较好地保持着泰人的传统。

近年来，随着社会的开放以及传播媒体的发展，泰人社会也不断受到了外界的影响，生活方式等也在发生着变化。目前在泰人居住区大概有10%—15%的家庭有了电话，60%的泰人居住区已经为电视信号所覆盖，而广播的覆盖率则达到了100%，这一切对于泰人了解外部社会产生了影响，使得年青一代有机会接触外部的文化，由此而受到了外部文化的影响。在泰人居住区现在家庭摩托车拥已经普及，由于交通的改善，还有很多青年人能够到大城市中工作。

近年来旅游业的发展对于一些泰人地区的影响最大，在政府的推动下，很多泰人居住区都已经变成了对外界开放的旅游地区，如和平省的梅州县目前已经建设成了泰文化旅游区，在奠边府等地泰人的居住区也有多个热点旅游区，这些旅游热点地区每年都吸引着大量的外国游客前往参观旅游，同时也将外国的文化与观念带到了这些地区，促使这些地区社会发生变化。人们将传统文化转变为一种旅游资源，传统的手工艺、舞蹈、餐饮、居住等文化都转变为旅游产品，从而带动了这一些地区文化传统的一种转型。在这里我们通过梅州地区一个泰人的旅游村来加以考察。

梅州的旅游和国家的政策有直接的关系。在20世纪90年代越南政府就已经选择了一些边远的少数民族地区作为发展旅游业的地区，其中梅州地区就是越南政府选择的较早的一批对外开放发展旅游业的地区之一。这一地区由国家6号公路连接越南西北部山区和红河三角洲，同时到越南首都河内的距离也只有120多公里。国家和当地政府在发展旅游方面作出了一系列的安排，包括邻近的几个省之间共同协作，发展旅游业，开发基于农村的休闲旅游项目，建设交通设施等等。同时政府和一些企业也正在促进投资，已经开始修建一系列的现代旅游设施，包括旅游度假村、公园、人工湖等。因此旅游业的发展成为带动当地，包括京族、泰人、苗族在内的不同民族迅速将发展旅游业作为新的经济增长方式，从而也促使了当地社会文化的变化。目前每年接近2万人次的游客前往梅州旅游，其中有5000人左右是外国人。

阪拉泰人村（Ban Lac）距离越南首都河内136公里，是一个历史上从老挝边境迁徙而来的村子，是和云南省西双版纳的傣族有民族渊源关系的泐人支系。他们的很多风俗习惯与今天中国云南省的西双版纳傣族基本相似，尤其是语言是和西双版纳相同的傣泐语。这个村子是当地旅游业发展较为成熟的一个村子，旅游业的发达程度甚至超过了附近的京族村子。

在越南实施革新开放政策的前后，这个村子的农民的生计方式和他们在集体时期的状态已经发生了根本的变化，现在更需要他们自己努力去谋取新的生计，过去集体化时代的计划经济已经结束。在这个村子村民的生计方式正在迅速转变为经营旅游业，同时传统的民族文化资源也越来越多地成为旅游文化资源。旅游业发展成为当地经济发展的主要发展方向，大多数的村民都已经从传统的农业生产转向旅游业，目前已经初具规模。一个明显的变化是在发展旅游业以前,这里是非常贫穷的,他们的经济收入只能从种植水稻、山地农产品和蔬菜等传统农业中获得,而今天他们可以从发展旅游中获得比过去更丰厚的收入,也有一些家庭由此而变得富有。当然在经营旅游业的同时,这个村子的很多农民仍然在从事传统的水稻和蔬菜种植,用于满足自己的需要并对外销售。

2017年这个村子有112户人家,已经有近40户人家在经营旅游民宿。由于旅游业的发展,旅游经济成为新的经济收入来源,农民的生产也按照旅游业的需要而展开。目前这个村子的农民提供的旅游产品主要包括了提供住宿服务、餐饮服务、旅游纪念品生产和销售、旅游食品、歌舞表演等,这些经营内容都是过去没有的,对于当地人来说也是一种挑战,能够适应这种挑战,开发出产品,就能够获得更高的经济收入。因此这几年来很多年轻人的就业发生了变化,一些过去在外面打工的人也回到了村子里从事旅游业经营,可以获得比在外面工作更多的收入。这些人有了一定的在外面工作的经历,对回到村子里面从事旅游业也是非常有帮助的,他们不仅有了好的技能,同时也有了外部的社会关系网络,对于发展家庭旅游非常有益,很多游客都是通过在外面工作的朋友介绍来的。这里发展旅游业一个很有意思的现象是当地泰人村民的主动性,他们的旅游业首先是自己做起来的,在政府还没有鼓励当地旅游业发展之前,这里的一些村民就将自己家的房子改造成家庭旅馆,做起接待游客的工作,同时自己通过在外面工作的亲戚朋友联系游客。由于这里风景优美,很多爱好租用摩托车旅游的美国人和其他西方人在前往梅州旅游也会来到这里,使这里成为一个旅游热点。在旅游经营慢慢成熟以后,农民们主动和梅州、首都河内等的旅游机构建立联系,由这些旅游机构安排国外客人,加之越来越大的名气,也吸引了很多国内的游客,使这里的旅游业兴旺起来。

随着旅游业的发展,政府开始对这里的旅游经营进行规范管理,在家做旅游接待工作,包括住宿和餐饮都需要取得许可证,同时还要缴纳税款。办理一个许可证在2000年中需要约60美元,2015年起需要80美元。同时,每一个旅游住宿的家庭还要将经营收入的10%上交给村民委员会,不过每个月不超过15万越南盾,如果游客减少的时候,也可以减少到10万越南盾,也就是不超10美元。

这个村子目前仍然保持着很传统的风貌,农民的房子和其他地方的泰人一样，仍然是传统的木结构干栏式两层建筑。在村子里面已经形成了一条主要的街道，两边的房子都成为了出售商品的商店、餐厅和咖啡店，同时也是住宿的旅店。目前村子中有一些房子是专门为做旅游而建盖的，样式是传统的，但是建设得比较精致，也按照旅游业的要求建有标准住宿房间、卫生设施等。这些房子有的是一家人投资建设的，也有的是亲戚朋友集资，其中比较特殊的一些是外来投资者和村里的人合作建设的，包括一些京族人。银行也向从事旅游经营的人发放贷款，包括为新建旅游住宅的农户贷款，支持旅游业的发展。

在我们来到阪拉村访问的这一天遇到的越南游客很多，其中很多是家庭自驾来旅游的，也有一些由学校组织的学生旅游，到下午的时候还不断有小轿车满载家人来到这里。这里外国人很多，有很多外国人从网上订购了这里的房间，来到这里进行2—3天的旅游。我们询问了几位外国游客，他们大多是从美国来的，他们都可以从越南的旅游网站上获得相关信息，并且订购服务，其中有的人在这个村子要住一个星期。在交谈中，他们都表示出对前往越南旅游的兴趣，尤其是希望了解越南战争以后发生的变化。越战的背景，显然是吸引很多美国人前往越南旅游的一个重要原因。

游客们都反映，在泰人村子里面居住，可以获得价格低廉、服务热情、特色鲜明的旅游体验。可以体验到村子里的美丽风景、泰人家庭的独具特色、泰人村民的热情好客，品尝泰人别具风格的美味食物。这些都是吸引外来游客的优势，不仅受到外国游客的好评，同时也受到越南国内游客的好评。这里尤其吸引人的地方是保存比较完好的泰人村庄风貌，相比泰国和中国云南的西双版纳，由于较为封闭，因此传统的风貌保存得更为完整，包括非常传统的民居民俗，这样完整的泰人村子在泰国和中国都已经很难找到，依笔者的感受这样的村庄风貌和传统民俗在中国的西双版纳等傣族地区只有在20世纪80年代以前才能看到。这一点在我们和一些去过泰国北部旅游的西方游客的交谈中，他们也有相同的感受，认为这是当地旅游最难得的地方。

目前这个村子已经形成了综合的旅游服务规模，能够提供相关多样化的旅游产品，这也表明农民的技能有了新的提高和拓展。村民们的旅游产品包括以下几个方面：住宿服务，村民们为游客提供农家住宿，包括房间和家庭化的饮食。一般一个游客一晚上的住宿只需要5美元左右，根据要求的饮食内容不同每天再增加 5—10 美元的餐饮费。旅游产品商店的经营，这一个部分是单独的，很多家庭往往都租给其他人经营，因此现在有很多外来人到这里经营旅游产品。旅游商品的开发生产，很多农户都生产旅游产品向游客销售，这些旅游产品主要是手工纺织品、木竹制品和食品。纺织品主要是传统的裙子、背包、帽子等，由于独具特色，很受游客的欢迎。纺织品是最大宗的旅游产品。旅游食品主要是传统的泰人食品，包括腌制的竹笋、将糯米放入竹筒煮熟的米饭和其他当地的土特产品。这些商品主要由当地的村民制作，这也形成了村子中的旅游产品生产有一定的分工，一部分村民专门进行旅游产品的加工。近年来由于旅游业的兴旺，也有一些人到老挝收购手工艺品到这里出售。目前还有一部分人是专门从事旅游市场工作的，一些村民借助自己在内地的关系，专门从事介绍客人到这里旅游的工作，成为当地的旅游准白领，这也是过去没有的。

这里的旅游业发展虽然只有 20 年左右的时间，但是已经形成了一定的规模，并且对当地的社会经济文化都产生了较大的影响。这主要反映在以下几个方面：

一是旅游业发展带来了生计方式的转型。这个村子泰人的传统生产方式主要是水稻种植，而目前虽然还保留着一定的水稻种植，但是主要的生计方式已经转变为以发展旅游业为主。自给自足的传统农业生产方式基本转型为以旅游市场为导向的经济，人们正在将传统的民族文化资源和当地的自然资源优势转变为满足旅游市场需要的资源优势。在这个过程中，两者互补，传统的农业生产方式可以满足人们基本的生活需要，但是旅游经济的发展却可以带来人们现代物质生活的变化，尤其是获得更多的现金收入而变得富有。这种变化目前也带来了一系列的问题，由于发展旅游业使传统的水稻种植也受到了影响，水稻种植价值较低，并且劳动强度大，因此今天的农民们尤其是青年人已经不愿意再从事水稻种植，很多土地承包给其他人种植经济作物，这在一定程度上导致了传统农业生产的弱化。与此同时，政府征用农民的土地开发旅游度假设施，也使农民失去土地。这些现象是农民们较为担心的，因为随着土地的丧失，唯一的生存将只有依靠旅游业这一个单一的产业，使农民的生存风险加大。因为在旅游业的发展过程中，机会和能力并不是均等的。

二是旅游业的发展带来了社会的深刻变化，主要表现在以下几个方面：第一，促使人们在旅游业的过程中出现劳动的分工，并且这种分工是专门化的。在这个村子已经出现了这样的现象：一部分的人从事客房的服务，而一部分人从事制作作为旅游产品的传统手工艺品和食品，一些人专门从事产品销售和相关的生意经营，包括游客的联系和市场开发管理等等。总之，这一切都是过去村子里的泰人没有从事过的工作，而现在这些专门化的社会分工已经发展起来，对于当地的泰人来说还是一种发展进步。但是今天当地泰人比较困惑的也正是这一点，由于文化水平低，很多泰人并不适应旅游业的发展，很难找到新的机会，增加收入。反过来这几年有很多外地的京族人前来村子里参与旅游业的经营，租用泰人的房子经营客房，出售商品等。尤其是政府安排的征地发展旅游业的项目中，当地的泰人很难参与，未来可能会在当地招一些工人，但都是一般的工作，不可能参与管理和经营获取更多的收入。与此同时，当地村子里面的劳动力由于旅游业的发展而变得越来越缺乏，尤其是有技能的年轻人。很多家庭想扩大旅游经营项目，但都苦于缺乏劳动力而不能够展开。今天当地的年轻人已经很少外出工作，尽管如此也不能满足需要，反过来可能造成这个村子对外的社会交往越来越少。第二，旅游业的发展使一些人迅速致富，这就造成了村子里面人们的贫富分化。在旅游业发展之前，这种现象是不存在的，一个村子的人们，贫富基本相同，但是近几年来村民们贫富差距迅速拉大了，有的村民变得很富有，有的村民由于没有能力或者机会经营旅游仍然贫穷。在我们走访过的一个家庭中，由于他们较早经营旅游，并且把自己的房子改造成民宿，每年都有可观的收入。在我们考察的时候她家刚好进行了新的民宿的建盖，自己筹资 1 万多美元，向银行贷款了 1 万多美元，约花费 3 万美元建起了一座新的民宿，作为接待游客的客房使用。新建的民宿条件比较完备，包括单人间和双人间，有卫生间、热水器等设备。他认为只要民宿开起来以后，一两年就可以赚回贷款。他个人感觉到较大的问题也是人手的不足。据他说在这个村子里面目前收入较好的一年可以在两万美元左右，如果不经营旅游业，按照传统农业生产，一个家庭一年的经济收入不会超过 1000 美元。

三是旅游业的发展带来了文化的转型。在旅游业的发展过程中，人们尽量将本民族的传统文化资源如歌舞、手工艺、饮食、居住等转化为旅游产品，同时还将很多已经消失了的传统文化资源开发出来，尤其是纺织品。这些传统文化资源，依据旅游市场需要而进行了设计与品质提升，更加丰富多彩。在村民们看来这一切对于民族文化的传承发展还是有好处的。民族文化资源是发展旅游业最迷人，最有吸引力的资源，这一点当地的村民也认识到了。但是过度的商业化和外来文化的影响，也将会影响到民族文化的正常发展，这点也是农民们担心的。在我们考察的时候，遇到一个从外地工作并且在梅州上过中等专业学校回来的女孩，由于家里发展旅游经营而缺少人手，父母让她回来参与经营活动。她认为旅游业对当地的发展来说是非常重要的，也是非常有发展前景的，至少能够让当地人致富，这里的大多数人都非常贫困。但是她也非常担心目前的旅游业未来是否会对当地的社会产生负面的影响，比如当地政府和外地投资者开发的大量旅游项目，都征用了当地大量农民的土地，农民的生计被强迫转入到了旅游业中，使得当地的生产生活都会非常单一化，这对于当地的发展来说也许是不利的。与此同时，大量外来的文化必将取代本地的民族文化，使泰人的文化越来越难以维持。就以泰人的语言为例，他们虽然在家里村里相互之间都讲泰语，但是表达能力已经非常有限，例如与我们交流问题，已经不能够使用泰语，必须使用越南语才能够表达。同时目前越来越多的传统产品被开发作为旅游产品，也是根据市场的需要而进行新的设计生产的，也许未来就不会有多少泰人传统文化特色了。最令她担忧的是，由于旅游业的发展，很多年轻人都不再愿意继续读书，尤其是到更高一级的学校念书。目前村里只有一些经济条件比较好的家庭，为了将来旅游业的经营把孩子送到首都河内专门学习旅游管理等相关的专业。

通过梅州阪拉村以及在其他地方泰人社区的考察表明，目前泰人社区基本上都处于在一个对外开放的过程中，也是他们首先考虑的发展选择。近年来，由于越南经济发展较快，普通民众的收入，尤其是城市居民的收入都有了较大的提高，国内旅游市场在越南发展较快，这也促使包括泰人社区在内的少数民族地区旅游业得到了较快发展，梅州地区的阪拉村是其中一个典型的例子。与此同时，由于市场需要，很多农村地区都调整产业结构，种植市场需要的经济作物，很多泰人社区的生产结构也向着市场化方向调整，使得传统的生产结构发生了变化。身处在越南的发展环境中，泰人社会一方面受到越南国家文化，尤其是京族文化的影响，另一方面也受到市场经济的影响。在这种大环境中，长期处在一个封闭社会环境中的泰人社会也正在发生着经济、社会和文化的变化，总体而言这种变化表现在由封闭走向开放，传统文化在外来文化的影响之下有的获得保留和提升，有的迅速消失。因此如何传承和保护传统文化，是泰人社会的挑战。

第五节　全球化进程中的文化危机

尽管在当代全球化背景之下，傣泰民族文化在不同的国家以及不同的社会文化背景之下仍然保持着基本的完整性，但是全球化的进程仍然对傣泰民族文化造成了很多根本性的改变，造成了很多文化上的危机，这在各个国家都存在，对这种危机的认识，对于保护和发展傣泰民族文化有着重要的意义。

在中国，近年来随着社会、经济、文化的变革，傣族文化也同样发生着变革，尤其傣族在中国是一个少数民族，因此受到国家政治、经济、文化体制的变革的影响就更为深远。例如在语言文字方面，傣语傣文与汉语教学是一个长期以来很矛盾的问题，也广泛受到傣族人民以及学者的关注。傣族学生在学校接受的教育主要以汉语和汉文为主，这样傣族人民尤其是青年一代能够越来越好地使用汉语、汉文。学习汉语和汉文能够获得更多的就学和就业的机会，有更好的个人发展前景，但是与此同时则使得傣族本民族的语言和文字在青年一代中慢慢退化。傣族的语言目前仍然是傣族居住区主要的语言，并不会在较短的时间内消失，因此傣族人民能够熟悉的使用傣语和汉语两种语言，这成为一种新的现实。但是文字却有了较大的改变，在20世纪50年代以前，傣族人民主要是使用和泰国北部相同的兰那文字，在当代被称为"老傣文"。在20世纪60年代以后，西双版纳、德宏等地区都曾经创立了新傣文，这些新傣文现在依托于不同的出版物及在政府间的使用有一定的应用性，但是老傣文已经逐步退出了使用，而新傣文由于使用的局限性，使用范围也越来越狭窄，官方使用新傣文所发行的报纸以及出版的印刷品等，它的丰富性和汉文的报纸、书籍等出版物相比有非常大的局限，造成读者面也越来越窄，加之很多青年人不愿意学习新傣文，因此新傣文在未来的使用还将弱化。

在宗教方面，由于党的宗教政策的落实，傣族人民可以自由信仰宗教，包括佛教与传统的民族宗教，但是随着时代的变迁，宗教也发生了较大的变化。人们目前仍然非常严格地按照宗教的年历来进行着各种宗教的活动，但是在内容和形式上都已经发生了较大的变化，这其中最大的变化是大多数的傣族家庭已经不再将自己的男孩送入佛寺做小和尚，尤其是在德宏等傣族地区，进入佛寺的男孩已经极少，在西双版纳僧侣相对要多一些，但是也仅有很少的寺庙有儿童为僧。在不同的村寨尽管还有寨神以及象征寨神的寨心神坛等象征物，人们也会在不同的时候祭祀寨心以及寨神的神位，但是这和过去比已经大不相同，祭祀的规模及人们对它的信奉已经较过去少了许多，在很多村寨已经不再祭祀，仅仅是在佛教的一些重要节日如新年中进行一定的祭祀。这些传统的丧失其影响是非常深远的，因为传统的寨神以及寨心等是一个村寨凝聚力的象征，人们通过对这些村寨的象征物的崇拜来表达自己对村寨的归属意识，因此村寨的村神以及村寨的象征物都是村寨凝聚力的象征。这种村寨凝聚力的存在，对于人们统一管理自然资源、相互帮助、统一协助村寨的事务等都有非常重要的价值。今天村寨的凝聚力随着传统祭祀活动、组织职能等的丧失已经发生了较大的改变。村寨在人们的心目中已经不再像传统社会中一样具有非常大的统一性，在青年一代中，它的统一性已经逐渐淡化。人们通过和其他村的通婚、外出工作等渐渐扩大了社会的网络，而不仅仅局限于村寨这一传统的网络之中。

近年来很多物质文化层面的因素也发生了较大的变化。如在居住的模式上，越来越多的人开始建盖与传统干栏式建筑不同的住房。在服装方面也由穿着传统的民族服装改为穿着汉族的服装，尤其是青年一代更喜爱穿着从商店里面买来的时装。在生活习俗方面，一个典型的例子是傣族沐浴习俗的变化。在过去沐浴是傣族一个鲜明的传统，人们在每天收工之后，都要到村子周围的河流边或水井边沐浴，沐浴也有很多相关的习俗及较深刻的社会内涵，它是人们在劳动之余交流信息、娱乐的一种重要的传统，通过沐浴增进了人们之间的互相了解以及接触，同时也能使人们保持卫生，有利于健康，因此沐浴的习俗对于保持傣族社会的和谐、使人们身心愉快有重要的价值。近年来随着水环境的污染以及社会风俗的改变，人们这种习俗已经大大地变化了，集体沐浴这种数千年来的传统在大多数地区已经改变，尤其是在一些靠近城镇的地区已经基本看不到，人们已经不再到河流里沐浴，而是在家里沐浴。这一习俗的改变，使人和人之间丧失了相互联系的一种场所及交往、娱乐的一种重要形式，对村民的社会关系有深远的影响。在其他社会习俗方面，过去青年人喜爱在晚间对唱山歌、谈情说爱，今天都已经发生了改变。人们更多的是在自己的家庭生活圈子里生活，而缺少了传统社会中人与人之间频繁接触的机会，这些习俗的丧失对于社会来说都会有深层的影响。当然，我们只能说这些变化带来的客观影响，因为目前很多传统的习俗由于生活环境的变化不可能再延续，例如上面提到的传统的沐浴习俗，由于自然环境的变化、河沟里水质量的下降，人们不可能再到河里沐浴，而家庭里也有了相应的沐浴设施。一方面是传统的丧失，另一方面也是社会进步的必然。但是客观而言，在一个社会开放的时代，傣族的社会经济文化发展必然和外部融合，很多变化对傣族人民来说影响却是长远的，在目前也必有消极的后果。

下面我们以旅游业为例来观察云南傣族文化所面临的危机。近年来，傣族居住地区已成为热门的旅游目的地，每年数以千万计的游客到傣族集居的西双版纳、临沧、德宏一带旅游。旅游业的发展带动了当地经济的发展，也带动了傣泰民族文化在其中的新生，傣族的民俗、歌舞、饮食、手工艺等具有浓郁民族风情的文化都成了重要的旅游资源。旅游业的发展同时也带去了外部的文化，对傣族文化产生了较大的冲击，使人们传统的生活内容发生巨大变化，甚至在瓦解着当地的社会传统，使传统社会中所形成的观念、社会习俗、社会规范等受到改变，甚至形成了年轻一代和年长一代在传统上的鸿沟。西双版纳著名的旅游风景点傣族园是一个十分典型的事例，笔者曾经在近年来多次前往这一风景点进行实地考察。在旅游业发展的冲击下，当地民众的社会生活和生产结构产生了实质性变化。傣族园占地336公顷，是将西双版纳景洪市橄榄坝地区传统的5个村寨封闭起来建成的一个以村寨生活为主题的公园，在这5个村寨中共有310多户人家，1500余人。风情园的建成使这里自然风光与人文风情得到更充分的展示，给外地游客提供了一个集中了解傣族风情、欣赏傣乡美景的景观区。由于风情园的建成，老百姓将居家住所重新进行了修缮，傣族的歌舞、饮食甚至婚姻习俗等都在这里得到了展示，游客在这里还可以与傣家人有互动的交流，参加泼水狂欢，到傣族人家进餐、参观购买旅游工艺品等。这个风情园现在已经成为一个著名景点，无疑是开发民族文化的有益的尝试，但是旅游业对这里居民社会的冲击也是巨大的，其消极的影响主要表现在以下几个方面：

1. 旅游业的发展瓦解了当地传统的社会生活。在傣族的传统社会生活中，和谐、诚信、村寨的团结与凝聚力，人们之间的互助传统等都是一个村寨重要的社会资本，维持着傣族社会长期的和谐与稳定，但是旅游业的发展使这一切得到了改变。由于家庭、村寨作为旅游场所的载体，商业的竞争使人们之间的关系发生了根本性的变化，家庭的经营甚至导致了邻里间关系的恶化，为了争夺客源以及商业利益，这里曾多次发生村寨与村寨间冲突，甚至围堵景区大门。人们之间为了竞争而互相作难甚至辱骂，人与人之间的距离被拉开了。因为经济利益，工作人员、农民、导游之间经常发生冲突，这种矛盾甚至上升到村寨与村寨间，因此过去村寨传统生活中那些朴实的人际传统关系已经瓦解。过去一家建房全村帮忙，目前这种现象已不复存在，村寨集体的修路、修寺庙、修临时设施等传统习俗同样消失了，村民们仅仅关心接待客人做自己的生意。为了商业利益，甚至做人的诚信等也都有了较大的改变，在傣族风情园里，一些人唯利是图，甚至出售假货坑害顾客，对于不愿意出钱购物的旅游者施以眼色。在村子中神圣的寺庙也成了旅游景点和商业场所，当地村民不再愿意按照传统的习俗每天向寺庙进献食物，仅仅是在过节的时候才去祭祀，到寺庙中更多的是游客而不再是村民。

2. 传统文化被扭曲。由于西双版纳傣族园属于广东以及当地农场投资的一个项目，村里的员工虽然70%是傣族农民，但主要的管理者却都是外来人员。非当地人（甚至非傣族）在其中操作傣族风情园甚至傣族的文化，将傣族文化作为旅游产品贡献给外来游客的人却不是当地的傣族人自己。在这种情况下不仅傣族传统的文化得不到自主的发展，傣族人民甚至没有在其中选择自己文化发展的权利，也不能制止文化的走向。在这里文化纯粹作为商品，任人加工，甚至产生了很多表演性的伪民俗。一些外地人开展了诸如傣族婚俗展示的活动，将傣族神圣的恋爱、婚礼等习俗作为展示项目活动，骗取钱财，扭曲了傣族的风俗。

3. 传统的村寨社会向一种商业社会转型。由于这里是一个封闭的，以收门票为主的旅游风情区，因此整个社会必须由传统农业社会向一种商业社会模式转型，农民要放弃传统的农田耕作而投入到旅游业中。据调查，1500多个村民中有300余人从事与旅游有相关的职业，还有很多人在家里出售食品及各种旅游工艺品，园中村民的生活或多或少都与旅游业相关。在当地居民的产业由传统的农业转向旅游业的过程中，不幸的是在当地的旅游决策层和管理层中没有傣族村民，大多数作为员工的当地村民做的都是较苦较累的清洁、园艺、表演、售货等工作，而工资收入也远远低于管理层以及外来的汉族员工。因此从长远来看，这里作为自然形成的风景优美、社会和谐的田园式农村社区将不再存在，而随着长期的经营发展，这里的居民是否还能够长久地像祖祖辈辈一样将这里作为一个生存的社区都是一个问题。可以看到的现实是这里将会越来越明显地成为一个商业场所，而不再适合人们的自然居住。

4. 旅游业的发展对这里青年人的观念以及青年一代的职业选择等造成了较大的影响。旅游业的发展瓦解着这里青年一代的传统观念，使青年一代的思想观念和行为与上一代产生了巨大的鸿沟，人们的传统思想、操行、道德观念等都受到了影响。由于很多青年人都参与到了旅游业中，在现实的利益吸引之下很多青少年不再愿意用心读书，而想着以后在园中可以找到工作，男孩子当保安，女孩子当导游、演员，一些少年过早地在这种旅游商业环境中成熟起来，一些女孩子仅仅 10 余岁就涂口红，描眼眉，穿着艳丽，招呼游客，帮助大人招揽生意。由于人们生活在一种封闭、单纯的旅游环境中，园内的工作是人们最重要的生计依托，利益是人们唯一的追求，除此之外对很多人来说没有更多的追求，更无法摆脱旅游这个单一的行当，寻找到更多的生计，由此而使得人们精神空虚。一好处费青年人显得十分消沉，赌博、酗酒成为青年人中的大问题，很多青年人由于赌博、斗殴而与家庭产生矛盾，甚至偷盗等不良的社会现象在傣族园青年人中也时常发生。青年人互相攀比钱财，缺少理想，精神空虚，长此下去很难想象这里的青年一代能成为传承傣族文化，发展民族文化的一代。①

旅游业对于民族文化的摧残在西双版纳已有一些事例，如 20 世纪 80 年代红火起来的曼景兰风情村由于民族风情在旅游业兴盛起来，成为远近闻名的风味饮食村，但随着开发的变味，这里也失去了往日的生机，失去了民族特色，最终成为一个外来人杂居的城中村。曼景兰旅游村的没落在根本上是文化丧失的结果。尽管傣族园是一个极端的例子，但是也由于旅游业的蓬勃发展所造成的相关的社会影响绝对

---

① 详细的个案研究参阅罗平、和少英《旅游开发进程中民族文化的保护与传承——以西双版纳傣族园为例》，《云南民族大学学报》2006 年第 1 期。

不是孤立的。尽管近年来在旅游业的发展中，也尽量强调保护民族文化，但是旅游业对于傣族社会的深刻影响并没有改变。旅游业在整个傣族地区的发展仍然保持一种强劲的增长势头。一方面旅游业是傣族地区经济发展新的动力，另一方面傣族文化和傣族人民的居住环境也是发展旅游业的优势资源，但是旅游业的发展对傣族社会也是一把双刃剑。今天在傣族地区越来越多的传统村寨进入了旅游业开发过程中，当地傣族村民也确实从中获得了利益，很多民族传统的文化因子例如歌舞、饮食、手工艺等等在旅游业的发展中获得了开发，旅游业发展成为了传统文化的一种新的传承平台。但是关键的问题仍然是资源开发的主体是外来者，开发资源的企业基本都是外来投资者，傣族人民的文化资源往往仅仅是一种旅游资源，傣族人民并不是旅游业发展的主体。近年来甚至很多企业都在争抢传统村落的经营权。2014年以后，景洪市勐龙镇的曼飞龙村和一家旅游企业签订了合同，这家企业将会经营这个村子30年以上。根据规划，在这个古老的村子土地上面将会进行很多旅游建设项目，而这些建设项目都将对传统村寨的风貌产生较大的改变，人们的社会关系也同样受到了影响。勐海县打洛镇打洛村委会勐景来村民小组，曾是中缅边境线上一个贫困落后的小村寨，通过旅游业的发展完成了从传统农业村到旅游"名寨"的蜕变，人均收入从10年前的2800多元增长到2017年10000多元，如今的勐景来村是国家3A级景区。勐景来村与一家旅游集团公司合作，将这个村子建设成了远近有名的旅游村，村容村貌也有了很大的变化，基础设施建设得到了改进，企业租赁村寨费用为每年4万元；门票收入分成，村子按一定比例提成，仅去年门票分成收入就达到近100万元。在旅游业的发展过程中提供了很多劳动就业岗位，2016年勐景来景区有限公司拥有职工168人，其中勐景来村民117人，占70%。这些都是好的方面，但是在旅游业的发展过程中，傣族的村寨已经变成了一种被租赁的资源，对于旅游经营的真正参与管理和决策当地的村民是没有权利的。当地的村民在旅游企业中所做的也都是些基础的工作，很少人能够进入管理层。事实上在整个傣族地区这些现象普遍存在，如果文化成为一种资源，而不是傣族人民自己的民族基因，从长远来说这个发展是不利的，将导致民族文化被摧毁。在旅游业的发展中很多伪民俗充斥其中，很多传统傣族村寨被随意加以重新建设，改变了传统的风貌和格局，事实上对傣族传统文化的继承发展也是不利的。旅游业也同样在腐蚀着这个民族的传统文化。傣族人民在旅游发展过程中在消费文化资源，但是并没有获得进步，包括人的素质提高、经营的改善以及成为文化经营的主体，相反旅游业的发展改变了人们的价值观和社会关系，把传统文化往往只看作是可以变为商品的资源，这一切对于傣族的文化发展来说都是一种在当代发展环境中新的挑战。

在泰国，虽然说泰文化是泰国的主流文化，但是泰文化在泰国也仍然面临着危机。在前面的章节里我们已经论述到，泰国今天文化变迁的趋势是不同支系中的泰文化逐渐与泰国的国家文化融为一体，使很多支系的传统文化在这个过程中渐渐丧失。泰国今天面临着诸多传统文化的危机，这主要是在外来文化的冲击下所产生对其传统文化的影响。这种影响不仅仅表现在物质文化方面，同样也表现在精神文化方面，在前面的论述中我们已提到。

泰国人类学家苏威那（Suvanna Kriengkraipetch）做了一项关于在村寨生活中民歌与社会文化变迁的研究，典型地反映了这种变化。她选择了泰国中部一个农村所做的研究表明：民歌这种代代靠口传的歌唱形式，在村寨的社会中曾起着非常广泛的影响，是一种重要的口头传统，这种传统对一代又一代人产生了广泛的影响。这里的民歌可以分为二个类型，一个类型是和传统的宗教信仰有关系的歌，这些歌表达了人们对于神的崇敬与畏惧，同时在这些歌里也反映了人和自然的关系。这些歌被用在不同的传统活动中，包括各种农业生产的过程如播种水稻、种植水稻之后祭祀水稻神、求雨的仪式及祭祀雨神、山神、地神等祭祀过程中。这些歌既表达了对神的尊重，也表达了对神给予自己美好愿意的寄托。第二种歌则是社会方面的歌，这些歌广泛流行于各种节日期间，作为一种娱乐的方式，人们使用不同的歌表达对美好事物的向往，也表达人和人之间的沟通、爱情等。这些歌既被使用在日常生活中，也被使用在各种节日中，有深厚的文化内涵，它表现在以下几个方面：

第一，民歌表达了人和超自然世界间的关系。在民歌中，表达了超自然世界中有邪恶的神灵，也有善良的神灵。人们通过对神灵的歌颂以及祈求，希望能够获得善良的神灵的帮助。而民歌的内容也有包括大量对邪恶神的描述，尤其是在今生如果干了坏事，那么死之后将会受到的惩罚，与这些民歌相同步的是人们也同样要按照民歌的内容，祭祀神灵，祈求神灵的保护。

第二，民歌中反映出了人和农业祭祀之间的关系。由于泰人社会是一个农业社会，而在这个社会中，水稻的种植是最重要的生计基础。因此人们崇拜水稻神，认为水稻中有神灵保佑着人们的丰收或减产，因此人们在不同的时间都要对稻神进行祭祀，祈求稻神的保佑。在有关稻神的民歌中反映出不同的水稻的品种以及它们间的关系。民歌同时也显示了农民与水稻之间非常密切的关系，表示了人们对于种植水稻这一生计方式的热爱，认为这是他们生活中最重要的一个部分。民歌中反映出人和守护神间的关系，在这个村子的现实生活中，有很多种类的守护神，但是在民歌中只反映了一种守护神，那就是家神。家神是家庭里的神灵，它被分为三类，一种是保护房屋安全的神，一种是保护丈夫的身体和精神安全的神，再一种是当家庭成员外出时在其他的地方保护其所居住的那一所房屋的神。这些神缺一不可，似乎是家庭中的一个成员，给人们带来心理上的安慰。事实上在这个村子每家都有这样的神灵，人们祈求神灵给自己带来幸福和快乐，而平时人们每天也向这些神灵敬献不同的食物与鲜花。

第三，民歌的内容反映了人和社会文化间的关系。尤其是当一个孩子成长为一个大人中的各种过程，以及在一个人成为一个社会人的过程中，职业和经济利益在民歌中得到了非常充分的表现，在民歌中表现了人们的经济关系、社会关系，通过民歌表达了人们应该怎么做，以及应该遵守什么样的社会和文化的规范。

第四，民歌中表达了个人及其家庭间的关系。由于民歌的歌手大多数是中年人，因此民歌的大量内容也是有关人的爱情、婚姻与家庭等。民歌的内容表达了社会对于一个丈夫或一个妻子在家庭和社会中的角色愿望。如民歌中要求一个成为人妻的妇女要注意有自己良好的家庭与社会行为，要尊重丈夫，要给丈夫一个好印象。而丈夫要关心自己的妻子，对自己的妻子温柔，而不能伤害妻子，互相之间要尊重，而家庭也需要稳定。总之，民歌作为一种非常重要的文化传统，代代相传，反映了人们和自然世界、人们在社会中的相互关系以及表达人们的种种感受，告诫人们所遵循的社会规范等。在人们的社会生活中，有娱乐、教育、表达自己的愿望与感受，表达对于超自然能力的崇敬等多种功能，是泰人传统文化中一个非常重要的一个组成部分，尤其是在各种节日中民歌是村寨娱乐活动的最重要的组成部分之一。

在宗教信仰活动中，民歌也扮演着不可缺少的角色，人们通过民歌来表达对神灵的感受与崇敬等。社会风俗方面的民歌不仅有利于人们的沟通与交往，同时也传达着关于社会生活，人的行为等方面的很多观念，是一种表达个人对社会、对人生喜、怒、哀、乐的感受的机会，使人们在受到社会压力之下能够有一条宣泄情感的出路，因此民歌在传统的生活方式中扮演着非常重要的角色。

民歌作为泰人传统文化中一种影响广泛的重要因子随着今天的现代化进程已经有了非常大的改变，由于村寨生活受到了城市生活的巨大影响，受到了文化传播的冲击，因此很多民歌存在的基础都已经发生了变化。一方面，在宗教祭祀活动中，过去很多关于水稻神灵、丰收等的祭祀活动今天都已经发生了改变，甚至不复存在，而有的传统宗教活动中，甚至邀请和尚来进行祭祀，因此今天在传统的祭祀活动中，仅有1/3还存在着传统的风格，随着时代的推移，很多传统的祭祀活动也将很快地消亡。传统祭祀活动地消失，也预示着很多关系到自然崇拜观念方面的风俗歌将会随之而消失。另一个方面，过去很多风俗歌是与农业生产直接相关的，而今天农业生产技术的进步以及生产方式的变化也同样在影响着农业风俗歌的存在，例如很多农民现在已经使用机械去种植水稻、脱谷粒，过去多天才能做完的活计如今半天就可以完成，同时人们也雇劳力去收割稻谷。在这个过程中，过去在栽秧、脱谷、收获等时候唱的风俗歌由于生产方式的变化而不再有唱的机会，今天大多数过去在田间地头唱的有关农业生产方面的歌已经逐步地消失。现在的民歌仅仅保留在节日活动中，作为节日活动中的一个基本娱乐项目，但是社会歌以及农业方面的歌都将逐渐从田间地头走入寺庙，仅仅是在宗教活动或节日期间才可能唱。

从以上例子可以看到，由于外部社会环境的变化，使很多传统的文化要素都发生了改变，甚至丧失，从而也使传统社会中很多影响广泛的文化因子随之改变。这种改变不仅仅是某种文化要素的丧失，它对社会有深层次的影响，就上述风俗歌的变化与丧失而言，很多关于自然、神灵、人的社会行为等方面的观念，势必也会随着这些风俗歌的丧失而发生变化，甚至不能代代相传，起到教育、传承文化的作用①。通过上面的论述我们也可以看到，不能把全球化背景下社会环境的变化所带来的对傣泰文化的冲击及文化要素的丧失作为一些孤立的现象来看待，而应该看到这些现象的发生将对整个社会的变迁以及未来的走势产生深远的影响。

---

① Folksong and Socio-Cultural Change in The Village Life, By Suvanna Kriengkraipetch. Thai Folklore Insights Into Thai Culture, Chulalongkorn University Press, 2000. Thailand.

第六章

傣泰文化多样性的前景

第一节　全球化背景下的傣泰文化多样性

今天的傣泰文化正处在从传统的多样性向现代的多样性转型的过程中。

首先，傣泰文化传统的多样性是历史迁徙形成的地域分布及支系所造成的多样性。从地域上来讲，傣泰民族分布在中国、越南、缅甸、老挝、泰国、印度等六个国家，傣泰民族文化在不同的国家有较大的地域差别。傣泰民族的先民在历史上移居到不同地区，在对当地地理环境及社会环境的适应中所形成的新的文化造成了各地傣泰民族人民在文化上的差异，从而形成了地域文化的多样性。其次，由于傣泰民族的支系繁多，不同的支系既有傣泰文化共同的文化特征，也有支系的文化，这两大因素在傣泰民族的传统社会受到全球化浪潮影响之前，促成了傣泰民族传统的文化多样性。

傣泰文化当代的多样性是在两种因素的影响下形成的：一是外来文化的影响，尤其是20世纪50年代以来，各个国家的社会开放及通信、交通等建设事业有了较大的发展，外来文化通过电影、电视、报刊、教育等渠道的传播，对傣泰民族文化产生着广泛的影响，同时旅游业的发展以及经贸、社会交往的扩大等因素使傣泰民族的社会与地域封闭性得到了较大的改变，传统文化的封闭性同样也被打破了，外来文化越来越多地影响着傣泰民族文化。二是不同居住国国家文化的影响。随着各个国家政治体制的变化以及社会、经济、文化的发展，不同国家的主流文化对傣泰民族传统文化的影响不断加大，这种现象在中国、泰国等发展变化较快的国家中尤为明显。在这种大背景下，傣泰文化正处在从传统的多样性向现代多样性转变过程中，主要表现在以下三个方面。

第一，在全球化过程中地域的多样性在增强，这主要是反映在不同国家的傣泰文化由于受其国家文化的影响增大，不同国家的傣泰文化正与本国的国家的主流文化相融合，而形成了新的地域文化的多样性，历史形成的传统地域与支系文化在弱化。在传统的多样性状态下，往往跨境而居的一个支系或者同一个地区之间文化上没有大的差异，例如中国境内的傣族和老挝边境地区、缅甸边境地区的泰人由于同属一个支系而在文化上没有大的差别，但在当代由于国家文化的影响，中国的傣族更多地融入了中国主体文化的因子，而缅甸、老挝的泰人也与其国家文化相融合，国家文化对其形成越来越大的影响。在中国的傣族中，人们学习并使用汉语、汉字，受汉族主流文化的影响在增大，而在缅甸的泰人则学习缅文、缅文化，在意识形态上受到缅甸国家文化的影响，这一切都使传统的支系文化产生了较大的变迁，使同一种文化向不同的方向融合发展。因此由于与不同的国家文化相融合而显现出来的以傣泰文化为基础，融合了不同的国家文化而形成的复合文化是傣泰文化在当代呈现出的一种新的多样性特征。

第二，全球化的影响使傣泰民族文化融合进了大量外来文化的因素，这在不同的国家都是显而易见的。今天居住在不同国家的傣泰民族正经受着旅游业、交通、通信、媒体传播等方面发展所带来的广泛的外来文化影响，这些文化不仅仅是本国文化，甚至是全球性的文化。在泰国由于社会开放较早，西方文化的影响对泰国社会的影响也是较大的，越南、老挝、缅甸等国社会的开放程度相对低一些，受到外来文化的影响相对较小，但受到本国文化的影响正在加大。例如越南的泰人在20世纪50年代以来受到其主体民族京族文化的影响越来越大，泰文化中吸收了大量京族的文化，而在20世纪60年代，越南语在泰人居住区都还不流行，至今很多老年人都不会讲越语。今天的中国傣族不仅受国家主流文化的影响，同时由于国家不断扩大的对外开放，受全球文化的影响也在加大。在外来文化的影响下，傣泰民族的传统文化发生了改变，使一些地区傣泰文化的传承受到了前有未有的挑战，面临着文化发展的危机，因为外来文化往往是一种强势文化。在对外开放程度较低的国家，国家文化是强势文化，而对于开放程度较高的国家而言，全球文化更是一种强势文化，因此今天外来文化的影响不论是来自本国的主体文化还是全球文化，对当地传统社会的瓦解都是较快的。

第三，全球化给傣泰文化注入了活力。尽管全球化对傣泰文化的传统带来了冲击，但也不能否认全球化带来的好处，文化、信息、技术、知识等因子的传播给傣泰传统社会注入了新的活力，带来了新的发展机遇与发展空间，很多文化因子借全球化的机遇走向世界，显现出了新的价值。近年来由于社会与政治环境的稳定，社会的开放与通信、交通的发展，傣泰文化圈内人们的社会、经济、文化交往都空前活跃，傣泰文化在这一大的区域内有了更多的交往和交流机会，傣泰文化在传统地域上所形成的封闭与隔离状态得到改变，这同样也有助于傣泰民族间文化的交流与发展。

在上述影响下，傣泰文化的当代多样性正在逐步形成，从传统的多样性到当代多样性的转型对于不同国家傣泰文化来说只是一个迟早的过程。傣泰文化的当代多样性主要表现在以下几个方面。

1. 以傣泰文化为基础对外来文化的融合。当代无论哪一个国家傣泰民族文化的变迁都是一种在传统基础上吸收外来文化的融合，还没有出现外来文化彻底改变傣泰文化的现象，只是这种融合的范围及程度高低而已。在这个过程中，存在着对外来文化的吸收，既吸收了本国的主流文化及其他民族的文化，又吸收了全球文化的因子。吸收外来文化的结果一方面使传统社会中的文化平衡性受到了改变，另一方面对外来文化的融合促进了傣泰民族的社会进步和文化发展，给传统文化带来了新的发展机遇，但是在融合与吸收外来文化的同时也使传统的文化面临着较多的改变，一些地区传统社会面临瓦解的危险。

2. 在傣泰民族文化圈内，国家文化对于支系文化所形成的地域文化的整合有了较快的发展。不同国家文化本身在变化与发展中，而国家主体文化的发展也同时对傣泰民族传统文化产生着影响，使傣泰民族传统文化中融入了国家的文化，很多传统的支系、域文化由此而消失，融合到了国家的主流文化中，在泰国这种现象十分明显。在当代，无论哪一个国家傣泰民族文化与其国家主流文化的融合都是不可避免的趋势，这种融合的速度正在加快，而在融合中地域文化与支系文化将会逐渐弱化。

3. 当代的傣泰文化是一种处于开放环境中的文化，是处于全球化背景之下的文化融合环境中的文化。傣泰文化在当代是一种传统与现代性并存的文化，传统不会马上消失，但是现代性也不可避免地融入到傣泰文化中，从而导致傣泰文化在获得新的发展机遇的同时很多传统的文化也在丧失。传统与现代性并存是当代傣泰文化的一大特征。

4.当代的多样性还体现在文化变迁和发展的不平衡上。由于不同国家开放与发展程度的差异导致傣泰民族文化在整体上变迁与发展的不平衡性,在一些发展较快的国家中文化的变迁与和外来文化的融合面较大,传统的改变也较快,而在对外开放和发展速度相对较慢的国家,其文化的变迁及与外来文化的融合速度也相对缓慢,形成了多样性的不平衡性。从整体上来说,这是一种区域性的传统文化与现代文化融合之间的不平衡现象。

第二节 当代傣泰文化多样性的意义

在当代,傣泰文化已从传统的多样性发展到了今天的新的多样性,其特征是在传统文化的基础上,融合了不同国家、文化以及当代全球文化的影响。在当代的全球化背景下,维护傣泰民族的文化及其多样性有着积极的意义,对于傣泰民族的生存与发展十分重要。民族文化是一个民族在长期的历史发展和劳动创造中所积累起来的,在当代一个民族的存在与发展,并不仅仅是简单的血缘意义上的存在与发展,也是一种文化的存在和发展。傣泰民族在长期的历史发展过程中经历了自身以及和其他民族在血缘、文化上的融合过程,它承载着历史,与人们的生活方式、生存方式、民族精神都紧密相连,因此傣泰文化对于傣泰民族在未来的发展有着十分重要的意义。

第一,维护傣泰民族的文化及其多样性,有利于维护傣泰民族的认同。民族认同的存在是一个民族存在的根基,民族认同的维持能够使一个民族保持对自己的民族及其文化的归属感,从而传承自己的文化,而认同的改变,将会导致一个民族文化的丧失。[①] 维持傣泰民族的文化及其多样性,有助于维持傣泰民族的认同,使傣泰民族民众不论居住在何地,也不论居住在哪一个国家,何种民族文化背景及何种政治制度之下,都能维持对傣泰民族的基本认同,从而在傣泰民族文化的基础上融合其他民族的文化,发展自己的民族文化,使傣泰民族文化能够长期存在和传承下去,这一点也是傣泰民族能够在不同的国家和地方长期生存发展的根基。在上面的研究中我们已论述到,当代傣泰民族文化变迁的

---

① 参阅郑晓云《文化认同与文化变迁》,中国社会科学出版社1992年版。

趋势与特征是在本民族文化的基础上融合其他民族文化而获得新的发展。这种模式是一种良性模式,有助于傣泰民族文化在不同的地区向着文化的多样性方向发展。多样性预示着傣泰民族文化在不同的地方、国家、文化和政治背景下能够获得新的发展机遇,这是文化多样性在当代最重要的意义。如果傣泰民族文化在不同的国家文化和制度之下,不能够与当地的文化和制度相融合并且获得发展,那么这种文化的生存将会和其他民族文化互相产生矛盾,对于傣泰民族文化的发展也是不利的。因此傣泰民族文化的伟大之处还不仅仅在于数千年来傣泰民族从小到大、从单一到多个支系,在不同的地区生根、壮大、发展,甚至成为一些国家的主流文化而对人类文明做出了伟大的贡献,还在于在当代不同的国家政治制度、国家文化传统以及地域环境中与当地的社会和文化相适应、相融合,能够吸取当地不同的文化充实自己并获得发展,显现出更壮观的多样性。因此,维持民族文化并不意味着要鼓励今天居住在不同国家、不同地区的傣泰民族人民强烈地维持一种本民族的传统,在一个地域中成为一个强势民族,而是要认识傣泰民族文化存在的现实,认识这种民族文化在不同的地区、不同的国家中所扮演的不同角色以及它的现实存在。在东南亚国家中有很多民族跨境而居生存在不同的国家中,傣泰民族也是一个跨境而居生存于多个国家的族群,在傣泰民族居住的国家中,不论哪一个国家在考虑地缘政治、地区的经济发展、边疆的和平、合作以及发展的过程中,都无法忽视傣泰民族作为一个跨境族群而存在的现实,都要深入地认识这种民族跨境存在的意义以及深远影响。对于傣泰民族来说,我们要鼓励的是傣泰文化在不同的国家的适应以及发展,这也就是傣泰民族文化多样性的意义所在。

第二,傣泰民族在历史上所创造的辉煌文明对于人类文化和文明是一个伟大的贡献。傣泰民族在长期的历史发展过程中从小到大,在向不同的地区迁徙、居住、发展壮大的过程中创造了伟大的文明,与其他民族文化一道推动了人类文明的发展。今天生活在中国及东南亚、南亚国家的傣泰民族人口数以千万计,其文明对于不同国家的政治、经济、社会、文化等都做出了巨大的贡献,产生了广泛的影响。以农业文明为例,傣泰民族先民在从云南向东南亚、南亚国家长期迁徙过程中,也在传播着以水稻种植为核心的农业文明,使水稻种植向更广泛的地区传播。稻作文明不仅养育了傣泰民族,同时对于傣泰民族所迁徙和定居地区的农业文明,以及建立在这种农业文明基础之上的社会发展起到了积极的推动作用,做出了积极的贡献。因此在傣泰民族生存的区域内,傣泰民族所传播的农业文明不仅对于自身的定居、生存和发展壮大起到了积极的作用,对于当地的文明发展也同样起到了积极的作用,这在历史上已得到了验证。再以傣泰文化的发展和传播为例。傣泰文化不仅仅在傣泰民族中存在、发展、壮大,同时它的传播形成了一个以傣泰文化为基础的文明区域。傣泰文化的传播使傣泰民族文化圈内的各个民族都共同受益,起到了推动文明进步的积极作用,这也是历史所证明了的。傣泰文化在泰国、老挝等国家能够融合其他不同的民族文化成为主流文化,语言等文化在这些国家中的文化形成中起到了重要的作用。在中国、越南、缅甸等国家虽然傣泰民族文化并不是国家的主体文化,但是傣泰民族文化在傣泰民族所生存的区域内,仍然是一种发展程度较高的文化,在民族文化的互相融合中它对于当地文化的发展做出了积极的贡献,不论物质文化还是精神文化都对当地的其他民族产生了较大的影响。因此傣泰民族文化是人类文化的一个重要组成。傣泰民族文化的形成和发展对于人类文明做出了积极的贡献。在当代人类文化的多样性之中,傣泰民族文化仍然是一朵奇葩。

第三,傣泰民族文化的存在与多样性是傣泰民族生存的需要。除泰国外,傣族与泰人在中国、老挝、越南、缅甸都是独立存在的民族,在中国和越南是受到宪法保护的单一民族。民族文化是一个民族存在的象征,尊重民族文化也是体现民族平等的重要内容。因此傣泰民族文化的保持和存在对于傣泰民族在不同的国家获得民族的社会平等待遇与政治待遇有积极的意义。例如在中国、越南,傣族、泰族不是主体民族,其文化也不是国家的主体文化,但是在这些国家,民族文化都受到了法律的保护,民族文化受到了国家的尊重,都有和其他民族平等发展生存的权利。因此保护民族文化也是保护本民族的生存。傣泰民族人民在获得发展的同时,还必须要以自己的文化发展作为基础,以文化作为政治上获得平等的一个基本要素。如果民族文化丧失了,那么傣泰民族的文明也会随之而失落,在长远的发展中,对于傣泰民族的发展是不利的,甚至会导致一个民族在政治上平等机会的丧失。而对于老挝、泰国这些泰文化在国家文化中占有重要地位的国家来说,民族文化的保护同样对于国家的发展有重要的意义。这种意义更大的价值在于对抗全球化以及外来文化对本国文化的冲击和影响。这种保护民族文化的意义在泰国、老挝的国家政策和学者的价值观中都有积极的体现。尤其是今天生存在一个互联网络时代，人类生存在一个媒体自由传播、文化自由传播、技术也自由传播的信息时代、全球化时代，网络所传播的全球文化对地方文化的影响越来越大，使地方文化发生较大的改变，在泰国这种现象已经十分突出，因此在网络时代处理好全球化与地方化的关系显得十分重要。①

第四，傣泰民族文化的存在和多样性是傣泰民族发展的需要。傣泰民族文化的存在是其民族存在的重要内容。对人类文化而言，文化多样性就意味着文化的发展、意味着在传统基础上的创造，因此文化多样性的根本意义及其根本价值在于文化的创造性。② 傣泰民族文化也一样，如果没有多样性就意味着傣泰民族文化在不同的地区仅仅是在复制着传统，而没有新的发展和创造，因而多样性体现着傣泰文化在不同的国家、不同的地区新的创造和发展。今天傣泰民族文化在不同国家多样性的事实就是傣泰民族文化在和当地不同的文化融合发展过程中获得了新的生存机遇与发展的一种体现。傣泰民族文化之所以能够呈现出广泛的多样性，是傣泰民族在漫长的迁徙、定居以及劳动创造的过程中适应当地的地理和社会环境进行新的文化创造与发展的结果。在当代这种多样性在不同国家的现实中体现了傣泰民族文化在不同国家与不同文化融合发展的现实，因此今天鼓励傣泰文化多样性就是要鼓励傣泰文化在不同的国家、社会和文化环境中，能够和当地的文化更好地融合并且获得更多的发展机遇。多样性是傣泰民族文化生存和获得新的发展机遇的根本基点。丧失了多样性，傣泰民族文化将会成为一种封闭的文化，很难得到新的发展。此外，鼓励傣泰民族文化多样性并不是要否定傣泰民族文化的根基，傣泰民族的文化在和其他民族的文化融合中，仍然应坚持以本民族的文化为根基，在此基础上吸收融合其他的民族文化，适应不同的国家和社会环境，获得新的发展。如果文化多样性是对民族传统文化一种根本的否定，是不同国家和民族文化被逐渐融合而消亡的一种趋势，那么这种多样性将是不利于这个民族发展的，多样性的前景就将使傣泰民族文化分裂甚至消失，这一古老而伟大的文明也

---

① Global Culture, Local Culture and Internet: The Thai Example, By Soral Hongladrom. Proceedings Cultural Attitudes Towards Communication and Tecknology' 98. University of Sydney.

② World Culture Report 2000: Culture Diversity, Conflct and Pluralism. Edited By Unesco, 2003.

将会在这个过程中消亡，这对于傣泰民族文化来说是十分不利的。在今天的全球化背景下，文化的传播与融合速度在加快，如果不注重这一点，文化的多样性就将是一种民族文化分化的趋势，导致一个民族丧失自己的文化根基。

　　第五，傣泰民族文化的多样性有利于在全球化的背景下体现傣泰民族的存在与发展的价值。在当代的全球化背景之下，文化、经济、政治等各种影响都以前所未有的速度对不同的民族文化产生着影响，不同的民族文化也在这个过程中上升到全球的文化格局中，与不同的文化产生着前所未有、不可避免的文化融合。因此，如何保护自己的民族文化，在当代的全球化进程中是一个重大的命题。而对不同的民族文化的保持以及文化多样性的存在，正显示出了不同的民族文化在全球化中的存在。如果没有文化的多样性，那么在全球化的背景之下，不同的民族文化就将会被其他的民族文化所融合，甚至最终被覆盖。因此维持民族文化、在本民族文化的基础上融合其他民族文化来发展文化的多样性有利于傣泰民族在全球化的进程中显现自己的文化价值，使民族文化得到更广阔的发展空间。与此同时，只要民族文化能够获得保护和传承，还能够在全球化的进程中上升到全球文化的层面上，必然对人类文化做出更大的贡献。事实上这种现实今天已经得到了显现，傣泰民族物质与精神文化的很多要素今天都已经在世界上很多地区获得了传播，对于当地的人们享受文化的多样性起到了积极的作用，如傣泰民族的餐饮文化、舞蹈文化、手工艺文化等已经在很多国家落地生根。以傣泰饮食文化为例，今天在世界上很多国家都可以体验到，从大都市北京、上海、东京、纽约到法国的中等城市尼斯都可以品尝到傣泰饮食。傣泰文化圈作为有广阔前景的旅游目的地，不论是现在已经成熟的还是正在建设和开发过程中的旅游区，傣泰民族文化都是这些地区最重要的旅游资源，为世界上不同国家和地区的游客提供了一次傣泰民族文明之族，在这种过程中，傣泰文化又获得了新的生存机遇，显现出了新的价值。因此傣泰民族文化及其多样性在全球化背景之下，不仅是本民族的生存需要，同时也能在这个过程中获得传播，一方面是对人类文明的贡献，另一方面则是自身获得了更为广阔的发展空间。保护民族文化以及保护民族文化的多样性，正是体现这种价值的重要基础。

第三节　傣泰民族文化多样性的前景

今天的傣泰民族文化处于全球化的过程中，随着不同国家的社会开放度不断增高，各国内以及不同国家之间的傣泰民族文化之间的交流也不断扩大，这一切都为傣泰民族文化的发展带来了新的机遇和挑战。那么傣泰民族文化未来将会有什么样的发展前景，尤其是傣泰民族文化圈这个文化带范围内会有些什么新的发展是值得我们思考的。总体而言，我们可以从以下几个方面来理解傣泰民族文化多样性的未来前景及其影响。

第一，傣泰民族文化仍然将获得传承和发展。傣泰民族文化作为一种传承了几千年的文化，已经成为这个民族的文化基因根深蒂固地扎根在这个民族中，成为人们情感和现实生活中不可缺少的部分。民族文化认同仍然是人们最强烈的文化认同，因此今天虽然傣泰民族人民不论居住在哪个国家都面临着外来文化的影响，但是外来文化影响并不可能彻底改变这个民族的文化传统。人们对这个民族的语言、歌舞、宗教、饮食和其他社会习俗仍然保持着认同并且在现实生活中保存在这些文化，将这些文化作为生活的重要基础。非常典型的例子是生活在泰国的傣泐人虽然已经身处泰国文化的大环境中，但是至今在自己的村寨社区里仍然保持着自己的文化传统，尤其是语言和节日习俗。在中国西双版纳，虽然现代的歌舞文化已经对青年人产生了较大的影响，但是傣族传统的民歌赞哈和传统的傣族舞蹈仍然是传统节日中不可缺少的部分，在民族节日中人们仍然按照传统来安排活动，包括节日中的社会活动、服装、歌舞、饮食等等。因此傣泰民族文化作为一种文化基因在几十年中不可能完全融入其他的文化中而消失。与此同时，在吸收其他民族文化的同时还可能获得提升。同时还通过一些现代科技手段来传承传统文化，在泰国、中国、越南，人们都利用电子技术将传统的文字及文献数字化，编写传统文字的电脑输入程序。通过影视的手段保存传统的歌舞、社会生活和宗教活动等，通过互联网进行传统文化的教育。今天尤其是在中国等国家由于微信的普及，人们普遍使用微信来传播文化信息，在微信圈里分享各地的歌舞、节庆习俗、民族文字、宗教等信息，同时开展教育活动。例如通过微信教授老傣文、宗教常识、讲经诵经等，都有较大的影响。在现代社会生活中可以作为传统文化传承的途径和手段不断增多，对于传统文化的传承发展也大有益处。

第二，傣泰民族文化在全球化背景之下将面临更多的挑战。今天傣泰民族人民所居住的区域总体上已经进入了一个和平发展的区域，尽管居住在不同国家不同地区的傣泰民族人民由于经济发展水平的差异而导致生活水平存在一定的差异，但总体上来说人们安居乐业，保持一种开放发展的状态，这一切为傣泰民族文化的相互交流提供了好的条件，但是同时在开放环境中，也更容易受到外来文化的影响。今天电视、互联网等现代信息传播工具在这些国家都得到了较快的发展，傣泰民族社会对外开放度不断加大，尤其是旅游业的发展带动了傣泰民族与外界的更多接触，包括过去较为封闭的越南社会中泰人地区近年来旅游业发展都较快，这一切对于本土的傣泰民族文化带来了更多的挑战。根据笔者的长期观察，外来文化的影响可能导致几个方面的变化：一是傣泰民族价值观的变化。这种变化主要是传统价值观的改变，例如宗教价值观的变化，很多地方的人们宗教价值观受到更多的现代社会价值影响而淡化。同时青年一代对传统的理解和认识也已经发生了较大的变化，不再更多地相信佛教信仰中的未来世界，而对现实中的利益看得更重。很多年轻人注重经济利益，对传统的人际关系不再看重，降低了傣泰民族传统的社会凝聚力。今天的很多傣泰民族民众对于本民族文化的价值理解也同样较为淡化，一些年轻人甚至认为本民族的文化没有太大的生存发展空间。传统社会价值对人们的思想和行为的制约淡化，直接导致了社会生活中很多消极现象的产生，包括追求物质享受甚至吸毒等现象。二是生活方式的变化导致了传统生活在诸多文化要素中的丧失。今天随着人们生活环境的改变，很多的传统生活方式已经不可能再延续下去，例如传统的住房风格和模式、家庭居住方式、很多社会生活习俗都由于现在的生活环境变化发生了变化。生产方式的变化，带来了人们生活方式的变化，人们已经不再延续传统农业生活方式，而是有了更加多元化的生计以及相应的生活方式。这些现象在社会开放较早、经济相对发达的泰国和中国更为明显，传统的物质文化变化非常快，例如传统的木瓦结构民居基本已经被现代钢筋水泥结构民居所代替。三是在不同的国家由于现代国家教育的发展导致了传统教育体系的崩溃，民族文字的使用、传统的教育途径、传统知识的传承都面临着越来越大的挑战，这对于傣泰民族文化的传承来说是不利的，但是今天又非常难以调和传统和现代教育之间的矛盾，人们必须要接受现代教育才能够有更广阔的发展空间，这也是一种现实。笔者在越南一个村庄进行调研时和年轻人谈起相关的社会经济等问题,他们都必须要使用越南语交谈,而不能用本民族的语言进行流畅的表达,尽管他们从小都讲泰语,今天在日常生活中也同样讲泰语。因此对于越南的中青年泰人来说,民族语言只能表达传统的生活语境,而现代社会的语言空间只能是国家主流语言。

第三,傣泰民族人民的文化自觉意识和民族认同将不断得到增强,维护和传承民族文化主动性并获得强化。面对着全球化和外来文化的冲击,事实上不同国家的傣泰民族人民也并非被动应对,在受到挑战甚至文化改变的同时,很多傣泰民族民众都在这个过程中强化了民族文化自觉意识,认识到了民族文化对于自己民族的存在发展的重要性和保护民族文化的迫切性,因此采取各种方式去保护传承自己的民族文化。这一点在不同的国家都很明显。在泰国,近年来傣泐人的民族认同意识不断增强,在认同国家文化的同时积极强化对傣泐人民族文化的认同。过去很多人没有傣泐人的民族文化认同意识,对于自己的傣泐人身份并不在乎,但近年来,人们对于自己的身份认同已经有了较大的增强,甚至将自己的傣泐人身份认同作为保护民族文化和争取未来政治权力的基础。各地的傣泐人也不断加强交流和沟通,举办各种文化和社会活动、进行经济互助等。这其中泰国傣泐人协会发挥了较大的作用。泰国傣泐人协会由泰国国会议员斯通女士成立并且担任会长,目的在于保护和促进泰国傣泐人文化,争取泰国傣泐人权益,具有一定的政治诉求,但是它在泰国傣泐人文化的保护发挥了积极的作用,影响力已经遍及泰国各地的傣泐人社区。近年来在泰国傣泐人协会的推动下,已经召开了多次傣泐人文化保护大会,不仅邀请各地傣泐人参加活动,还邀请了中国和其他国家傣泐人参加,中国云南省西双版纳州政府和州歌舞团派出了人员两次前往泰国参加活动。同时傣泐人协会还在全国进行了各种传统文化保护传承的推广活动,包括歌舞培训、语言培训、传统纺织培训,并且组织各地傣泐人生产传统的纺织品,统一收购销售到其他国家。这些活动不仅增加了傣泐人的收入,同时也传承了傣泐人的文化传统,强化了傣泐人的自信心。除了全国性的文化传承组织影响之外,很多地方民间组织和村社积极组织文化传承活动,例如在清迈、清莱等地的很多村子中,近年来都建起了村子中的小型民俗博物馆,将这个村子过去的各种传统生产生活用具、文化和宗教活动的相关实物资料进行保存展示。有的地方还将过去的老房子保存起来作为村子里的公共文物。在清盛府,当地的傣泐人近年来每年都要举办傣泐人文化节,一方面作为民族文化传承的重要载体,另一方面也以此带动旅游业的发展。在一些村子中,教师还将西双版纳的历史和文化编写成乡土教材,在傣泐人的社区学校中进行教学,让学生增强对于西双版纳的历史文化的了解。难府是泰国傣泐人最集中的地区之一,每三年要进行一次祭祀祖籍地勐腊神的活动,这一活动过去是内部长期存在的宗教祭祀活动,但是近年来也对外开放并且规模越做越大,吸引越来越多的外来人参加,这其中也同样有宣传本民族文化、提振自信心的目的。

  从泰国傣泐人民族文化认同的角度来说,目前已经形成了傣泐人民族文化认同、泰国国家文化认同、祖籍地认同等多个层次,这其中祖籍地的认同是被强化最明显的要素①。这个祖籍地就是中国的云南,傣泰民族共同的发源地。这种现象对于加强这个民族人民的内部凝聚力,沟通和交流有着重要的影响。人们对于自己民族的历史和文化关系越来越看重,越来越认同共同的民族渊源关系。这主要表现在两个方面:一方面是对傣泰民族共同的祖籍地云南的认同,因为他们的祖先都是来自中国的云南。另一方面是对共同的民族渊源关系的认同,也就是分布在不同国家的傣泰民族民众间的相互认同,认同本民族在不同地域的分布和历史渊源关系,认同傣泰民族族群是同一个民族。一个很典型的例子是2017年10月末代西双版纳土司刀世勋先生去世,在泰国各地傣泐人都举行了不同形式的哀悼和追思活动,有的地方活动持续多日,都称他为"傣泐王",承认他是傣泐人共同的王"召泐"。相应地无论在中国还是在缅甸、老挝、越南,近年来当地的傣泰民族民众的自觉意识也都有不同的增强,一方面是更强调自己的民族身份,另一方面,也更注重保护和传承自己的民族文化。这种保护有的是在国家的积极支持下进行的,例如在中国和越南国家都积极支持各少数民族保护和传承自己的民族传统文化,对于傣泐人的文化传统传承和保护都给予了积极的支持,包括资金上的支持和搭建各种文化传承的平台,并且成效显著。在中国很多傣族人的文化传统都列入了非物质文化传统项目加以保护,同时确定了一批传统文化的传承人,可以资助,传统文化的保护纳入了国家的制度保护范围。与此同时民间对于传承文化的积极性也很高,有很多民间的傣泐人士都热衷于文化的传承和推广工作。这些

---

  ① 参见郑晓云《傣泐人的传统维持与族群认同:泰国北部两个村子的田野考察》,载《云南社会科学》2013年第3期。

现象对于国家来说是尊重各民族的传统文化，而对于本民族来说对于民族文化的重视也表明了人们民族文化自觉意识在提升，认识到了民族文化的重要性。因此今天传统文化的保护在中国进入了国家制度和民间两个维度同时得到加强的局面。

第四，傣泰文化圈现象将更加凸显。傣泰文化圈是由傣泰民族共同居住的区域和历史文化形成了一种民族文化现象。在未来的发展中，傣泰文化圈将呈现出一些新的特征：一是傣泰民族文化的一体化和多元化并存的局面将得到更进一步的凸显。一体化是共同的傣泰民族文化特征，这些特征是千百年来形成的这个民族共同的特征，尽管由于居住在不同的地方很多内容已经本土化，但是基本的要素仍然是一致的，包括语言、宗教、社会生活习俗、社会心理等等方面。今天随着民族文化的保护和一些国家傣泰民族意识的强化，文化信息的沟通，这些共有的文化特征将会被人们进一步认同并且获得凸显。人们会增强同一个民族的共同意识、强调共同的文化保护，人们也会在进一步的社会交往过程中形成更多的与自己的民族社会生活习俗相同的文化现象，这一点在今天的现实生活中已经得到了印证，无论是中国、泰国还是老挝，傣泰民族人民间都在互相学习借鉴，包括服装、饮食、建筑风格、宗教、节日文化等等。与此同时，各地的傣泰民族人民也在保护和发展自己有民族支系、地域性特征的傣泰民族亚文化，因为这些地域性的支系文化也是人们长期的生存发展中形成的，今天也被人们作为强化民族认同甚至是发展旅游经济的重要资源。因此今天共同的民族文化得到凸显的同时，不同地域和不同支系的文化也同样会受到人们的重视，形成一种一体化文化特征和多元化文化共存的局面，形成新的傣泰民族文化多样性。

二是共同的民族和历史、文化渊源关系的共同认同感会得到增强，这一点在上面我们已经论述过。

三是在傣泰文化圈内不同地区的傣泰民族间的交往将会不断扩大，交往的频率也将不断增强。区域的和平、社会的开放、交通建设发展带来的交往的便捷性等等都为人们的社会交往提供了便利。目前，连接中老泰的昆曼公路已经开通多年，泛亚铁路东线西线正在建设中，这一切都将带来这个区域内人口和货物前所未有的流动。加之信息技术发展带来的人们沟通的便捷化，不同地区傣泰民族民众相互间的了解已经从历史记忆变为了现实，傣泰民族历史和文化从一个世世代代传承中获得的知识性的概念成为人们能够亲身体验得到的现实。近年来中国和东南亚国家之间有了很多文化交流活动，也成为重要的交流平台，包括在云南省连续多年举办的澜沧江湄公河流域六国艺术节、中缅文化交流活动、南传佛教论坛等活动，都成为人们沟通交流交往的重要平台。在民间人们通过节日、宗教活动其他探亲访友、商贸、旅游等活动相互来往，增进了了解。不同国家傣泰民族文化的亚文化也会在傣泰民族文化圈内更多地传播，促进相互之间的交流和发展，这一点在近年来已经有了新的趋势，如在中国的傣族和泰国的傣泐人之间就有了很多的文化交流现象，中国傣族的文化影响着周边国家的傣泐人文化，同样泰国等国的文化也在中国的傣族中传播着，最近几年云南的宗教界加强了和缅甸、泰国等国家宗教界的交往，中国很多的佛教僧侣都到泰国、缅甸、老挝留学，同时这些国家的僧侣也经常到中国来讲学。遇到重大的节庆活动的时候，不同国家傣泰民族民众都会相互邀请、互相走访，呈现出一派和平的景象。西双版纳傣族的很多佛教庆典活动，不仅引进了泰国、老挝等地傣族的很多宗教祭祀用品，同时在祭祀方式与活动内容等方面也吸收了很多泰国、老挝，甚至缅甸的因子。这就是在和平时期发生在傣泰文化圈内不同支系、不同地区之间傣泰民族人民之间的文化传播。可以理解在未来的发展中，傣泰文化之间也会有更多的、更为频繁的文化之间相互的影响和融合，也将是一个大的趋势。这一切都将使得人们对于共同的民族历史文化有更多的认识，增进了一个民族的亲近感和交流交往，最终强化一个民族的内部凝聚力和认同感。此外，傣泰民族文化在未来的发展过程中，将会更多地受到全球化的影响，也将更多地吸收外来的文化，使傣泰民族文化中融合进更多的其他民族的文化。与此同时，傣泰文化由于其深厚的底蕴，也将在全球化的双向传播过程中走向世界，为全球文化做出更多的贡献。例如近年来傣泰民族饮食文化、音乐、舞蹈等等文化因子都有了更多的向外界传播的机会，受到外界的了解和欢迎，有的甚至产生了很大的影响。

第四节　立足共同的民族渊源关系、 促进区域的和平发展

傣泰民族是一个跨越多国居住的民族，因此不可回避地存在着跨境的种种地沿政治、民族关系等问题以及和不同国家的文化整合和民族整合等

问题。随着社会的开放，傣泰民族文化圈的特征不断得到凸显，人民之间的交往交流不断增多，共同的认同意识也在增强，虽然说今天居住在不同国家的傣泰民族民众拥有了不同国家身份，但是傣泰民族共同的家园意识仍然存在，共同的民族认同感在增强，这一切对于不同国家的民族整合同样存在不同程度的影响，尤其是缅甸这样国家中民族和解进程没有最终完成，文化多样性仍然显示为一种重要的文化权利，是一个民族存在的象征，对于国家的整合仍然产生着重要的影响。在泰国和老挝民族等国内文化冲突不明显。而在中国由于过去边疆治理过程中"左"的影响，傣族人民的国家认同和整合过程都曾经经历过反复，人们仍然存在很多负面的记忆，至今仍然有很多经验教训值得总结。对于傣族这样一个跨境民族来说，民族与国家认同有重要的意义，如何在全球化过程中强化傣族人民的国家认同是探讨傣泰民族文化多样性中的一个重要问题。傣泰民族文化的一体化特征是历史的存在，而当代的多样性则主要表现在与不同居住国的文化的融合发展。这种融合发展就是构建居住国的国家认同和主体文化认同，进入和国家一体化发展的进程，使本民族的文化和国家的主体文化融为一体，这是区域和平发展最重要的基础，也是傣泰民族存在和发展的根本利益所在。文化保留和发展目的在于保护不同民族民众可持续生存的文化环境，保护人类文化的共同遗产，而国家的整合才是人们可持续生存的根本基础。从中国傣族的角度来说，如何强化人们对中国国家认同和中华文化认同，如何对待和周边国家有共同民族历史渊源关系的傣泰民族人民，构建一种和揩关系，不仅对中国的傣族人民发展来说是重要的，对于区域的和平发展也同样是重要的。那么我们应该如何看待这些问题呢？

首先是傣族人民的国家认同问题。构建起傣族人民的中国国家认同和中华民族认同，是傣族人民的根本利益。我们通过过去历史的回顾可以看到其中的经验教训，同时也更有助于我们强化这种认同意识。

傣族的民族认同问题在当代中国经历了复杂的变迁过程：在20世纪50年代，由于执行了较好的民族政策，傣族地区没有像内地农村一样实行土地改革，而是进行了民主改革，改变了民族地区的政治制度而不划分阶级成分，这样的政策受到了傣族人民的欢迎，因此广大的傣族人民与边疆各少数民族一样，拥护新中国的成立、拥护中国共产党的领导。但是，在50年代末以后，随着"左"的政策的影响，在边疆地区也进行了划分阶级成分的"民主补课"运动，加之"政治边防"等运动在傣族社会中也一样划出阶级成分，斗地主，造成了民族之间的矛盾以及民族内部人们之间的仇视，同时践踏了党的民族和宗教政策，傣族人民的宗教信仰不能再延续，傣族人民的传统文化受到无情的摧残。在这种政治及社会、经济环境的不安定状态下，大批的傣族人民选择了离开中国向其他地区迁移。从德宏到临沧、西双版纳都有很多的傣族群众迁往国外，包括迁到缅甸、老挝、泰国。在泰国北部今天仍有一些从西双版纳迁去的傣族村寨存在，他们的身份仍然是难民，还没有获得泰国政府所给予的公民身份，一些村寨笔者今年曾到过。西双版纳外迁的傣族大多迁到了老挝，后来又因为老挝内战而再次迁到泰国甚至美国、法国。在这种"左"的政治环境中，迫使傣族人们离开祖国、离开中国的民族大家庭，很难讲他们对中国的国家与中华民族有认同感，而是选择了迁移到一个他们自己有亲戚关系的泰人社会中去。一直到1982年笔者第一次到西双版纳进行调查研究，仍然了解到当地傣族人民认为边境以外的傣族社会是他们自己的理想社会，在那里宗教是自由的，文化获得了保护，人们可以按照傣族传统的生活方式生活。总体上来说很多人心是向外的，仅仅是因为边防的封锁使得更多的人无法跨越边境迁往其他的国家。人们对于国家的认同感，仍然不是非常的强烈，尤其是在一些能够有一定机会到国外去的边境村寨地区，一些有一定文化的傣族青年和干部中间，他们通过一定的渠道了解到外面的社会，从而萌发对外界社会的向往，尤其是像泰国这样的国家，经济较为发达，更是当地不少傣族人心目中的好地方。而在六七十年代长达20年的"左"的政治影响下，对于很多上年纪的人来说是一个"回想起来都会做噩梦"的时期，因此边疆社会潜在着较大的人心不稳定的因素。西双版纳州景洪市大勐龙镇曼飞龙村一位老人回忆起当年的情形说："当年的日子可真苦，不仅吃不饱，还整天提心吊胆，担心被斗被打，那个时期，谁都不想在中国了，如果不是家中有老有少，边境管得严，我们早就搬到外国去了。"这一时期由于政治的不稳定，人心思安，人们事实上也就淡漠了中国的国家意识，仅仅是希望能够找到一个安定的地方过日子。

20世纪80年代以后，随着"文革"的结束，党的宗教信仰自由等政策得到了重新落实，边疆人民的生活也随之稳定，经济不断发展，人民的生活水平不断提高，当地傣族人民的国家认同意识也随之增强，今天人民安居乐业，并以作为一个中国人而感到自豪。其中一个重要的原因是在与周边一些国家的对比中得到了强烈的感受，那就是中国境内的社会环境较之境外安定,经济较之境外发展快,百姓的日子也比境外好过。一些村民说:"文革"中我们都想跑到国外,只是不敢说,今天日子好了,就是赶我们走我们也不走。一些到过境外的人说,国外傣族的日子比我们过得差多了,现在我们到外国都感觉很光荣,对我们中国人他们都不敢小看,还是做中国人好。一些过去搬到外面的人也都希望搬回来,但是由于土地紧张很困难。近年来,由于国内社会的安定,经济的发达,得人民能够安居乐业,这样傣族人民国家意识也有了明显的增强,他们对中国有更坚定的认同感。对于广大的边境跨境而居的少数民族人民来讲,由于历史的原因,他们首先认同的是民族,民族认同感是第一位的,不论境内还是境外,他们首先认同自己是属于哪一个民族,然后才是属于哪一个国家,这在跨境民族中是一个非常特殊的现实。在20世纪90年代我们曾经做过一个调查,随机选择了50位20岁以上的傣族农民请他们回答问题。一个问题是如果把中国的傣族和境外的傣族划分成两个民族,让你们不承认与他们是一个民族,这可不可能,愿不愿意,100%的被调查者都表示不可能也不愿意,因为傣族自古就是一个民族,无论居住哪里,都是一个民族,而不可能变成两个民族。从这一问题中,我们可以看出傣族人较强的民族认同感,这种认同意识已经超越了国界。第二个问题是愿意做中国人还是做外国人,当时有70%的人表示愿意做中国人,20%的人表示说不清,在哪里好住,就住在哪里,有10%的人表示居住在国外比较好。当问到他们为什么愿意做中国人时,他们都认为中国社会安定,日子好过,发展比境外快,而仍然有一些人,他们对中国的边疆能否长期稳定,民族政策能否得到长期执行表示怀疑。到2002年笔者再次就相同的问题进行调查时,回答表示愿意做中国人,做中国人光荣的人,被调查者已经被上升到了97%,只有很少的人表示还是希望到泰国等较发达的国家中去生活,这种变化是巨大而有深远意义的。

回顾中国傣族民族认同与国家认同的发展历程,我们可以看到跨境民族是一个特殊的民族族体,居住在中国的傣族人民是中国民族大家庭中的一个组成部分,而在境外相同的民族则不是中国大家庭中的一个组成部分,他们没有中国的国籍,但是他们是和中国相同的跨境民族有着民族渊源关系,因此他们有一致的民族认同感。对于国家的认同就取决于一些条件,这些条件在这些民族中来说,更重要的是有利于他们生存和发展。国家的稳定、经济的发展、人们生活的改善以及各民族人民的团结、民族文化得到尊重，是一个民族对于国家产生认同感和归属意识最根本的条件，这在新中国成立以来的社会变迁中已经得到了验证。在 20 世纪 60—70 年代，由于政治的不稳定导致了边民向外迁移，从而丧失了对国家的归属意识与认同感，而在 80 年代以后，由于国内政治、社会、经济环境的改变，使边境地区各族人民再次树立起了做一个中国人的自豪感与认同感。90 年代中，笔者曾经到距离中国边境西双版纳 12 公里的老挝勐欣进行调查，那里现在仍然居住着一些在 60 年代以后搬迁到当地、与西双版纳有较多亲戚关系的傣族人。从生活上来说境内境外目前已经有了较大的反差，境内傣族居民的生活水平明显高于境外，而国家的强盛、强大，使得中国的傣族人民有了较强的自豪感，境外的居民对于中国的经济发展以及当地人们生活的改变都充满羡慕，近年来他们经常到中国去走亲访友，参加宗教活动、做生意，他们亲身感受到了中国的发展变化，甚至对于有亲戚在中国都感觉到非常自豪。从以上分析来看，民族认同以及国家认同问题都是一个在现实的发展中需要认真对待，并且要认真处理的重要问题。傣族人民长期生活在中华民族的大家庭中，对中国国家的认同以及对中华民族的认同已经根深蒂固，但是历史的经验也给了我们一个重要启示：那就是国家的稳定、民族的团结、各民族文化真正的获得尊重以及民族文化发展的广阔空间是国家认同意识的坚实基础。

  除此之外，还要以民族文化作为和平与发展的基础。不论是居住在中国还是东南亚南亚国家的傣泰民族都有共同的民族关系和历史渊源关系，拥有共同的文化，这是地域和边界难以隔断的，然而这一切也正好是民心相通的基础。傣泰民族是一个热爱和平的民族，无论居住在哪个国家都和居住国其他民族人民和平相处，这也是历史所证实的。今天我们正面临着构建区域和平、共同发展区域经济，建设人类命运共同体的新的机遇，而实现区域的和平和发展的一切基础首先是民心相通。有了民心相通就有了共同达到发展愿景的基础，傣泰民族共同的民族和历史渊源关系、文化等，都是民心相同的重要基础，人们更容易互相理解、开展社会经济文化的合作，达到区域发展的目标，因此傣泰民族的历史和文化渊源关系是傣泰民族文化圈构建和平和发展重要的文化基石。今天中国正在推进"一带一路"的建设，对于一带一路的建设，沿途国家能够构建起共同关心的利益的认同、各国的人民民心能够相通，是"一带一路"建设的重要社会基础。我们发展和周边国家的友好关系、推进经济建设，同样需要有稳定的社会环境，包括傣泰民族在内的很多与中国有共同民族和历史渊源关系的跨境民族也同样是构建中国的和谐周边环境的重要人文基础，是一种可以加以利用的资源。利用好这些资源，不仅对中国有利，对整个区域都有利。对于傣泰民族文化圈来说，这个区域的和平和发展也同样对周边更大的区域产生重要的影响，它的和平发展将会产生一种带动和示范效应。

在新的时期，我们应该利用好这种资源，构建中国和谐边疆。第一，积极促进中国傣族的社会经济发展，促进傣族的文化保护，使傣族文化在新的时期发扬光大，成为傣泰民族文化新的高地，成为辐射傣泰民族文化圈的中心。首先，中国是一个大国，有相应的能力推动中国各民族社会经济文化的发展，推动傣族人民的社会和经济的发展，提高人民生活水平、传承和弘扬傣族传统文化。通过这一切努力，增强傣族人民的文化自信心和国家认同。事实上近年来中国傣族地区社会经济文化都有较快的发展，人民生活水平有了较大的提高，傣族人民的国家认同感和文化自信心也同样有了较大的提高，只要我们更加努力这一切都会有新的发展前景，中国的傣族地区必然成为傣泰民族文化圈最靓丽的板块。这一切对于中国的边疆稳定和发展、对于构建和谐的国家周边都十分重要。因此，我们对待边疆地区的发展必须要从大的发展格局需要出发，要采取一些特殊的措施和政策推进中国傣族地区社会经济的进一步发展，保护和繁荣傣族的民族传统文化。其次，作为傣泰民族的历史发源地，也有必要将中国的傣族地区建设成傣泰民族的新的文化高地和中心，成为傣泰民族文化圈内成为一个经济发达、社会和谐发展、人民安居乐业、文化新城发展的区域，必然能够提振这一个边疆地区少数民族的文化和国家自信心，同时也有助于防范外来的不良影响。

第二，应更进一步主导和推动傣泰民族文化圈内的社会经济文化交流。积极推动中国傣族和周边国家民族的社会交往和文化交流，主动办各种文化交流活动，包括傣泰民族文化艺术节、文化传承培训活动、各种展览活动、举办国际学术研讨会、编辑各种对外介绍中国傣族地区发展成就和历史文化的出版物等。这其中非常重要的是促进南传上座部佛教的交流活动，南传上座部佛教是傣泰文化圈内大多数傣泰民族共同信仰的宗教，有强大的影响力，也是傣泰民族文化的重要基础。应当继续举办南传佛教论坛等交流活动，同时要加大人才培养的力度，尤其是要培养为东南亚国家佛教界所认可的高级僧侣，使他们在佛教界有重要的影响力，才能凝聚人心。应当加大对于南传佛教历史文献的收集整理工作，建设在中国和东南亚最大的南传上座部佛教文献中心和博物馆等设施。通过宗教交流和宗教文化的发展，构建一种和平的氛围。总之，通过这些努力使云南傣族地区成为傣泰民族文化圈的重要文化中心，同时也呼应了关于把云南建设成面向东南亚南亚地区的辐射中心的发展战略。继续推进交通建设、便利化边境管理、提供教育服务，促进这个区域内的社会交流。积极推进这个区域内的旅游业发展和贸易发展，规划和发展旅游路线、组织经贸交流活动、推动边境贸易，为这个区域的经济发展作出贡献。

附：美国丹佛市傣泐人调查研究

美国科罗拉多州丹佛市是美国傣泐人居住最集中的地方，约有1200余人140余户祖籍中国西双版纳和老挝勐勇的傣泐人。① 当地的傣泐人来到美国最早的已有40年，有的已经是在美国出生的第二代、第三代。目前约有50%的傣泐人拥有美国国籍，其他人持有绿卡。近年来随着美国傣泐人和他们的祖籍地老挝勐勇和中国西双版纳交往的增多，不断有一些新的移民来到美国。今天随着电子信息化的普及，美国各地区傣泐人和祖籍地的信息沟通十分频繁，也带来了更多的信息交流和人员交往，人们重新构建现实和虚拟的社区，恢复民族文化、重构民族文化认同，使傣泐人在当地成为一个能见度不断提升的族群。2017年6月，在当地傣泐人佛寺举办新的佛塔塔心安放典礼期间，本人前往进行了3天的实地调查，参加了典礼的全过程，在节后的10天中，继续与当地的傣泐人进行了广泛的接触，了解到了很多当地傣泐人的情况。回国后，通过微信对当地傣泐人继续进行了大量的访谈。由于当地傣泐人的文献资料基本处于空白状态，外界对其知晓也甚少，本部分主要依据这几天实地调查及随后的微信访谈所获得的资料及了解到的情况，对当地傣泐人社会的状况和族群社区的重构进行一个分析，同时也为学术界提供一个理解当代海外移民族群生存状态的个案。

一 傣泐人移民美国的历史背景

傣泐人在美国的定居有特殊的历史背景。在印度支那战争中，美国政府曾经扶持了越南和老挝亲美政府，这个过程中也有大批的当地少数民族

---

① 本数字为当地老挝傣泐协会提供。

民众参加了亲美的政府武装，包括了苗、瑶、泰等少数民族。在这个过程中，老挝也有很多傣泐人参加了美国政府支持的老挝武装，有的直接参加了美国军队后勤组织，尤其是居住在老挝勐勇地区的傣泐人最多，根据参加过军队的老人回忆可能有六七百人。在印度支那战争结束之后，美国政府愿意接受参加亲美政府武装部队的当地人前往美国定居。因此在1975年开始的几年中，有大批的当地各民族民众开始迁徙到美国定居。据迁来的老人们说，迁往美国的手续也比较简单，只要到美国军队办事处进行登记就可以。在登记的时候一方面要出示自己参加亲美政府武装部队证件，如果没有证件能够说明自己部队的番号也可以，另一方面回答几个简单的问题，包括你为什么要到美国、家庭情况等，就可以获得前往美国的证件，有的甚至可以携带直系亲属一同前往。获得证件之后就可以搭乘美国的运输机前往美国，有的时候早上获得了证件，下午就可以乘机。老人们回忆，当时乘机前往美国的人是较多的，在飞机场可以看到不同民族的人们熙熙攘攘排队等候乘机。

被接受的移民到达美国以后，有很大的一部分都被安置在科罗拉多州丹佛市附近。有一部分参加了美国海军后勤部队的人，则被安置在了加利福尼亚州的圣地亚哥市海军基地附近，一些人由于不同的原因也分散安置在加利福尼亚州不同地区。科罗拉多州和加利福尼亚圣地亚哥是今天美国傣泐人最集中的地方，其中尤以科罗拉多州的丹佛市最为集中。

美国政府的政策是对新到达的人们给予3年的生活资助，包括安家费和日常生活的费用，让人们能够租房、维持基本生活，同时对于青壮年人开展语言、当地生活适应和就业培训。对于有学习需求的青少年也安排了学校。这样，使得这一批先期到达美国的人能够很快定居下来，并适应当地的生活环境。3年以后，人们基本上要在政府的帮助下自谋职业，没有职业的家属只能领取低保。事实上，在1975年以后的3—4年中，不断有人迁往美国，有的对到达美国后的生活有较大顾虑，因此一个家庭中先是有一两个人来，在了解到实际情况之后，又有很多符合条件的人申请前来美国，同时也把家属接到美国。

先期到达美国的傣泐人虽然和中国的西双版纳有历史渊源关系，但并不是从西双版纳直接去的，而是从老挝的勐勇去的。勐勇是老挝傣泐人较为集中的地区，这里的傣泐人都是在历史上从西双版纳地区迁徙去的①，因此它们的历史文化和语言文字都与傣族地区基本相同，并且相互间有较强的认同感，这也是在当代他们间有密切互动的历史原因②。和西双版纳的傣族人一样，他们自称傣泐人。今天居住在美国的傣泐人由于大部分是来自老挝，因此他们对外一般宣称老泐人。但是由于有历史的渊源关系，老挝傣泐人认同来自西双版纳的傣泐人为同一族群，他们在20世纪90年代就不断回到西双版纳寻根问祖，这就是今天在美国老挝傣泐人与西双版纳傣泐人成为一家的原因。

在20世纪80—90年代以后，随着社会的开放，很多居住在美国的傣泐人纷纷回乡寻根问祖，他们不仅回到了老挝，同时也纷纷回到更久远的祖籍地西双版纳，找到自己的亲戚朋友。在西双版纳的大勐龙一带，就有很多傣族人亲戚朋友在美国。他们经常在有重大的宗教活动的时候回到西双版纳，参加佛教活动，并捐款修建寺庙等。由于美国当地的傣泐人社会是一个相对封闭的社会，很多男性年轻人寻找配偶有困难，因此他们回到西双版纳或老挝寻找配偶，导致了新的婚姻移民现象，近年来嫁到丹佛市的西双版纳女性有近20人，这种现象在未来将会更多。

二 今天的生活状况

傣泐人到达美国之后，经历了近10年适应过程，目前基本上已经适应美国社会，进入了平稳的生活状态中。根据当地的老挝傣泐人协会会长Saengkham Sandy Nguyen女士介绍，今天居住在美国的傣泐人基本都属于中产阶级，过着没有生计风险的生活。一部分人由于有较好的工作、经营生意等，生活条件还很优越。

在到达美国初期，人们的居住相对集中在一个区域。但是当人们有了一定的经济条件后，便开始自己寻找购买适合自己的住房，有的兄弟购买的住房相对集中，但是大部分傣泐人因此而分散开来，因此今天在丹佛市的傣泐人没有一个集中的居住区域，而是分散居住在丹佛市不同的地方。

---

① ［泰］昆尼-宋差：《从勐勇到南奔：1805—2008》，泰国清迈大学出版社2005年，第17页。泰文版。

② 郑晓云：《傣泰民族先民从云南向东南亚的迁徙与傣泰文化圈的形成》，载《云南社会科学》2005年第3期。

从居住的角度而言，并不存在一个傣泐人的社区，而是融入了当地的居民中去。

傣泐人在今天全部拥有自己的私人住房。近年来不少当地的傣泐人还在换购自己的房子，有条件的购买更大、更好的住房。这里的住房都是单家独户的住房，傣泐人购买更大的住房一方面是进一步改善自己的居住条件，另一方面是考虑到保持传统的亲戚朋友在逢年过节等一些特殊日子的聚会活动。这些日子人们都会邀请亲戚朋友前来聚会，由于这是傣泐人非常重要的传统，因此需要更大的空间。在我们访问过的一些朋友家，虽然目前居住的空间已经足够，但是他们仍然在谋划购买更大住房，理由之一就是有更大的空间满足一些特殊的日子中亲戚朋友聚会的需求。这一点作为旅居海外的人们来说被看得很重，可以保持和亲戚朋友之间良好关系。生活在美国这样一个汽车社会中，家家户户都拥有汽车。

职业是生计的重要保障。今天生活在美国的青壮年傣泐人基本上都有相对稳定的工作。工作的状况和受教育的程度有直接关系。一些受过高等教育的第一代第二代傣泐人有较好的工作，有的在政府机构中工作，有的在一些著名的企业中工作，甚至是高级职员。例如毕业于哈佛大学的老挝傣泐人协会会长 Saengkham Sandy Nguyen 女士就曾经在美国联邦政府做过法律方面的高级职员。出生于美国的拿文先生目前在位于加利福尼亚州的国家空间试验室工作，也有的在美国著名的医院工作等。但是由于受教育程度的限制，大部分的傣泐人主要是在一些企业中做普通的工作。例如很多年轻人目前都在丹佛市的一家生产窗帘的工厂工作，这家企业规模较大，经营效益好，因此有长期稳定的用工需求。在这家工厂工作基本上是长期稳定的，对工人的教育程度要求不高，但是提供国家规定的各种福利条件，包括每年的带薪休假，因此有一些傣泐人在这家工厂已经工作了几十年。由于这些工作基本上都属于体力活动，每天工作八小时，每周还有几天是早上4点的早班，因此还是很辛苦的。但是这些工厂为受教育程度不高的年轻人，尤其是新的移民提供了一份稳定的工作，人们还是珍惜的。还有一些人在百货商场、饭店工作，但是都属于短期工作，好处是工资结算较快，有的当天就可以拿到工资，因此有人喜欢这种工作。总之，在就业方面当地的傣泐人没有面临很大的困难，使大家的生计有了基本的保障。傣泐人中有一部分人经商，有的已经营成功，拥有餐馆、商场及小型工厂等。

第一代来到美国的傣泐人,由于他们是为美国政府服务过的,因此在60岁的时候,基本上都享受美国的退休金,没有生活上的困难。

作为第三代傣泐人,大多数都还是在学生阶段。在美国,初中等教育条件是较好的,傣泐人家庭对于孩子上学读书没有太多的顾虑,所有的孩子都能够到学校读书,同时在经济上也没有大的压力。在高中毕业后也能顺利进入大学。在美国出生长大的青少年一般都能够讲两种语言,傣语和英语。在傣泐人的家庭中,基本上完整地使用傣语,这是他们通晓傣语的环境。但是在生活方式方面受到美国社会的影响更大,包括饮食习惯,年轻人更偏爱于美国的饮食文化。

在社会交往方面,生活在美国的傣泐人社会生活相对还是封闭的,并没有全面地融入美国社会中,当然在美国的社会环境中,只要有生计保障,每个人都可以选择自己的生活。因此,傣泐人的社会交往基本上是在傣泐人圈子中。在当地有苗族、瑶族、泰国人、老挝人等族群,在逢年过节的时候也会邀请他们的头面人物前来参加,但是在日常生活中不来往。包括关系比较密切的老挝人,虽然说大多数的傣泐人都是来自于老挝,但是傣泐人和其他老挝人交往不多,当地的老挝人也有自己的寺庙,但是傣泐人并不参加他们的活动,尤其是傣泐人有了自己的寺庙之后,宗教和社会交往越来越少。在2007年傣泐人有自己的寺庙之前,他们都是参加城里泰国的寺庙的宗教活动,但是自从有了自己的寺庙之后,他们就不再参与当地泰国人的宗教活动,相互之间的交往也就淡化了。

三 佛教信仰与民族认同的重构

傣泐人信仰南传佛教,同样南传佛教在美国丹佛市的傣泐人社会生活中也非常重要,同时在当地的社会环境中,南传佛教意义甚至超过了宗教信仰本身,成为当地傣泐人民族认同和社会构建的重要因素。

对佛教的信仰是傣泐人社会生活中不可缺少的。在20世纪80—90年代,由于当地的傣泐人人数不多,经济实力有限,因此没有自己的佛教寺庙,参加佛教活动和日常礼佛主要是在丹佛市区的泰国人的佛教寺庙。据说由于一些历史原因,泰国人对于傣泐人也有一定的歧视。因此,傣泐人决定要建设自己的寺庙。在2000年初,人们在丹佛市郊区租下一块土地,建起了一个寺庙。2006年人们集资买下了一农场作为建设寺庙的土地,建起了今天的寺庙(Wat Buddhapunyaram of Colorado. USA)。今天的寺庙有一个可以容纳二三百人的佛堂，一座别墅式的僧人住房，一个供人们集会进餐用的礼堂，还有一个菩萨雕塑园，占地面积超过100亩。在佛堂中，有南传佛教风格的佛祖雕像，对内部的装饰风格与老挝、西双版纳完全是一样的。在菩萨园中，有各种菩萨的雕像供人们参观。礼堂提供了一个在各种节日、宗教活动中人们集会、娱乐、用餐的场所。在今天很多婚丧嫁娶和一些个人的庆典活动人们也会到这里来操办，因此这一个场所在傣泐人的社会生活中变得越来越重要。

在这一个寺庙中，目前常住的僧人有3人，其中一名高僧来自老挝，另外两人是在当地出家多年的傣泐人。他们日常的生活一方面是修行，另一方面是组织各种佛教活动。日常的饮食及生活用品由当地人共奉，每天都会有人做好食物送去，或上门烹制。

今天这里的佛事活动与其他地方的南传佛教活动已经没有多少差别，各种既定时间的活动在这里都开展，包括佛历新年、开门节、关门节等重要的活动，也包括祭祀当地的佛塔、亡人的超度等，甚至包括赕曼哈邦这样大的佛事活动近年来也时常开展。总之，佛教活动越来越频繁，已经成为一种现实，也使人们有机会频繁相会，这是一个较大的变化。

2017年6月18日、19日，人们为正在建设中的佛塔安放塔心隆重举行庆典活动，这次活动是近年来最大规模的佛事活动，本人全程参加了这次活动，通过这次活动观察了解到了当地佛事活动的很多情况，非常有助于理解佛教在人们的宗教信仰、民族认同和社会关系构建的角色。

目前正在建设中的佛塔将花费20万美元，建设一个基座为莲花造型的佛塔，据设计者说，这将是一座造型十分精美、别致、独特的佛塔。

为了这一活动，当地的傣泐人协会做了大量的准备工作。他们专门邀请了在老挝德高望重的高僧祜巴香腊前来参加，同时也邀请了在加利福尼亚的其他僧人前来参加，当日参加典礼的僧人有18位。参加的信众不仅有当地的傣泐人，也有一些居住在加利福尼亚等其他地区的傣泐人和其他族群的人。

6月18日，是庆典活动的第一天。早上9点钟高僧们进行诵经，随后前来参加的人们将自己的贡品贡放在佛堂中。

11点，全体参加活动的僧人和客人共进午餐。午餐的食物及饮料由一些人捐资承担，同时也现场出售。参加进餐的人自己购买食物，表示对寺庙的支持，出售食物的收入将全部捐献给寺庙。午餐准备了丰盛的傣泐人菜食，各种傣泐人食物的烹调都十分地道，使用的原料几乎完全和老挝、西双版纳一样，这些食物的原料有的是美国生产的，有的是傣泐人从老挝探亲带回来在美国种植的。很多傣泐人都保持着制作传统食物的习惯，因此虽然身在美国，但是也能够吃到地道的傣泐人菜肴。他们表示，这是思乡的一种表达方式。吃饭的时候，来自不同地区的傣泐人相聚在一个轻松愉快的场所，互致问候、聊天说笑、演唱传统歌曲，表达亲情。

下午3点，开始进行文艺表演。当地的傣泐人妇女身穿节日的傣泐人盛装，表演传统舞蹈，当地其他族群社区也应邀前来观看歌舞表演，包括傣泐人、老挝人、泰国人、柬埔寨人、缅甸人、中国人的舞蹈，依次进行了表演。这其中不断穿插进行傣泐人传统的集体舞，全体人同时参加。

晚上8点，再次进行僧人的诵经仪式。

6月19日，此日是庆典的主要活动日。

上午4点，开始宗教活动，进行僧人的诵经仪式及信众贡奉由稻米、甘蔗、椰奶制成的甜食"玛都帕亚"（matupayad）仪式。

上午8点29分，人们簇拥着僧人，抬着圣物围绕着佛堂游行一周，然后游行到新建的佛塔举行圣物安放仪式。在这个过程中高僧不断诵经，人们载歌载舞，表达喜悦之情。在高僧的主持下，将圣物安放进佛的基座中央。随后人们进行大规模的布施活动，人们将钱和一些食物列队放入大棚子中事先准备好的一长列僧钵中。

上午11点，全体参加活动的人共进午餐。由于当日参加的人更多，因此气氛也更为浓厚。

下午1点，全体人员参加诵经。由老挝高僧进行诵经、为当地的傣泐人祈福。当地傣泐人协会的负责人进行工作报告，介绍下一步的工作安排。活动一直到下午3点钟结束。

活动结束后，参加活动的人们便到自己所属的小组中某一个成员的家中团聚。我们被邀请到了两个傣泐人家中。每一个家中都准备了丰富的食物，包括烧烤和各种傣泐人传统食物、酒类和饮料、水果等。主人忙里忙外招待客人，客人来来往往、围坐在屋里屋外，享用美食，开心聊天。这样的聚会活动人们会轮流主办，是当地傣泐人节假日中最重要的活动之一，显示了当地人的友善和团结，因此人们都十分重视。上面提到，很多家庭都把承办这种家庭聚会活动看作是大事，也是一件荣耀的事，一些有条件的家庭甚至为了能办好家庭聚会活动而更换更大的房子。

由于有了当前的寺庙，不仅满足了人们的宗教信仰需求，同时也促进了当地傣泐人族群社区社会关系和民族认同的重构，这可以从以下几点反映出来。

第一，宗教场所满足了人们的宗教信仰活动的需求，人们有了场所来开展各种佛事的活动。

第二，提升了傣泐人的文化自信心。有了自己的寺庙，人们不再借用其他族群的寺庙进行宗教活动，自己便成了宗教活动的主体，而在过去到其他寺庙中参加佛事活动，傣泐人只是参与者，而不是主导者。今天有了自己的寺庙，傣泐人成了自己宗教活动的主导，可以按照自己的传统开展佛事活动。这一点对于当地的傣泐人来说，是非常自豪的，也是十分重要的，因为傣泐人的佛事活动的传统与泰国人的还是有很大差别的。

第三，通过宗教活动，提升傣泐人的文化认同。由于有了自己的宗教活动的场所，使傣泐人的宗教活动规律化、规范化并且频繁起来，人们有了显示精神归宿的地方，更重要的是它是同一个族群精神归属之所，使人们的精神和行为都获得了更强的凝聚，同时显示了傣泐人和其他民族的族群界限。比如与同样信仰南传佛教，并且来自同一个亚洲近邻地区的泰国人、老挝人分开了宗教活动场所，人们有了宗教上更多的"自我"。同时这也减少了相应的与其他族群的社会联系，傣泐人因为共同的宗教活动而更加亲近，甚至居住在其他地方的傣泐人也因为宗教活动而加强了联系和交往。

第四，宗教活动促进了傣泐人的文化复兴。为了使自己的宗教活动更为完美，体现傣泐人的传统，在宗教活动中人们尽力去恢复和祖籍地相同的宗教文化和相关的传统，包括佛事活动的仪式、使用的经典、请来家乡的僧人作住持、制作各种宗教贡品、用品、食品、表演的舞蹈、穿着传统民族服装等等，都因为宗教活动而在当地被尽可能地被复制、提升。尤其是作为集体的行为，更有利于这些传统在当地的复制和提升，甚至是创新，成为当地傣泐人族群的重要文化支撑。

第五，提升了当地傣泐人的社会凝聚力，密切了人们的族群社会关系。由于佛事活动，人们的交往变得越来越频繁。在日常生活中，事实上由于居住的分散、工作的忙碌，人们没有多少机会联系接触。但是有了规律性的佛事活动之后，人们相互见面的机会多了，有的时候每个月都要多次到寺庙中参加活动。在访谈中，一些当地人说过去半年一年都没有机会见面，现在每个月不见面都不行。这一点是非常重要的，它加强了人们间的社会交往，使人们的联系更加紧密。又一个重要的现象是，佛教活动的公共性被彰显的同时，一些私人的事务同样因此也越来越多地被公共化。例如孩子出生满月、结婚、丧事等活动，人们也越来越多的借用佛寺来操办，包括这些活动中需要做法事、宴请等，都在佛寺操办，这样人们也越来越多地受到邀请前去参加。因此对这些活动的参加也变得越来越频繁，不仅增加了人们的日常联系，参与也体现了人们的"泐人"的身份和责任，由此带来的是人们在社会生活中的更多的互相帮助。

基于以上现实，宗教的意义在此地已超越了信仰本身，成为当地傣泐人族群认同与社区构建的重要因素。今天傣泐人在美国丹佛市已成为一个有越来越明显民族文化内涵和边际的族群，佛教信仰是其中一个重要的因素，因此当地宗教也有神圣与世俗相结合的特点，一方面是人们的信仰，另一方面也成为维持傣泐人认同的重要途径。

在宗教复兴等因素的推动下，今当地傣泐人的民族认同的重构也基本达成。这种认同有其自身的支撑要素，也就是特殊的历史文化背景形成了其民族认同的形成。支撑美国傣泐人民族认同的要素包括了五个主要的方面：祖籍地、民族身份、宗教、民族文化、美国身份。即他们拥有共同的祖籍地西双版纳、共同信仰南传上座部佛教、拥有傣族的传统文化、拥有在美国居住的身份。美国的身份认同是非常重要的，表明他们是有新的地域性身份的傣族人。这种民族认同，已经和其他地方的傣族人有了区分：同是傣族人，但是他们已经不是传统的西双版纳，老挝的傣族人，而是美国傣族人，在这一点来说当地的人们在身份认同上都是非常明确的。他们的民族认同已经完成了作为一个外来移民所保持的原有的民族认同，到已经本地化的一个族群的所拥有的民族认同的转变。这一点是非常重要的，对他们在美国土地上最终形成一个新的族群提供了自我意识的支撑，在族群混杂的美国社会中有了自我。

四 傣泐人社区社会的构建

今天，一个基于族群关系的傣泐人社区也正在构建之中。其中美国老挝傣泐人协会（US Lao-Lue Association）扮演了重要的角色，是在美国的傣泐人社会关系最重要的维系者。协会在傣泐语中称"Samahong"，即"四方的人相聚之处"。老挝傣泐人协会内部，成员按照一家一户被划分成不同的小组，目前共有 11 个小组，最多的一个小组有 17 户。小组的划分也与佛教习俗有关，在傣泐人的佛教传统中，每年公历 7—10 月属于"关门节"与"开门节"，也就是佛教闭门修行期间。在此期间一系列时段的礼佛活动由不同的人家主要参加，傣语称"多星"，并非全部人参加，即村子中的家庭分为不同的小组，即不同的"星"。这里的人们也同样被划分为不同的"多星"成员，参加佛教活动时是一个小的群体，在日常生活中也就有了"小组"的功能。

参加傣泐人协会必须要交纳年度的会费，每户每年 130 美元。参加协会必须要经过申请，由理事会批准。除了每年重大节日活动之外，日常的活动由每一个小组自行组织，按照协会的章程安排相关的事务。目前协会的工作主要是组织好每年的新年等进行联谊活动、重要的宗教节日活动，同时帮助有困难的傣泐人家庭，为傣泐人提供法律方面的服务、就业服务等社会服务工作。尤其是一些新的移民的入籍法律服务较有成效，一些近年来通过婚姻、亲戚移民的傣泐人，在协会的帮助下很快获得了留居和入籍的资格。小组在日常生活中也显现出更多的互相帮助的功能，在节庆活动中很多聚会也是以小组为单位组织的，因此在日常生活中不同的小组都会由成员轮流举办聚会活动。

对于协会工作，当前的会长 Saengkham Sandy Nguye 女士说，目前的工作还主要停留在联络大家的社会关系、互相帮助有困难的成员、组织重大活动方面，但这些工作将来是不够的，在未来将开展更多的文化活动，包括傣泐人的传统文化，例如舞蹈、文字、传统手工艺等的传承、培训教育工作，编撰傣泐人的历史文化书籍、音像制品等，记录宣传傣泐人的历史文化、推动青年人更高层次的教育和就业等。通过傣泐人协会的努力，以使当地的傣泐人社会成为一个有更加紧密联系和凝聚力的组织，最终使傣泐人在这片土地上人能够更有保障，有尊严、有民族文化维系地生活。

由于傣泐人协会的工作成效，尤其是组织维系傣泐人的社会生活方面起到的积极作用，很多过去没有加入协会的人都在申请加入，例如过去有一些较早来到美国的傣泐人，由于各种原因没有和傣泐人协会的成员有联系，还有一些分散生活在加利福尼亚州和其他州的傣泐人，目前也申请加入协会，使得协会的网络不断扩大。

通过傣泐人协会的有效工作，分散的美国丹佛市傣泐人被组织起来，他们有了自己的社会组织和宗教场所，使傣泐人这一群体成为一个有组织的、有宗教和文化传统的社会群体，作为一个美国的新族群的特征正在显化出来。与此同时对于当地的傣泐人来说，有了自己的组织依靠、更紧密的社会关系和宗教信仰的满足，获得了凝聚力和自信心，对生活在异国他乡的他们来说是十分欣慰的。

今天促成当地傣泐人增强联系的又一个重要的因素是通信的发达带来的人们信息沟通的便利。Facebook 与微信是人们日常沟通的两种重要工具。在美国的傣泐人之间，人们便捷地通过 Facebook 进行信息的沟通和日常交流，密切了人们之间的关系。尽管居住分散，但是人们也能够方便地进行交流，这一点和10年前是不一样的。人们回忆，过去尽管有电话和书信来往，但是相互间的沟通仍然是有限的。今天有了 Facebook，人们对交流和沟通空前频繁，之间的距离被拉近了。祖籍地在老挝的美国傣泐人也可以使用 Facebook 和家乡的亲戚朋友沟通交流。祖籍地在西双版纳的傣泐人则使用微信进行沟通，他们中的很多人都加入了家乡亲戚朋友的多个微信群，每天频繁交流，这样一方面能够排解他们的乡愁、化解在异国他乡的孤独感，另一方面也可以了解家乡亲戚朋友和当地发展变化的信息。这些现象，除了成为人们新的信息沟通方式外，也形成了一种新的生活空间，使人们更加小群体化，更多地把沟通的范围限制在一定的群体之内，增强了群体的内部关系。这一点是不容忽视的。

今天傣泐人社区的重构有意义之处在于它并不是一个完全由人们集中居住而形成的传统社区，而是在某些特定的文化与社会关系方面形成的一个文化意义上的社区。它的基础维系在以下几个方面：一是有历史渊源关系，人们都来自同一区域，即源自中国的西双版纳、老挝的勐勇，这两个地方又有同源关系。二是有共同的宗教与文化传统，都信仰南传佛教相同的派别，有共同的宗教习俗、社会生活习俗。三是有相关的社会组织与社会联系，即老挝傣泐人协会，形成了有形的社会网络。这些要素强化了人们的族群认同、宗教与社会联系，因此有一个历史渊源、有宗教和文化传统、有组织联系和社会联系、以丹佛市为主要的居住区域的傣泐人社区社会今天正在形成。

五 结论

综上所述，移居到美国丹佛市的傣泐人社会生活经历了三个阶段。第一个阶段是 20 世纪 70 年代中期到 80 年代中期，这一个时期是一个适应当地生活环境的时期，人们不断迁移到新的环境中，适应当地的生活、寻求新的生机方式、提高语言能力、接受当地的就业培训和教育。第二个阶段是 20 世纪 80 年代中期到 2000 年中期，这一个阶段人们逐步适应了当地的社会生活环境，大多数有工作能力的人都找到了不同的工作，有了稳定的收入，有一部分人开始了自己的经营活动。大多数家庭在这个时期购买了自己的住房，有了稳定的居所。这时候第二代人出生，少年儿童在当地学校接受义务教育，并且有了不断提升教育的机会，很多青年人进入大学接受教育、更广泛地融入了美国社会。但是在这个阶段，人们的社会联系仍然是不紧密的，没有自己的宗教活动场所的常规化的社会联系。由于没有紧密的社会联系，没有形成自己的社会群体实力，因此没有形成在当地的文化和族群的凝聚力，人们没有较强的文化自信心，甚至感觉受到当地其他族群的歧视。

第三个阶段是 2000 年中至今，尤其是在傣泐人有了自己的宗教活动场所和社会组织之后，人们的社会活动和宗教活动都有了主体性，并且不断走向频繁、有序，宗教活动按照传统正规化。宗教活动走向正轨之后，也使人们的社会关系更加紧密、文化自信心得到增强，传统文化在这里得到复兴，使当地傣泐人的族群自豪感得到提升，这一切都增强了人们的民族凝聚力。在这一时期，人们经济状况有了更大的改善，工薪阶层有稳定的收入和居住场所，一些人有了自己的生意，使人们有了投入以宗教活动为中心的传统文化复兴的经济支撑，很多人乐于捐助宗教活动，是宗教活动蓬勃兴旺一个重要原因，包括了集资建设寺庙和佛塔。与此同时，傣泐人协会的工作使得人们的社会关系更加密切，人们的相关的社会关系被制度化，有了规律性的社会活动。这样，使当地的傣泐人社会被组织起来、有了佛教信仰为中心的传统文化凝聚力，傣泐人在当地社会中构建起来一个以族群为基础、以丹佛市为主要的居住区域、以佛教和的传统文化为文化纽带、以协会组织为组织框架的傣泐人社区。

这个社区是依靠协会组织关系、宗教和传统文化、族群关系构建起来的一个族群社区，在当地社会中日益显现出来。但是与傣族传统的社区社会不同的是人们仅是居住在同一个地区，并没有集中居住的聚落，尽管如此，人们仍然容易相互来往，也是这当地社区能够形成的重要因素。因此，协会组织关系、宗教和传统文化、族群关系、相对集中的居住区域是美国丹佛市傣泐人社区构建的四个关键因素。这个社区有了明显的人际、宗教、文化边界：都是傣泐人、有自己的宗教场所和宗教传统、维持着傣泐人的文化传统，这一切也使得今天的傣泐人内部关系更加紧密。但是与此同时，由于这个族群社会内部的互助力的增强，更增加了人们对于族群社会的依赖性，使傣泐人族群社会和其他当地社会的联系有所疏远，包括不需要较好英语技能，仅依靠傣泐语言也可以自如地生活。

特别需要指出的是，在同时期及相同背景下移民美国的苗族，其文化认同在近几年开始出现差异分化，其第二代以后的苗族人更倾向于认同美国主流文化，从"美国苗族"到"苗裔美国人"，最终向"美国人"过渡的时候[1]，当地傣泐人则处在一个族群社会与认同被强化的时期，内部族群关系及凝聚力在强化的同时也出现趋于封闭的现象，今天更加强调"泐人"的身份。这一点显示出同样处于美国社会中的亚洲移民其发展状态还是有很大差别的。傣泰民族就是一个在从历史上从中国云南不断向老挝、缅甸、越南、泰国、印度迁徙的民族，在迁徙的过程中不断复制祖籍地的文化传统去构建新的社会是其生存的基本手段[2]。今天这种现象在美国傣泐人社会中也在再现。

从目前的势态而言，由于人们的宗教活动的进一步增多并正规化、社会联系的进一步增多、傣泐人协会组织能力的不断提升，傣泐人族群社会不仅内部的凝聚力将不断增强，在当地社会中的能见度将也不断提升，从一个分散的移民群体在当地社会中构建成一个新的族群集体。这一切对当地傣泐人的生存是十分有利的，当地傣泐移民正在完成了一个在美国土地上从物质生存到文化生存的过程：从定居、环境适应、就业、物质生活条件改善到族群关系、民族传统、宗教等的恢复与重构。

---

[1] 黄秀蓉：《从"苗族""美国苗族"到"苗裔美国人"——美国苗族群体文化认同变迁》，载《世界民族》2017年第1期。

[2] 郑晓云：《全球化背景下的中国及东南亚傣泰民族文化》，民族出版社2008年版，第80页。

参考文献

曹成章：《傣族社会研究》，云南人民出版社1988年版。
黄惠焜：《从越人到泰人》，云南民族出版社1992年版。
佚名编：《勐泐王族世系》，云南民族出版社1987年版。
江应樑：《傣族史》，四川民族出版社1983年版。
范宏贵：《同根生的民族——壮泰各族渊源与文化》，光明日报出版社2000年版。
何平：《从云南到阿萨姆——傣—泰民族历史再考与重构》，云南大学出版社2001年版。
云南民族学会傣族研究委员会编：《傣族文化论》，云南民族出版社2000年版。
张公瑾：《傣族文化研究》，云南民族出版社1988年版。
《越南北方少数民族》，范宏贵、孟维仁、徐泉英、古小松译，广西民族学院民族研究所，1986年。
披耶阿努曼拉查东：《泰国传统文化与民俗》，马宁译，中山大学出版社1987年版。
陈吕范：《泰族起源问题研究》，国际文化出版公司1990年版。
朱德普：《傣族神灵崇拜觅踪》，云南民族出版社1996年版。
张增祺：《滇国与滇文化》，云南出版社1997年版。

Hans Penth, *A Brief History of Lan Na: Civilizations of North Thailand*, Chiang Mai: Silkworm Books, 2001.

Nguyen Van Huy, *The Cultural Mosaic of Ethnic Groups in Vietnam*, Hanoi: Education Publishing House, 2001.

M.L. Manich Jumsai, *Popular History of Thailand*, Bangkok: Chalermnit, 2000.

Sommai Premchit and Amphay Dore, *The Lan Na Twelve-month Traditions*, Chiang Mai: Chiang Mai University, 1992.

Somsonge Burusphat, Jerold A. Edmondson, and Megan Sinnotte (eds.), *Introduction to Tai-Kadai People*, Bangkok: Sahadhammika Co. Ltd., 1998.

F. M. LeBar et al., *Ethnic Groups of Mainland Southeast Asia*, New Haven: Human Relations Area Files, Inc., 1964.

Teeraparb Lohitkun, *Tai in Southeast Asia*, Bangkok: Manager Publishing, 1995.

后　记

时光飞逝，我从 1982 年接触傣族至今已有 36 个年头了，这个过程也是我人生最黄金的学术探索过程，我一直以此生能够与傣泰民族这一个伟大的民族结缘而感到幸运，对这个民族的研究使我的人生有了新的意义和感悟，因此这几十年中从来也没有中断对傣泰民族的研究。虽然这项研究工作是非常艰苦的，本书的内容涉及了中国云南省及越南、老挝、缅甸、泰国等主要傣泰民族居住国，而且研究主要是采用田野研究和当地的文献收集相结合的方法进行的。在 20 世纪八九十年代国人出国不易，出国研究更为不易，研究中经历了种种酸甜苦辣，但是这个过程给我留下了一生中美好而珍贵的回忆。

本书是长期研究的积累。大学毕业后我就开始了对中国傣族的研究，尽情地在傣族文化这块美丽、神秘、厚实的沃土上汲取营养，大多数情况下是单枪匹马在傣族地方进行田野调查，其中作为长期研究基地的西双版纳大勐龙镇曼飞龙村自 1983 年第一次造访至今从未有一年中断过，一直进行跟踪式的研究。20 世纪 80 年代中期以后，随着中国的对外开放，我迎来了人生又一个大的机遇，有机会走出云南对分布在东南亚国家的泰人文化与社会进行实地考察，至今已 60 余次前往泰国、越南、老挝、缅甸等国家的泰人农村实地调研，并访问有关学者，到学术机构搜集文献资料。有了这些经历，也才有了对傣泰民族文化深入研究和真切感受，这个过程本身也是一个学习与思考的过程。

我本人在国内学术界首先提出了"傣泰民族"这个学术词语，目前已得到了学术界的认同和使用，是我最欣慰的事。这个词汇不仅是学术上的突破，也表明了对于中国傣族和周边国家相关泰人族群历史渊源关系的认可，对于我们认识中国和东南亚这个有直接历史渊源关系的民族的历史和当代的文化多样性、构建和谐边疆和区域的和平、实现民心相通都是有重要意义的。我有不少傣泰民族文化研究的相关成果发表于《中国社会科学》、《社会学研究》等国内期刊及泰国、日本、越南等国的知名刊物。2001 年泰国《曼谷邮报》以较大的篇幅发表专访《泰人之根》，向读者介绍了我的研究。2002 年 1 月 30 日《曼谷邮报》在中国新年的一篇社论《他们来自何方》中再次谈到我的研究与对泰人起源的观点。《中国社会科学文摘》2005 年第 6 期摘载了我发表的论文《傣泰民族起源与傣泰民族文化圈形成新探》一文（此文同时发表于泰国《泰中学刊》2005 年号）。我本人也多次组织了关于傣族研究的国际会议，推动了傣泰民族研究的国际交流。我想我的研究结论不一定都能得到学者们的认同，但这些结论都是基于严谨的研究之上的，作为一家之言呈现给学界，我相信是有价值的。

　　本书能够完成，是无数机缘的结合。在我过去 30 余年的研究过程中，我得到了很多中外人士的帮助，遇到过无数令我感动的事，我将把这份感动永远珍藏在心中，虽然难以一一道谢，但请他们相信我从没有忘记过每一个帮助过我的人。众多中外学者对我的研究给予了热心帮助与支持。在此我要特别感谢以下学者：中国社会科学杂志社孟宪范编审，已故前云南民族大学教授、云南省政协原副主席刀世勋先生，已故云南民族大学副校长黄惠琨教授及中央民族大学曹成章教授，云南省社会科学院陈吕范研究员、谢远章研究员、王国祥研究员，越南国家文化艺术研究院院长阮志坚教授（Nguyen Chi Ben），越南国家民族学博物馆韦文安教授，日本国立民族博物馆横山广子教授、韩敏教授，日本东南亚民族研究会杉浦孝昌研究员，泰国泰中学会黎道刚先生、洪林女士。泰国西北大学对我的研究提供了长期的支持，感谢该校前校长文通博士（Boonthong Poocharen）、研究生院院长那达蓬教授（S. Ratanaporr）等诸多学者与工作人员，他们不仅多次支持我们之间的合作，组织了我的田野研究，还为我提供了大量资料。感谢泰国法政大学素密教授（Sumitr Pitiphat），作为蜚声国际泰学界的学者，长期以来他对我的研究提供帮助，欣然为我提供了很多东南亚国家泰人社会与文化的图片供我无偿使用。感谢泰国法政大学泰学研究所、朱拉隆功大学亚洲研究所、越南国家文化艺术研究院、缅甸大学联合历史研究中心、日本国学院大学、东京大学等单位为我的研究工作提供的支持。在傣泰民族文化的研究历程中能与诸多中外学者及相关人士相识并成为朋友，也是我人生的一大幸事。

这本书的研究基础是 1999 年国家社会科学基金项目"全球化进程中的云南与东南亚傣泰民族文化多样性比较研究"。由于有了这个项目的支持，才有了更多的机会前往泰国等地进行实地调查研究。项目成果在 2008 年以《全球化背景下的中国及东南亚傣泰民族文化》由民族出版社出版。本次出版在原书的基础上进行了必要的补充及压缩，使这本书更具有学术价值，相信它是认识中国和周边国家傣泰民族历史和文化多样性一本较为全面深入的基础书籍。

郑晓云
2018 年 8 月于昆明